टेली कॉलर महिलाओं की सामाजिक–आर्थिक दशाएँ

टेली कॉलर महिलाओं की सामाजिक–आर्थिक दशाएँ

डॉ. विकास शारदे

टेली कॉलर महिलाओं की सामाजिक–आर्थिक दशाएँ

ISBN: 978-81-212-1261-8

भारत में सन् 2014 में प्रकाशित

ज्ञान पब्लिशिंग हाउस
23, मेन अंसारी रोड, दरियागंज
नई दिल्ली– 110002

फोन :– 23282060, 23261060

फैक्स :– 011–2328914

ई–मेल:– books@gyanbooks.com

लेजर टाईप सेटिंग :– लक्की ग्राफिक्स, दिल्ली
मुद्रित :– चावला ऑफसेट प्रिंटर्स, दिल्ली

विषय–सूची

प्राक्कथन

वर्तमान युग सूचना प्रौद्योगिकी का युग है। पिछले दो दशकों में सूचना प्रौद्योगिकी ने मानव जीवन के प्रत्येक क्षेत्र में क्रान्तिकारी परिवर्तन किया है। दूरस्थ क्षेत्रों में सूचना का आदान–प्रदान प्रायः टेलीफोन, मोबाइल फोन व अन्य संचार माध्यमों द्वारा किया जाता है। जब कम्प्यूटर और संचार माध्यम को परस्पर जोड़ दिया जाता है तो यह तकनीक सूचना प्रौद्योगिकी कहलाती है। इस शताब्दी में सूचना प्रौद्योगिकी में बढ़ती हुई प्रतिस्पर्धा और तीव्र गति से हो रहे विकास को देखते हुए आश्चर्यजनक परिवर्तनों की सम्भावना है। सूचना प्रौद्योगिकी के सन्दर्भ में स्थिति यह है कि आज जो नया है वही कल पुराना पड़ जाता है। सूचना तकनीक आधारित डॉट कॉम के पश्चात् कॉल सेन्टर उद्योग इस समय एक बड़े व्यवसाय के रूप में तेजी से उभर रहा है। कॉल सेंटर सूचना तकनीकी आधारित नवीन प्रकार की सेवा है जिसका लक्ष्य उपभोक्ता होता है। कॉल सेंटर एक ऐसा केन्द्रिकृत स्थान है जहाँ उपभोक्ता या ग्राहक किसी कंपनी के उत्पाद या सेवाओं के बारे में जानकारी ले सकते हैं। कॉल सेंटर में ऑपरेटर के पास किसी कम्पनी विशेष से जुड़ी जानकारी होती है और वह विशेष रूप से प्रशिक्षित होता है जिससे वह ग्राहक की हर जिज्ञासा को शांत कर सके। व्यावसायिक संगठनों के लिए कॉल सेंटरों का महत्त्व दिन–प्रतिदिन बढ़ता जा रहा है। कॉल सेंटर से जुड़ी जानकारी तथा सहायता उपभोक्ताओं तक पहुँचते हैं।

कॉल सेंटरों की विश्वसनीयता के दृष्टिकोण से भारत का महत्त्व

विश्व भर में बढ़ता जा रहा है। सूचना प्रौद्योगिकी संबंधी उत्पादनों एवं वाहनों की आउटसोर्सिंग के लिए भारत की गिनती आज विश्व के प्रमुख देशों में होती है। यही कारण है कि विश्व की कई प्रमुख बहुराष्ट्रीय कंपनियाँ भारत में अपने कॉल सेंटर स्थापित कर रही हैं। इस प्रकार भारत स्थित कॉल सेंटर केवल भारतीय उपभोक्ताओं को ही नहीं बल्कि विदेशी ग्राहकों को भी सेवाएं प्रदान कर रही हैं। जिन वस्तुओं के व्यवसाय के लिए कॉल सेंटरों का सबसे अधिक उपयोग किया जा रहा है। उनमें शामिल हैं–मेडिकल ट्राँसक्रिप्शन, वेबसाइट के कंटेट तैयार करना, बैंक, ऑफिस प्रबंधन, वित्तीय सेवाओं, क्रेडिट कार्ड, कम्प्यूटर साफ्टवेयर एवं हार्डवेयर, होटल, पर्यटन उद्योग, एयरलाइंस इंटरनेट आदि हैं। इसके अतिरिक्त दूरसंचार बीमा तथा बैंकिंग कम्पनियाँ भी इसका प्रयोग कर रही हैं, क्योंकि इन्हें उपभोक्ताओं की एक बड़ी संख्या की सेवा प्रदान करनी होती है। इसके अतिरिक्त प्रत्यक्ष विपणन से जुड़ी कम्पनियों के लिए भी कॉल सेंटर उपयोगी हैं।

यद्यपि भारत के कॉल सेंटरों का प्रचलन शुरू हुए अधिक समय नहीं हुआ लेकिन संयुक्त राज्य अमेरिका, आस्ट्रेलिया और आयरलैण्ड आदि विकसित देशों में कॉल सेंटर एक बड़ा व्यवसाय बन चुका है। परन्तु फिर भी भारत में इसके विकास की सम्भावनाएँ इसलिए भी प्रबल हैं क्योंकि इसके लिए यहाँ पहले से ही आधारभूत ढाँचा मौजूद है। भारत में जहाँ एक तरफ दक्ष सूचना तकनीकी विशेषज्ञों की बहुलता है, वहीं दूसरी तरफ प्रशिक्षित अंग्रेजी भाषा बोलने वाले लोगों की कमी नहीं है, और अन्य देशों की अपेक्षा सेवा लागत भी कम है। इसलिए विश्व की कंपनियों ने कॉल सेंटर व्यवसाय के लिए भारत को लक्ष्य बनाया है।

भारत में कॉल सेंटर की विकास दर 75 प्रतिशत से अधिक रही है। जबकि एक आकलन के अनुसार, सूचना प्रौद्योगिकी आधारित व्यवसाय में 70 प्रतिशत वार्षिक की दर से वृद्धि हो रही है।

अन्य विकसित देशों की अपेक्षा यद्यपि अभी भारत में कॉल सेंटर का उतना प्रचलन नहीं हो पाया है परन्तु एक अनुमान के अनुसार, अब तक भारत में 400 से अधिक कॉल सेंटर स्थापित किये जा चुके हैं जबकि पूरे विश्व में इस समय कॉल सेंटरों की संख्या लगभग डेढ़ लाख है जिसमें 18 लाख लोगों को रोजगार मिला हुआ है।

प्रस्तुत अध्ययन में ''टेली कॉलर महिलाओं की सामाजिक–आर्थिक दशाएँ'' से सन्दर्भित अध्ययन करने के उद्देश्य से दिल्ली महानगर में स्थापित विभिन्न कॉल सेन्टरों में कार्यरत टेली कॉलर्स महिलाओं का चयन किया गया है।

सम्पूर्ण शोध के प्रथम अध्याय, *''परिचयात्मक परिप्रेक्ष्य''* के अन्तर्गत सूचना प्रौद्योगिकी की स्थापना और प्रसार, भारत में बिजनेस प्रोसेस आउटसोर्सिंग का विकास और विस्तार, आउटसोर्सिंग की अवधारणा और आयाम, कॉल सेंटर की स्थापना, कॉल सेंटर की कार्यशैली, कॉल सेंटर के प्रकार, कॉल सेंटर में महिलाओं की सहभागिता और टेली कॉलर्स महिलाओं की समस्याएँ सम्मिलित हैं।

द्वितीय अध्याय, ''अनुसंधान प्रारूप'' के अन्तर्गत, अध्ययन की समस्या, अध्ययन का उद्देश्य, अध्ययन विधि–शोध प्रारूप, निदर्श का चयन, चयनित कॉल सेंटरों का नाम, तथ्य संकलन के स्रोत, तथ्य संकलन के उपकरण, तथ्यों का वर्गीकरण, सारणीयन एवं विश्लेषण, अध्ययन क्षेत्र का विवरण और अध्ययन की सीमाएँ इत्यादि को सम्मिलित किया गया है।

तृतीय अध्याय, ''टेली कॉलर महिलाएँ: उत्तरदात्रियों की *सामाजिक – आर्थिक परिप्रेक्ष्य''* के अन्तर्गत, उत्तरदात्रियों का परिचयात्मक विवरण, आयु, जाति, धर्म, शैक्षिक स्तर, मासिक आय, व्यवसाय, महिलाओं की आवासीय दशा, आवास का स्वरूप, विवाह के प्रति विचार, आय से पारिवारिक जीवन में लाभ तथा व्यक्तिगत निर्णय इत्यादि को सम्मिलित किया गया है।

चतुर्थ अध्याय में कार्य के प्रति परिवार का दृष्टिकोण, व्यवसाय चुनाव की स्वतंत्रता, नौकरी से संतुष्टि का स्तर एवं प्रकृति से सामंजस्य, सहकर्मियों व अधिकारियों के प्रति व्यवहार, वेतन का स्तर व महत्त्व, लैंगिक आधार पर दण्ड, वेतन, पुरस्कार का तुलनात्मक दृष्टिकोण, कार्य के प्रति उपेक्षा व सहयोग, कार्यस्थल की कठिनाइयाँ, कार्य दशा का प्रभाव, उपभोक्ताओं के प्रति व्यक्त विचार व व्यवहार, अधिक श्रम अर्थात् अतिरिक्त श्रम (*Over Time*) का प्रभाव, दोहरी भूमिका, राशि अवधि कार्य (*Night Shift*) की कठिनाइयाँ एवं प्रबंधन की प्रतिक्रिया, यौन उत्पीड़न का प्रभाव व आशंका, साथ ही साथ इसके प्रति निगरानी व नियंत्रण के पहलुओं को सम्मिलित किया गया है।

पंचम अध्याय के अन्तर्गत टेली कॉलर महिलाओं की भूमिकाएँ व उत्तरदायित्व, भूमिका अंतर्द्वन्द्व की समस्या, भूमिका, तनाव का समायोजन इत्यादि को सम्मिलित कर वास्तविक प्रभाव का परीक्षण किया गया है।

षष्ठम अध्याय में निष्कर्ष एवं सामान्यीकरण के अन्तर्गत अध्ययन से प्राप्त विभिन्न तथ्यों को यथाक्रम प्रस्तुत किया गया है।

उपर्युक्त अध्यायों के प्रस्तुतिकरण में क्रमानुसार प्राथमिक स्रोत व द्वैतियक स्रोतों द्वारा तथ्यों को प्रस्तुत किया गया है। प्रस्तुत विचार पर मतभेद सम्भव है क्योंकि परिवर्तित परिवेश व समयानुसार, वाद, प्रतिवाद व संवाद की सम्भावना बनती है।

सर्वप्रथम मैं अपने शोध निर्देशक रहे परम श्रद्धेय गुरूवर डॉ. दिनेश कुमार सिंह का हार्दिक आभार ज्ञापित करता हूँ जिनके वात्सल्यपूर्ण एवं कुशल मार्गदर्शन में यह पुस्तक अपने आकार की पूर्णता प्राप्त कर सका। मैं अपने पूर्व विभागाध्यक्ष एवं पूर्व संकाय प्रमुख प्रो. प्रेम नारायण पाण्डेय का आभारी हूँ जिन्होंने मुझे सदैव प्रेरित किया।

मैं अपनी माताजी स्व. श्रीमती शारदा देवी का चिर ऋणी रहूँगा जिन्होंने जीवन की कठिन परिस्थितियों में मुझे मानसिक संबल प्रदान किया। जब–जब निराशा रूपी तिमिर घना होता रहा, तब–तब उनके उत्साहवर्द्धक शब्द आशा की एक किरण बनकर मेरे जीवन–पथ को आलोकित करते रहे और मैं अपने लक्ष्य की ओर निरन्तर अग्रसर होता रहा। मैं अपने पिताजी श्री इन्द्र कुमार का आजीवन ऋणी रहूँगा जिनके आशीर्वाद के बिना मेरा पुस्तक लेखन का कार्य कभी सम्भव न होता, वस्तुतः प्रस्तुत पुस्तक उनके प्रोत्साहन व अनुकम्पा का प्रतिफल है। मैं अपने परिवार के सभी सदस्यों के प्रति ऋणी हूँ, जिनका मुझे सदैव सकारात्मक सहयोग प्राप्त हुआ।

मैं अपने समस्त मित्रों के प्रति भी आभारी हूँ जिनके बहुमूल्य सुझावों से लाभान्वित हुआ। जिन्होंने अपनी व्यस्त दिनचर्या से कुछ समय मुझे प्रदान किया और इस पुस्तक लेखन कार्य की भाषा एवं व्याकरण सम्बन्धी त्रुटियों को दूर करने में मेरी सहायता की।

मैं आई.सी.एस.एस.आर, नई दिल्ली का भी आभार व्यक्त करता हूँ जिसके द्वारा आर्थिक सहयोग के कारण पुस्तक लेखन का कार्य करते समय एवं प्रकाशन में कभी आर्थिक संकट का सामना नहीं करना पड़ा।

मैं उन सभी लेखकों के प्रति भी हार्दिक कृतज्ञता ज्ञापित करता हूँ जिनकी रचनाओं एवं लेखों का उपयोग मैंने अपने पुस्तक लेखन में किया है।

डॉ. विकास शारदे

प्रथम अध्याय

परिचयात्मक परिप्रेक्ष्य

- प्रौद्योगिकी की स्थापना और प्रसार
- भारत में बिजनेस प्रोसेस आउटसोर्सिंग का विकास और विस्तार
- आउटसोर्सिंग की अवधारणा और आयाम
- कॉल सेंटर की स्थापना, कॉल सेंटर की कार्य–शैली
- कॉल सेंटर के प्रकार, कॉल सेंटर में महिलाओं की सहभागिता
- टेली कॉलर महिलाओं की समस्याएँ

प्रथम अध्याय

परिचयात्मक परिप्रेक्ष्य

सूचना प्रौद्योगिकी की स्थापना और प्रसार

भारतीय सूचना प्रौद्योगिकी कथा को जो विश्व स्तर पर मान्यता मिली है, उसके पीछे जो असली योगदान है, वह भारतीय उद्योग के बढ़ते स्वरूप का प्रभाव है।

साठ का दशक

प्रो. आर नरसिम्हन, जिनका निधन 31 सितम्बर, 2007 को हो गया है, की अध्यक्षता में टी. आई. एफ. आर. ग्रुप में 1960 में ही सामान्य कामकाज वाला पहला कम्प्यूटर टी. आई. एफ. आर. ए.सी. का निर्माण कर लिया था। इलेक्ट्रॉनिक्स (कम्प्यूटर सहित) की बढ़ती आवश्यकताओं को पूरा करने के लिए 1967 में ई.सी.आई.एल. (इलेक्ट्रॉनिक्स कॉर्पोरेशन आफ इंडिया लि.) की स्थापना हुई थी। ई.सी.आई.एल. ने सत्तर के दशक में टी.डी.सी.–12 और टी.डी.सी.–16 श्रेणियों के कम्प्यूटरों का निर्माण किया था।

सत्तर और अस्सी के दशक

सत्तर के दशक के अंतिम वर्षों में और अस्सी के दशक के

प्रारम्भिक वर्षों में निजी क्षेत्र में अनेक कंपनियों का जन्म हुआ, इनमें डीसीएम, एचसीएल, ओआरजी, नेल्को, पीसीएल, विप्रो और जेनिथ प्रमुख थीं। इन कंपनियों ने पहले मिनी कम्प्यूटर बनाये और बाद में पी.सी.। सहायक सामग्रियों (*पेरीफेरल्स*) का निर्माण करने वाली कंपनियाँ गोदरेज (प्रिंटर्स), एल एण्ड टी प्रिंटर्स, एल.आई.पी.आई. प्रिंटर्स, विप्रो प्रिंटर्स और टर्मिनल्स टी.वी.एस.ई.–डिस्क ड्राइव्ज प्वाईंट ऑफ सेल टर्मिनल्स प्रिंटर्स, यू.पी.एस., टेप ड्राइव और वी.एक्स.एल. इंस्ट्रूमेण्ट्स (*टर्मिनल*) भी थी। आउटसोर्सिंग शब्द के प्रचलन में आने से काफी पहले ही टंडन आई.वी.एस. पी.सी. के लिए मुंबई में डिस्क ड्राइव बना रहे थे। बाद में पी.सी.एल. ने डेल के लिए मदर बोर्ड बनाए। परन्तु अस्सी के दशक के ये प्रयोग नब्बे के दशक में मुरझा गये। ऑप्टिकल मीडिया के क्षेत्र में मोजर बेयर का भारत में अभ्युदय और उसका विश्व में अग्रणी स्थान प्राप्त करना, निर्माण के मोर्चे पर एक सकारात्मक घटना है।

अस्सी के दशक में इंफोसिस, मास्टेक, पाटनी, सत्यम, साटेक, टाटा इंफोटेक और विप्रो जैसी अनेक साफ्टवेयर कंपनियों का जन्म हुआ। एक अन्य दिलचस्प प्रवृत्ति और सामने आई, वह थी बहुराष्ट्रीय कंपनियों द्वारा आफशोर डेवलपमेन्ट सेंटर्स (ओ.डी.सी.) की स्थापना जिसकी शुरूआत 1986 में टेक्सास इंस्ट्रूमेन्ट्स ने की। परन्तु उसके मुख्यालय भारत से बाहर स्थित थे।

नब्बे का दशक

नब्बे के दशक में भारतीय सॉफ्टवेयर उद्योग में चमत्कारिक सफलता देखने को मिली। भारतीय अर्थव्यवस्था में 1991 में जो खुलापन आया उससे इंफोसिस जैसी कंपनियों को बड़ी तेजी से विकास कर विश्व स्तर की कंपनी बनने का अवसर मिला। इंफोसिस ने अपना आई.पी.ओ. 1993 में जारी किया और 1999 में नैस्टाक में सूचीबद्ध होने वाली यह भारत की पहली कंपनी थी। भारतीय

कंपनियों के कुछ और रोचक उत्पाद भी थे–विप्रो के इंस्टाप्लान, साटेक के कंपाइलर्स, टेली सिस्टम्स के टेली एकाउंटिंग, साफ्टवेयर और रैम्कों के मार्शल के ग्राहक विश्वभर में थे। आइलेक्स सोल्युशंस का कोर बैंकिंग सॉफ्टवेयर उत्पाद लेक्सक्युब आज विश्व बाजार में सर्वाधिक लोकप्रिय है।

मौजूदा दशक

सन् 2000 भारतीय सॉफ्टवेयर उद्योग के विकास में एक निर्णायक क्षण सिद्ध हुआ। हालांकि कई लोगों ने भविष्यवाणी की थी कि भारतीय सॉफ्टवेयर की यात्रा 2000 के अन्त तक समाप्त हो जायेगी, परन्तु पिछले छः वर्षों में यह कहानी कुछ अधिक दिलचस्प हो गई है।

भारत में एक के बाद एक पाँच कंपनियाँ लगातार एक अरब डालर से अधिक कमाई वाली श्रेणी में आईं। ये हैं–टी.सी.एस. (2002), इंफोसिस (2003), विप्रो (2004), सत्यम (2005) और सी.टी.एस. (2006)। टीसीएस और सत्यम का तो 2006 के दौरान कुल पूँजी बाजार 10 खरब रूपये तक पहुँच गया था। आज शीर्ष तीन कंपनियाँ अकेले ही ढाई लाख से अधिक व्यावसायिकों को रोजगार दे रही हैं। फॉर्चून की सूची में शामिल विश्व की श्रेष्ठ 500 कंपनियों में से 380 कंपनियाँ भारत में आउटसोर्स करती हैं।

एस. सदगोपन के अनुसार – भारत देश में बहुराष्ट्रीय कंपनियों के समुद्र पार विकास केन्द्रों की स्थापना का सिलसिला 1986 में बंगलूरू में टेक्स इंस्ट्रूमेंट्स का केन्द्र खोले जाने शुरू हुए।[1]

आउटसोर्सिंग वर्ष 2004 का सर्वाधिक महत्वपूर्ण और ज्वलंत विषय बन कर उभरा है। आउटसोर्सिंग (बी.पी.ओ.) में व्यापार संपन्न कराने वाली प्रक्रियाओं और उनकी क्रियात्मक इकाइयों को बड़ी बारीकी से देखना और उसके बाद सेवा प्रदाताओं के साथ बैठकर इन क्रियाओं को आउटसोर्स करना शामिल होता है।

आउटसोर्सिंग व्यापार के लिए पाँच बुनियादी नियम हैं और भारत से आउटसोर्सिंग कराते समय अमरीकी कंपनियाँ इनका पालन करती हैं–

1. आउटसोर्सिंग समझौता सही होना चाहिए।
2. शीघ्र प्रारम्भ न करने वाले प्रबंधन को बदल दें।
3. संक्रमण ठीक ढंग से होना चाहिए।
4. ग्राहक प्रबंधक से प्रेमपूर्ण व्यवहार करें।
5. इस पर विजय पाइए, यह एक नया और बेहतर संसार है।

अतः आउटसोर्सिंग उद्योग दिन–प्रतिदिन ताकतवर होता जा रहा है। तकनीकी समर्थन और वित्तीय सेवाओं ने भारतीय आउटसोर्सिंग उद्योग को प्रभावित किया है।

अध्ययन का निष्कर्ष था कि इंटरनेट क्षेत्र और नयी सहस्राब्दी के प्रारम्भ में कुशल श्रम के मामले में अचानक आई माँग ने भारतीय इंजीनियरों और तकनी शियनों को भारतवंशियों की किसी भूमिका के बगैर वैश्विक आई.टी. उद्योग की ओर आकर्षित किया। यह ऐसे हुआ कि भारतवंशियों ने भारत के आई.टी. उद्योग को शुरू करने में सहयोग दिया और भारत में जब तक इस क्षेत्र में तेजी आई तब तक भारत दूसरे देशों से काम कराने के मामले में एक संभावित विकल्प बन चुका था। हालांकि प्रवासी भारतीयों का विचार है कि भारतवंशियों ने आउटसोर्सिंग के क्षेत्र में भारत की तेजी से बढ़ती माँग के मामले में महत्त्वपूर्ण भूमिका अदा की है। अध्ययन से यह भी पता चला है कि अमरीका के कुछ वेंचर कैपिटलिस्ट, खासकर भारतीय मूल के लोग उन कंपनियों में धन लगा रहे हैं, जिनका अंतिम छोर भारत में है। भारत के पक्ष में एक महत्त्वपूर्ण बात यह कहीं जाती है कि भारतवंशियों की संगठित नेटवर्किंग और संरक्षण में आउटसोर्सिंग व्यापार में लगातार वृद्धि हो रही है।

सूचना प्रौद्योगिकी जनित सेवायें (आई.टी.ई.एस.) और बी.पी.ओ. अब विकास गाथा बन गए हैं। भारत के कुछ आई.टी.ई.एस.–बी.पी.ओ. निर्यात के दो–तिहाई हिस्से के साथ अमरीका अभी प्रमुख बाजार बना हुआ है। इसमें पश्चिमी यूरोप, खासकर इंग्लैण्ड की 20 प्रतिशत की भागीदारी है। 35 प्रतिशत कर्मचारी आधार के साथ ग्राहक तथा समर्थन सेवा इस क्षेत्र का सबसे बड़ा हिस्सा बनी हुई है। आने वाले दिनों में ज्ञान अथवा नॉलेज प्रोसेस आउटसोर्सिंग बड़े पैमाने पर उभरने वाला है।

बी.पी.ओ. का अभिप्राय केवल आँकड़ा प्रक्रमण अथवा कॉल सेंटर ही नहीं है। हमें प्राथमिक बी.पी.ओ. अर्थात् भर्ती करने वाली फार्मों, मानव संसाधन परामर्शदाताओं, प्रशिक्षण, परिवहन, भोजन आदि की मदद पहुँचाने वाली समूची प्रणाली को समग्रता में देखना होगा। इन सभी सहायक क्षेषों का स्वास्थ्य बी.पी.ओ. क्षेत्र के लिए महत्वपूर्ण हैं।"[2]

अधिक से अधिक संगठनों द्वारा भारत में आई.टी.ई.एस.–बी.पी. ओ. कारोबार शुरू करने के साथ ही विश्व की अनेक विशालकाय आई.टी. और गैर आई.टी. कंपनियाँ भारत की ओर आकर्षित हो रही हैं। भारत में जो कंपनियाँ पहले से ही कार्यरत हैं, वे भी ऊपर उठ रही हैं और अपना कारोबार बढ़ा रही हैं। देश में प्रायः सभी बहुराष्ट्रीय आई.टी.ई.एस. काम कर रही हैं। प्रायः सभी बहुराष्ट्रीय आई.टी.एस.ई. –बी.पी.ओ. क्षेत्र का व्यापक विविधीकरण हुआ है।

आई.टी. सेवा उद्योग की भाँति आई.टी.ई.ए.स. बी.पी.ओ. उद्योग भी मुख्यतः अमरीकी बाजार में विस्तार कर रहा है क्योंकि अमरीका बाजार ही ऐसा बाजार है, जहाँ के तकनीकी क्षेत्र में प्रायः सभी कंपनियों के लिए सबसे बड़ा मैदान उपलब्ध है। आई.टी.ई.एस.–बी.पी. ओ. उद्योग ने अपने समस्त निर्यात राजस्व का दो–तिहाई भाग केवल अमरीकी बाजार से ही प्राप्त किया है। अन्य बाजार जो भारतीय आई. टी.ई.एस.–बी.पी.ओ. उद्योग के राडार में छाए रहे, उनमें इंग्लैण्ड और

पश्चिमी यूरोप के देश प्रमुख हैं। इन देशों से कुल निर्यात राजस्व का करीब 20 प्रतिशत हिस्सा प्राप्त हुआ।

तेजी से बढ़ता घरेलू व्यापार

भारतीय आई.टी.ई.एस.–बी.पी.ओ. के बारे में विश्लेषकों के इतने अधिक आशावान होने के पीछे तथ्य यह है कि ये सेवायें धीरे–धीरे भारत के घरेलू क्षेत्र में भी तेजी से आगे बढ़ रही हैं। स्थानीय भारतीय कंपनियों से आई.टी.ई.एस.–बी.पी.ओ. सेवाओं की माँग में अचानक आई वृद्धि ने विक्रेताओं के लिए अवसरों का ढेर लगा दिया है। नैसकॉम अनुसंधान के अनुसार, आई.टी.ई.एस.–बी.पी.ओ. उद्योग ने वर्ष 2004–05 के दौरान घरेलू भारतीय बाजार से 60 करोड़ अमरीकी डॉलर से भी अधिक का राजस्व कमाया। ग्राहक–केन्द्रित बी.एफ.एस. आई. बैंकिंग, वित्तीय सेवा एवं बीमा और दूरसंचार कंपनियों में कड़ी प्रतियोगिता से संघर्ष करते हुए आई.टी.ई.एस.–बी.पी.ओ. सेवा प्रदाताओं का सहारा लिया जिन्होंने उनके ग्राहकों के संतोष और सी.आर.एम. वचनबद्धताओं को संभाला। इस क्षेत्र में जो अन्य सकारात्मक बात हुई वह यह कि वर्ष 2004–05 के दौरान, आई.टी.ई.एस.–बी.पी.ओ. की घरेलू माँग, शुरूआती दौर की खास तरह की कॉल सेंटर सेवाओं के क्षेत्र से हटकर कुछ अन्य क्षेत्रों की ओर बढ़ी।

आउटसोर्सिंग जो आम बोलचाल की भाषा में बिजनेस प्रोसेस आउटसोर्सिंग (बी.पी.ओ.) के लिए प्रयुक्त किया जाता है, का तात्पर्य किसी बाहरी स्रोत से ठेके पर वस्तुएँ या सेवाएँ प्राप्त करने की एक आधुनिक तकनीकी प्रणाली है। वास्तविक अर्थों में किसी व्यावसायिक प्रतिष्ठान द्वारा अपने सुनिश्चित मानदंडों के अनुसार सूचना प्रौद्योगिकी आधारित प्रक्रियाओं का प्रबंधन एवं प्रशासन संबंधी कार्य ठेके पर बाहरी प्रदाताओं से कराना ही आउटसोर्सिंग है। आउटसोर्सिंग सूचना प्रौद्योगिकी और वैश्वीकरण के विस्तार का एक आधुनिक रूप है।

आउटसोर्सिंग की प्रक्रिया की कार्य–प्रणाली बहुत सरल और स्पष्ट है। उदाहरणस्वरूप, यदि किसी डाक्टर को अपने मरीज की जाँच करने के बाद मरीज के रोगों के निदान और उपचार आदि से संबंधित पूरी रिपोर्ट बनवानी हो या फिर, किसी कंपनी को अपने उत्पादों के प्रचार–प्रसार हेतु विज्ञप्तियाँ अथवा कोई प्रचार सामग्री आदि बनवानी हो, तो वे इन कार्यों को कम समय में और कम खर्च पर किसी बाहरी स्रोत से करवाने के लिए आउटसोर्सिंग की सहायता लेते हैं।

आउटसोर्सिंग सम्बन्धित कार्यों में लगे हुए नवयुवक व नवयुवतियों को वेतन भी अच्छा मिलता है। इसमें सेवा की निरंतरता सामान्यतया बनी ही रहती है। वर्तमान में बड़ी–बड़ी अंतराष्ट्रीय कंपनियों द्वारा आउटसोर्सिंग के अन्तर्गत सभी कार्य हमारे देश के कुशल एवं प्रोफेशनल के द्वारा बड़े पैमाने पर कराए जा रहे हैं। ये सभी कार्य कम्प्यूटर, इण्टरनेट, फैक्स एवं अन्य आधुनिक प्रकार के इलेक्ट्रानिक माध्यमों से न्यूनतम समय और खर्च में हो जाते हैं। इससे आवागमन और परिवहन आदि में होने वाली समय की बर्बादी, प्रदूषण, प्रतीक्षा करने जैसी अन्य अनेकों परेशानियों से मुक्ति मिल जाती है।

पहले के समय में जो आउटसोर्सिंग होता था, वह वस्तुपरक होता था जबकि अब यह सेवापरक होता जा रहा है। वस्तुपरक आउटसोर्सिंग के अन्तर्गत विदेशी कम्पनियाँ भारत में अपना माल बनवाती हैं। सेवाओं की आउटसोर्सिंग के अंतर्गत एक डाक्टर और मरीज कम्प्यूटर के माध्यम से मेल व विडियोकालिंग द्वारा समस्या का समाधान करते हैं।

उमेश चन्द अग्रवाल के अनुसार, आउटसोर्सिंग से भारत में सम्भावनाएँ विकसित हुई हैं। आउटसोर्सिंग के कारण कॉल सेंटरों की वृद्धि से आम शिक्षित–प्रशिक्षित भारतीयों को निकट भविष्य में नौकरियों की सम्भावनाएँ बढ़ती दिख रही हैं। आज विदेशी मुद्रा अर्जन के

साथ–साथ आई.टी. के क्षेत्र में पूरे विश्व में भारतीयों की छवि कुशल पेशेवर की बनती जा रही है। इस क्षेत्र में भारत के बढ़त के जो कारण गिनाये जा रहे हैं, उनमें से एक प्रमुख कारण भारत सरकार की इस दिशा में अनुकूल नीतियाँ रही हैं।[3]

वर्ष 2005 बी.पी.ओ. की खुली चुनौती का वर्ष था। इस आलेख में सूचना प्रौद्योगिकी के युग में प्रवेश से अपने देश के समक्ष मौजूद चुनौतियों और मुद्दों के बारे में विस्तार से चर्चा हुआ है। यह एक ऐसा युग है, जिसमें भारत अपने अतिरिक्त जन संसाधन के बल–बूते समाधान की प्रभावी भूमिका में है। बी.पी.ओ. उसी तरह का क्षेत्र है।

बी.पी.ओ. क्रांति के भारत में आने से आंतरिक और बाहरी दोनों ही तरह की नयी चुनौतियाँ सामने आ रही हैं। दिल्ली, नोएडा, गुड़गांव, बंगलौर, मुम्बई, हैदराबाद, चेन्नई, पुणे और कोलकाता जैसे महानगरों में चल रही गतिविधियाँ अब साफ–साफ दिखाई दे रही हैं। यह बहुत स्पष्ट है। बी.पी.ओ. को शुरूआती दौर में अपनाने वाले ये नगर समृद्धि के वे टापू हैं, जो भारतीय परिदृश्य में सजे हुए अंगूठे की तरह अलग से ही दिखाई देते हैं।

हरिश विजूर के अनुसार, यदि उसमें वियतनाम, चीन, मारीशस, श्रीलंका और नामीबिया जैसे देशों को जोड़ दिया जाए, जहाँ से स्पर्द्धा के स्वर उभर कर सामने आ रहे हैं, तो स्थिति और भी जटिल हो जाती है। वियतनाम तो पूरी तरह से भारतीय बी.पी.ओ. अनुभव की नकल करने में लगा है।[4]

हरिश विजूर आगे लिखते हैं कि बी.पी.ओ. का क्षेत्र पूरी तरह से पाश्चात्य है। प्राचीन भारत में, एक शिक्षित व्यक्ति का पुत्र और पुत्री पढ़ने की आकांक्षा करते थे। भारत के शहरी क्षेत्र के घरों में लड़कों और लड़कियों दोनों के लिए शिक्षा का स्थान सबसे ऊँचा रहा है। अर्द्धशहरी क्षेत्रों और कस्बों में लड़कों के लिए तो निश्चित ही इसकी महत्ता अत्यधिक रही है। शिक्षा (विद्या) की देवी सरस्वती की इस देश

में उपासना की जाती है। आज स्थिति कुछ भिन्न है। 18–19 साल के युवा बी.पी.ओं. में काम चाहते हैं। आवश्यकताओं के दबाव के कारण युवाओं पर पैसा कमाने की धुन लगी रहती है। आजकल विश्वविद्यालय जाने के पूर्व ही पढ़ाई छोड़ देना एक विकल्प के रूप में उपलब्ध है। बी.पी.ओ. कम उम्र में अच्छे पैसे कमाने का अवसर देता है। वह भी बिना किसी बड़ी डिग्री के।

बी.पी.ओ. कम कीमत का विशेषज्ञ कौशल वाले उपक्रम हैं। इसमें आने वाले समय की दुविधा या आज की ही दुविधा को और जोड़ दें। युवा पीढ़ी बहुत कम उम्र में ही एक भड़काऊ जीवन–शैली जी रही है। जल्द ही ज्यादा मिलने वाली आमदनी और व्यक्ति की आजादी के कारण ऐसा हो रहा है। इसमें रात में काम करने का समय, उबन, काम की उकताहट और दो विपरीत लिंगों का मौज–मस्ती के वातावरण में सामीप्य भी जोड़े, तो सोचिये कि स्थिति क्या होगी? इसमें कार्य भी अधिक होता है और कॉल सेंटरों में थके हुए कर्मचारियों को रोककर रखने की समस्या बनी रहती है।

कार्यस्थल में यौन–प्रताड़ना अब पुरानी बात हो गई है। अब किसी को प्रताड़ित नहीं किया जाता। आजकल सब कुछ सहमति से होता है। यौन अनुभव, पहले की अपेक्षा जल्दी ही हो जाता है। ऐसा सामीप्य कम आयु में ही सुलभ होने लगा है। कोई सूर्य राममूर्ति अब ''सू'' कहलाता है और अडवार के संपत कृष्णन अब असानी से ''सैम'' बन जाते हैं।

बी.पी.ओ. हब (केन्द्र) की ओर जाने वाली सड़कें भी नरक के समान होती हैं, खासकर जब खुद चलकर जाना हो तो, टोयोटा–क्वालिस क्रांति यहाँ भी पदार्पण कर चुकी है। ड्राइवरों की भी माँग बढ़ गई है। अधिकांश ड्राइवर दिन और रात में 18–19 घंटे काम करते हैं। लेकिन किसी को कोई शिकायत नहीं। सभी ओर समृद्धि जो आ चुकी है।[5]

आर. कृष्णा कुमार के अनुसार, निःसन्देह केरल ने आई.टी. और आई.टी. कंपनियों के शोहरत में स्थान बना लिया है। दिसम्बर 2007 में यु.एस.टी. ग्लोबल, एक सूचना प्रौद्योगिकी सेवा को आगे बनाने वाला और व्यापार प्रक्रिया के बाहरी स्रोत (बी.पी.ओ.) के समाधान 2000 वैश्विक कंपनियों को प्रदान करने वालों ने अपिल की कोच्चि में एक नया कार्यालय खोला जा रहा है जो कि त्रिवेन्द्रपुरम में सम्मिलित है।[6]

आलोक कुमार राय के अनुसार, "सभी सेवा संगठनों में कर्मचारी का हमेशा एक स्थान होता है। विशेष उत्पादन व सेवा के वितरण में कर्मचारी की भूमिका कंपनियों की तरफ से महत्त्वपूर्ण होता है। एक कमजोर क्रय–विक्रय उत्पादन कंपनियों के उपभोक्ता से लोग अन्तक्रिया करते हैं तो यह कहने से नहीं चूकते हैं कि उनकी शिकायतों को कंपनी तक पहुँचाया जाये और उनके लोग आयें, स्थिति को देखें। यह एक ज्वलंत मुद्दा देखने में आता है। एम.टी.एन.एल. कॉल सेंटर में इस बात का ध्यान रखा गया है कि उपभोक्ता अनिवार्य है तथा उपभोक्ता साहचर्य, प्रबंध–तंत्र बनी रहे। नीतियाँ भी उपभोक्ताओं के पक्ष में बनती हैं।[7]

आर. के. राघवन के शब्दों में, सूचना प्रौद्योगिकी क्रान्ति से नागरीय कार्य–पद्धति में काफी संख्या में महिलाएँ घर से बाहर आकर सम्मिलित हुई हैं। यह संख्या लगातर बढ़ रही है। लगभग 20 से 30 प्रतिशत प्रतिवर्ष की वृद्धि दर्ज की जा रही है।

कार्य का अनियमित समय, घर से लम्बी दूरी वह भी पुरूष सहकर्मियों के साथ महिलाओं का सफर करना, एक प्रकार का खतरा होता है, जिसका महिलाओं को सामना करना पड़ता है। इसलिए सुरक्षा नीति की बहस होना तय है। ऐसे स्थान पर महिलाओं के लिए ज्यादा खतरे होते हैं। पुरूष सहकर्मियों द्वारा हत्या व आत्महत्या की घटनाएँ होती रहती हैं। सभी जगह तो नहीं, परन्तु कुछ जगह महिलाओं को लैंगिक क्षति (*Sexual Harrasment*) की घटनाएँ कार्य

स्थल पर पायी जाती हैं। निदेशक के प्रति निंदा व भय, लम्बे समय तक कार्य से तनाव इत्यादि प्रघटनाएँ इस क्षेत्र में पायी जाती हैं।[8]

यूनी कॉल सेंटर चार्टर के अनुसार, कुछ अन्य तथ्य भी प्रकट होते हैं–

- नियोजन (कार्यों के संलग्न) लिखित होना चाहिए।
- स्थापित–कार्य आयोजन वैधानिकता के अन्तर्गत होना चाहिए।
- प्रबंधक व निदेशक को कार्य–नियोजित व्यक्ति की टिप्पणी व उपभोक्ता सेवा गुण की प्रशंसा करनी चाहिए।
- हवा, पानी, ताप व रोशनी की समुचित व्यवस्था होनी चाहिए।
- टेलीफोन, कम्प्यूटर, कुर्सी व टेबल व्यवस्थित रूप में होना चाहिए।
- नेत्र दर्द, आवाज व कर्ण बध्यता की समस्या से सुरक्षा की समुचित व्यवस्था।
- टेली कॉलर को अधिकतम 60 प्रतिशत से 70 प्रतिशत कॉल ही वास्तव में ग्रहण करनी चाहिए।
- अभिव्यक्ति का लक्ष्य द्रव्य उपभोक्ता सेवा गुण पर आधारित होना चाहिए।
- कार्य में हिंसा (कॉलर्स में व से गाली–गलौज) पर अंकुश होना चाहिए।
- रात्रि के कार्य नियोजितों के लिए खाने–पीने की व्यवस्था होनी चाहिए।
- शौचालय की व्यवस्था व सफाई होनी चाहिए।
- धुम्रपान निषेध होना चाहिए।
- प्रारम्भिक चिकित्सा व सुरक्षा होनी चाहिए। विशेषकर रात्रि के समय कार्य पर आने वाले व कार्य से जाने वाले कर्मचारी के लिए। क्योंकि इसमें महिलाओं का प्रतिशत भी अधिक

मात्रा में होता है, जिन पर खतरे की सम्भावना होती है।

- टेली कॉलर्स को यह अधिकार मिलना चाहिए कि कार्य के बीच से समय निकाल कर आश्रितों को ध्यान दे सके।
- टेली कॉलर्स योग्य हों कि कार्य कर सकें, परिवार और समाज का उत्तरदायित्व निभा सकें।
- क्षमता अनुसार वेतन मिले, 10 प्रतिशत बोनस (पूर्व वेतन पर) मिले।
- मात्तृत्व और पित्तृत्व अवकाश और वेतन मिले।
- संगठन (*Trade Union*) बनाने व सदस्यता ग्रहण करने का अधिकार होना चाहिए।
- कार्य–स्थल पर भेदभाव नहीं होना चाहिए।[9]

भारत में बिजनेस प्रोसेस आउटसोर्सिंग का विकास और विस्तार

व्यापार के क्षेत्र का विस्तार और आधुनिकीकरण का प्रसार उस स्थान पर पहुँच चुका है जहाँ से दोनों का अलग होना अत्यन्त कठिन है। दोनों एक दूसरे पर निर्भर हो चुके हैं। कम्प्यूटरीकृत सूचना प्रौद्योगिकी पर आधारित आयात–निर्यात व उससे सम्बन्धित जानकारी का आदान–प्रदान आउटसोर्सिंग का कार्य कहलाता है। सेवा–प्रणाली का एक स्थान से हस्तांतरण कर दूसरे स्थान पर स्थापित करना आउटसोर्सिंग कहलाता है।

सन् 1956 में पहला डिजीटल कम्प्यूटर भारत आया। कोलकाता स्थित भारतीय सांख्यिकी संस्थान ने इंग्लैंड से मंगवाए गये होलेरिथ इलेक्ट्रॉनिक कम्प्यूटर, एच.ई.सी.–2 एम को स्थापित कर रक्षा क्षेत्र से जुड़े तोपखानों के प्रक्षेप पथ के विश्लेषण समेत देश के कई वैज्ञानिक समस्याओं को सुलझाया गया।

1978 से 1985 उथल–पुथल से भरा दशक रहा। नादर ने एच.सी.एल. के साथ इतिहास बनाया, नारायण मूर्ति द्वारा इंफोसिस की

शुरूआत, एन.आई.आई.टी. अस्तित्व में आया, सूचना प्रौद्योगिकी से जुड़ी पहली भारतीय पत्रिका *डेटाक्वेस्ट* की शुरूआत, पहली बहुभाषी वर्ड प्रोसेसिंग सिस्टम की अनुमति, सी–डॉट की स्थापना के लिए सैम पित्रोदा को इंदिरा गाँधी का आमंत्रण, विप्रो का कम्प्यूटर के क्षेत्र में प्रवेश, कलकत्ता में उत्तर–पूर्व रेलवे का कम्प्यूटरीकरण, भारत में यूनिक्स की दस्तक। 1983 में राष्ट्रीय बैंकों के कम्प्यूटरीकरण की रूपरेखा सुझाने के लिए सरकार द्वारा रंगराजन समिति का गठन हुआ। 1981 में एन. आर. नारायणमूर्ति ने जो एक पेशेवर सॉफ्टवेयर विशेषज्ञ थे और बम्बई स्थित पटनी कम्प्यूटर्स में कार्यरत थे, इंफोसिस नामक एक डेटा सेंटर की शुरूआत की। सन् 1984 में राजीव गांधी द्वारा सत्ता संभालने के बाद 19 नवम्बर को एक नयी कम्प्यूटर–नीति की घोषणा की गई। पहली बार सूचना प्रौद्योगिकी उद्योग को विशेष स्थान दिया गया। इसके अलावा आपात शुल्क घटाया गया, विदेशी भागीदारी वाले निवेश की अनुमति दी गई, कम्प्यूटर के आयात को और उदार बनाया गया और सॉफ्टवेयर को एक अलग उद्योग का दर्जा दिया गया।

1986–1995: नीति–निर्धारण का दशक

पहली सॉफ्टवेयर घोषणा, बहुराष्ट्रीय कंपनियों का आगमन, शिवशंकरन द्वारा 29 हजार रूपये कीमत वाले पी.सी. का निर्माण, नैसकॉम का गठन, जैक वेल्च द्वारा सागरपारीय आउटसोर्सिंग की बुनियाद, (के. सी. आर. ए. वाई.) नामक प्रथम सुपर कम्प्यूटर की स्थापना, वी.एस.एन.एल. द्वारा इन्टरनेट और ई–मेल सेवाओं की शुरूआत, 1976 के दशक में आई.बी.एम. के भारत छोड़ने के उपरान्त 1995 के दशक में वापसी, 2005 में भारतीय बी.पी.ओ. कंपनियों की छवि पर गहरा आघात लगा। देश में एक के बाद एक डेटा चोरी की घटनाओं ने लोगों को दहला दिया।

बदलते समय के साथ समस्त विश्व व्यापार का आधुनिकीकरण

होता चला गया। आज के वैश्वीकरण में अन्तर्राष्ट्रीय व्यापार पर आउटसोर्सिंग का प्रभाव बराबर बना हुआ है। बिना आउटसोर्सिंग के कोई देश अपने यहाँ की आवश्यकताओं को पूरा नहीं कर सकता है। अतः बीपीओ के प्रभाव में वैश्वीक व्यापार का प्रसार हो रहा है।[10]

आउटसोर्सिंग की अवधारणा और आयाम

आउटसोर्सिंग, जो बोलचाल की भाषा में बिजनेस प्रोसेस आउटसोर्सिंग (बी.पी.ओ.) के लिए प्रयुक्त किया जाता है, का तात्पर्य किसी बाहरी स्रोत से ठेके पर वस्तुएँ या सेवाएँ प्राप्त करने की एक आधुनिक तकनीकी प्रणाली से है। वास्तविक अर्थों में किसी व्यावसायिक प्रतिष्ठान द्वारा अपने सुनिश्चित मानदंडों के अनुसार सूचना प्रौद्योगिकी आधारित प्रक्रियाओं का प्रबंधन एवं प्रशासन सम्बन्धी कार्य ठेके पर बाहरी प्रदाताओं से कराना ही आउटसोर्सिंग है। आउटसोर्सिंग सूचना प्रौद्योगिकी और वैश्वीकरण के विस्तार का एक आधुनिक रूप है।

आउटसोर्सिंग के प्रकार

''आउटसोर्सिंग दो प्रकार की होती है–सेवापरक और वस्तुपरक। सेवापरक आउटसोर्सिंग की तुलना में एक नया विचार है। वस्तुपरक आउटसोर्सिंग में उत्पाद निर्माता कंपनियाँ अपने उत्पादों के कुछ हिस्से भारत या दूसरे एशियाई देशों में काफी पहले से बनवाती रही हैं, उदाहरण के लिए, जनरल मोटर्स अपनी कार के कुछ पूर्जे भारत में बनवाती है। इसी तरह बहुत से इलेक्ट्रॉनिक उत्पादों के पूर्जे चीन और हांगकांग में बनवाए जाते हैं और उन पर उत्पाद निर्माता अपना नाम लिखकर बाजार में प्रस्तुत करते हैं। सेवापरक आउटसोर्सिंग में सेवाओं का उत्पादन सस्ते मानवश्रम के रूप में किया जाता है। कुल मिलाकर सेवाक्षेत्र में आउटसोर्सिंग विचार आधुनिक है जिसे शुरू हुए अभी लगभग आठ साल ही बीते हैं। भारत में इसकी शुरूआत मेडिकल ट्रांसक्रिप्शन से मानी जा सकती है। मेडिकल ट्रांसक्रिप्शन मेडिकल क्षेत्र में बैंक ऑफिस सुविधा प्रदान करवाने वाला विचार था।

बीपीओ सेवा की अवधारणा

अगर किसी बी.पी.ओ. कंपनी को परिभाषित करने का प्रयास करें तो एक ऐसा संस्थान जिसने किसी दूसरे संस्थान को एक निश्चित रकम के एवज में अपनी सेवाएँ प्रदान करने और व्यवस्था करने का उत्तरदायित्व लिया है। भारत में कई तरह के सेवा क्षेत्रों में इस विचार का उपयोग किया जा सकता है।

टेली मार्केटिंग सर्विस

इस तरह की सेवाओं का उपयोग ज्यादातर कंपनी के उत्पादों को लोगों तक पहुँचाने और नये प्रस्तावों से अवगत कराने के लिए होता है। कंपनी का प्रतिनिधि फोन के द्वारा लोगों तक अपनी पहुँच बनाता है और उन्हें कंपनी के उत्पाद या सेवा खरीदने के लिए प्रेरित करने का काम करता है। इसे फोन द्वारा उत्पाद की बिक्री की श्रेणी में रखा जाता है। ज्यादातर कंपनियाँ इन सेवाओं में लक्ष्य रखती हैं, जो उसके टेली मार्केटिंग एग्जीक्यूटिव (कार्यकर्ता) को पूरा करना होता है और साथ ही आकर्षक कमीशन भी दिया जाता है, जो कर्मचारी को उत्पाद बेचने के लिए प्रेरित करता है। आउटबाउंड कॉलिंग इसी क्षेत्र का हिस्सा है। फोन सेवा प्रदाता कंपनियाँ, पर्यटन कंपनियाँ, मोबाइल कंपनियाँ और घरेलू उत्पाद बनाने वाली कंपनियाँ इस तरह के सेवा का उपयोग अधिक करती हैं।

कॉल सेंटर की अवधारणा

आउटसोर्सिंग कोई नया विचार नहीं है। यह विचार काफी पहले से काम में लिया जा रहा है। दरअसल जब आउटसोर्सिंग का विचार आता है तो सीधे कॉल सेंटर की बात की जाने लगती है। कॉल सेंटर आउटसोर्सिंग का हिस्सा है, स्वयं पूरा विचार नहीं।[11]

कॉल सेंटर बी.पी.ओ. का एक महत्त्वपूर्ण भाग है, जिसमें कस्टमर केयर की सेवाएँ जैसे–डेटाबेस मार्केटिंग, कस्टमर विश्लेषण,

टेलिमार्केटिंग, वेब सेल्स और सेल्स व मार्केटिंग एडमिनिस्ट्रेशन की सेवाएँ शामिल हैं। ये खासतौर पर दो तरह के होते हैं। एक इनबाउंड कॉलसेंटर, जो किसी चीज के ऑर्डर या कस्टमर सर्विस प्राप्त करने वाली कॉल लेते हैं। इनके लिए अच्छी तरह सुनने की निपुणता, सहानुभूति, चतुराई, कूटनीति और संगठन की क्षमता की आवश्यकता होती है। आउटबाउंड कॉल सेंटर मे मार्केट रिसर्च, सीधी मार्केटिंग आदि के लिए सेंटर से बाहर कॉल करने होते हैं। कॉल सेंटर के लिए सामान्यता किसी तरह के अनुभव की जरूरत नहीं होती। यहाँ से आप अपने काम की शुरूआत कर सकते हैं। एक कॉल सेंटर एजेंट (कर्मी) की अंग्रेजी भाषा के दोनों पहलुओं–बोलने व लिखने पर अच्छी पकड़ होनी चाहिए।

वृहद् रोजगार की आत्मीयता का दुसरा क्षेत्र कॉल सेंटर का कार्य है। कॉल सेंटर का प्राथमिक कार्य है, उपभोक्ताओं की चिंता व शिकायत सुनना और उत्तर देना तथा उनकी समस्याओं का निराकरण (प्रदान) करना। सामान्यतः यह भी एक *Customer Relationship Management* के भाग के रूप में जाना जाता है। प्रत्येक कॉल सेंटर टेलीफोन और कम्प्यूटर के द्वारा अपने कार्य को गति प्रदान करते हैं। जब एक उपभोक्ता टेलीफोन से अपनी समस्या बताना चाहता है तो एक कॉल सेंटर का कार्यकर्ता (*Operator*) उससे अनुरोध करता है कि पहचान, क्रेडिट कार्ड नम्बर, उपभोक्ता नम्बर या नाम इत्यादि से अवगत करायें। इस प्रकार के पहचान को कम्प्यूटर में दर्ज करने पर कार्यकर्ता समझ लेता है कि विशेष रूप से यह हमारा ग्राहक है या नहीं। यदि वह विशेष रूप से नियमित ग्राहक है तो उसके प्रश्नों का उत्तर देते हुए डाटाबेस के रूप में कम्प्यूटर में दर्ज कर लिए जाते हैं। एक अच्छी धारा प्रवाह अंग्रेजी का ज्ञान व तत्पर प्रतिक्रिया इस कैरियर (रोजगार) की आवश्यकता है। सामान्यतः एक स्नातक, जिसे आई.टी. की प्राथमिक जानकारी हो, को यह नौकरी प्रदान की जा सकती है। उचित प्रशिक्षण रोजगार इच्छुक को मिली होनी चाहिए।

जब से हमारे देश में कम्प्यूटर का पदार्पण हुआ है तब से रोजगार के नये–नये रास्ते खुले हैं। इन्हीं रास्तों में एक रास्ते का नाम है कॉल सेंटर। कॉल सेंटर में नौकरी के लिए किसी स्पेशल कोर्स की जरूरत नहीं होती है। केवल अंग्रेजी भाषा का ज्ञान हो और कम्प्यूटर की बुनियादी जानकारी, बस मिल गयी नौकरी।

यदि हम सामाजिक दृष्टि से कॉल सेंटर को पारिभाषित करें तो कह सकते हैं कि यह उत्पादक और उपभोक्ता के बीच सेतु है। इसके द्वारा दोनों ही एक–दूसरे से जुड़े रहते हैं। कॉल सेंटर के माध्यम से उत्पादक अपने उत्पाद से जुड़ी समस्त जानकारियाँ उपभोक्ताओं को उपलब्ध कराते हैं। लेकिन इन सबके पीछे है क्या? तो इसका जवाब है–कम्प्यूटर।

स्वामी प्रकाश श्रीवास्तव के अनुसार, कॉल सेंटरों का कारोबार आज इतना व्यापक को चुका है कि अमेरिका और यूरोप की अनेक कंपनियों के कॉल सेंटर हमारे देश में हैं। लेकिन अमेरिका का उपभोक्ता इससे बात करने के लिए या सहायता प्राप्त करने के लिए भारत फोन नहीं करता है, वह तो केवल अमेरिका में ही कंपनी द्वारा दिया गया टोल फ्री नम्बर डॉयल करता है और घंटी बजती है भारत में। उसे जवाब भी अमेरिकन शैली में ही मिलता है। इसलिए वह कभी यह भी नहीं जान पाता है कि उसने एक भारतीय से बात की थी। इस तरह के कॉल सेंटर इंटरनेशनल कॉल सेंटर कहलाते हैं। इंटरनेशनल कॉल सेंटरों में कार्य करने वाले कर्मचारियों को ग्राहकों के साथ उन्हीं के देश की भाषा में बात करनी पड़ती है।

इंटरनेशनल के अलावा डोमेस्टिक कॉल सेंटर भी इस क्षेत्र में अच्छा रोजगार उपलब्ध करा रहे हैं। ये कॉल सेंटर अपने देश में ही अपने देश की किसी कंपनी के ग्राहकों को सहायता प्रदान करते हैं। डोमेस्टिक कॉल सेंटर इसी तरह से कार्य करते हैं और ग्राहकों को उत्पादक कंपनी से जोड़कर रखते हैं।

कॉल सेंटर के प्रकार

सीटों की संख्या के आधार पर भारत में मुख्यतः तीन प्रकार के कॉल सेंटर कार्य कर रहे हैं–

1. आठ सीटर कॉल सेंटर : स्थानीय क्रिया कलापों के लिए (लोकल ऑपरेशन कॉल सेंटर)।
2. 24 सीटर कॉल सेंटर : राष्ट्रीय स्तर पर क्रिया–कलापों के लिए (नेशनल आपरेशन कॉल सेंटर)।
3. 50 अथवा अधिक सीटर कॉल सेंटर : अन्तर्राष्ट्रीय स्तर पर क्रिया–कलापों के लिए (*इंटरनेशनल आपरेशन कॉल सेंटर*)।

यद्यपि भारत में मुम्बई में 350 सीट वाले ऐसे कॉल सेंटर भी उपलब्ध हैं जो कि नास्डॉक में भी सूचीबद्ध हैं। ऐसे कॉल सेंटर मुख्यतः टेली मार्केटिंग सेवाओं के कारण इस क्षेत्र में आये हैं। सामान्यतः 100 सीटों वाले एक अंतर्राष्ट्रीय कॉल सेंटर स्थापित करने पर 10 करोड़ रूपये के निवेश की आवश्यकता होती है। परन्तु *एच. एस.बी.सी. सिक्यूरिटी रिपोर्ट 2002* के आकलन के अनुसार, 100 सीटों के एक कॉल सेंटर स्थापित करने की लागत भारत में 5.4 मिलियन अमेरिकी डॉलर आती है जबकि संयुक्त राज्य अमेरिका में इस प्रकार के कॉमन कॉल सेंटर की लागत 10 मिलियन अमेरिकी डॉलर आती है।[12]

कॉल सेंटर की कार्य–शैली

अच्छे वेतन, कार्य करने के लिए एयर कंडीशंड माहौल, अच्छा एक्सपोजर जैसी बातें युवाओं को कॉल सेंटर में नौकरी के लिए प्रेरित करती हैं। जब आप इस क्षेत्र में नौकरी की शुरूआत करते हैं तो प्रारंभ में आपको दिन और रात दोनों समय कार्य करना पड़ सकता हैं, क्योंकि इंटरनेशनल कॉल सेंटर अधिकतर यूरोप और अमेरिका के ग्राहकों को सर्विस प्रदान करते हैं और उनके यहाँ जब दिन होता है तो हमारे यहाँ

रात होती है। यही कारण है कि कॉल सेंटर अधिकतर रात में खुले होते हैं। यदि आपको रात की शिफ्ट में कार्य करने में परेशानी नहीं है तो इस क्षेत्र में आप जल्दी सफलता की सीढ़ियाँ चढ़ सकते हैं। जब एक या दो वर्ष का अनुभव हो जाता है तो इसमें प्रमोशन भी होता है। प्रमोशन में जहाँ वेतन बढ़ता है वहीं सुपरवाइजर और मैनेजर बनने के बाद रात की ड्यूटी से भी छुटकारा मिल जाता है। इसके अलावा इस क्षेत्र में जितना अधिक अनुभव उतना ही अधिक दूसरी कंपनियों से उच्च वेतन पर बुलावा।

कार्य :–

कॉल सेंटर में ऐसे लोगों को रोजगार दिया जाता है, जो आने वाली कॉलों का ठीक प्रकार से उत्तर दे सकें एवं आवश्यकतानुसार भावी ग्राहकों से सम्पर्क कर उन्हें कम्पनी विशेष के उत्पादों एवं सेवाओं की जानकारी दे सकें। एक कॉल सेंटर में 90 प्रतिशत से अधिक समय कॉलों का फोन पर उत्तर देने, ई–मेल भेजने, पढ़ने एवं चैटिंग में गुजरता है। कॉल सेंटर की प्रणाली फोन, ई–मेल और आपरेटर की दक्षता पर निर्भर होती है। इसके लिए विशेष प्रकार के सॉफ्टवेयर की आवश्यकता होती है। कॉल सेंटर की गुणवत्ता इस पैमाने पर मापी जाती है कि कॉल सेंटर के कितने जवाबों से उपभोक्ता संतुष्ट हुए और सवालों का जवाब देने में कितना समय लगा।

पल्लवी श्रीवास्तव के शब्दों में– कॉल सेंटर की नौकरी में यह बात भी कोई महत्त्व नहीं रखती है कि आप देखने में कैसे हैं? या फिर आप शारीरिक रूप से विकलांग हैं। इसमें केवल आपका उच्चारण अच्छा होना ही महत्त्वपूर्ण है। इस तरह की नौकरी करने वाले अधिकतर युवा होते हैं। इसलिए कॉल सेंटरों का वातावरण भी हमेशा ऊर्जा से भरा रहता है। आपको नये–नये दोस्त बनाने के अवसर मिलते हैं और आप प्रसन्न भी रह सकते हैं। वर्तमान जिंदगी में पैसे की अहमियत बहुत बढ़ गयी है, इसलिए यदि आपका *कम्युनीकेशन*

स्किल अच्छा है और आप कम्प्यूटर पर सहजता से कार्य कर लेते हैं तो कॉल सेंटर का असीमित क्षेत्र आपके लिए सफलता के द्वार खोले खड़ा है। ये तो कॉल सेंटर की नौकरी के वे पहलू थे जो हमें सुनहरे दिखाई देते हैं।

कॉल सेंटर में महिलाओं की सहभागिता–प्रतिभागिता

देश के बी.पी.ओ. जिन समस्याओं से जूझ रहे हैं, वे इस देश के लिए अनूठी हैं। दुनियाँ भर में कामकाजी लोगों में 50 से 70 फीसदी महिलाएँ होती हैं। भारत में यह आंकड़ा 30 फीसदी है। कॉर्नेल यूनिवर्सिटी द्वारा हाल ही में तैयार *ग्लोबल कॉल सेंटर रिपोर्ट* में कई और भी अंतर सामने आए हैं। दूसरे देशों में जहाँ सिर्फ **22** फीसदी कॉल सेंटर ग्रेजुएट कर्मचारियों को नियुक्त करते हैं, भारत में यह आंकड़ा 60 फीसदी है। स्थायी कर्मचारियों का औसत आंकड़ा 71 फीसदी है। दक्षिण कोरिया में 40 फीसदी तो भारत में 100 फीसदी कर्मचारी स्थायी हैं।[13]

राष्ट्रीय महिला (प्रपत्र) के अनुसार, चाहे बंगलूरु हो या मुम्बई, पुणे हो या कोलकाता, गुड़गांव हो या दिल्ली, बी.पी.ओ. तथा कॉल सेंटरों में बड़ी संख्या में महिलाएँ काम करती हैं। अतएव, इस तथ्य को दृष्टि में रखते हुए कि भारत में कॉल सेंटरों के 3,50,000 कर्मचारियों में 40 प्रतिशत महिलाएँ हैं, वहाँ के नियोक्ताओं को अपनी परिवहन व्यवस्था पर गंभीर रूप से विचार करना चाहिए।[14]

सभी का कहना है कि भारत के कॉल सेंटर में कार्य के दौरान शोषण होता है। ऐसा होते हुए भी एक नवीन पुस्तक (*Gender and the Digital Economy Perspective from the Developing World*) में लिखा है कि दिल्ली की कार्यरत महिलाएँ, अपने कार्य से प्रसन्न और पारस्परिक संतोषजनक दिखलाई देती हैं, जिसने (वेतन+कार्य) उनको अधिक स्वतंषता और स्वायत्तता प्रदान किया है।

Gender and the Digital Economy Perspective From The

Developing World, पुस्तक आगे यही लिखता है–कॉल सेंटर में कार्य का निम्न स्तर, रोजगार की सांसारिक प्रकृति, बाह्य तनाव के अलावा महिलाएँ, जो 70 प्रतिशत कॉल सेंटर में निरन्तर योगदान कर रही हैं, खुश और संतोषप्रद दिखलाई देती हैं।

(Editor Cealia Nga, visiting Associate Professor of the Asian Institute of Technology, Bangkok and Swasti Mitter, a International Consultant on information and communication technologis) एडिडर शिलिया और स्वाति मित्तर कहना है कि – ''विशेष रूप से भारत में महिलाएं जो वेतन पाती हैं, वे अनुभव, स्वतंत्रता और स्वायत्तता से इनको (वेतन) संजोने (सुरक्षित करने) योग्य हैं।''

भारत में महिलाओं की गतिशीलता और समर्थ व्यय, परम्परात्मक रूप से पुरूषों द्वारा नियंत्रित होता है, यद्यपि इस मामले में कार्योजित महिलाएँ ज्यादा (उच्च शिक्षित) शिक्षित होती है।

भारत और मलेशिया के कॉल सेंटर के कर्मचारियों के एक अध्ययन में शिलिया और मित्तर कहती हैं– दोनों देशों की महिलाओं से यह उद्‌घटित होता है कि वे नवीन गुणों को सीखती हैं और कुछ उसमें जोर देकर कहा जाये तो व्यवसाय व्यक्तित्व बन चुकी हैं।[15]

अनील कुमार ने स्पष्ट किया है कि ''सूचना और संचार प्रौद्यौगिकी का मुख्य माध्यम 'इंटरनेट का उपयोग' है जिससे समस्त विश्व को एक गाँव का रूप दिया जा सकता है।'' इंटरनेट हमारे जीवन का अभिन्न अंग बन गया है। घर में काम करने वालों के लिए मार्ग प्रशस्थ का साधन है। इंटरनेट पर ही घर बैठी महिलाओं के लिए काम के कई अवसर हैं।[16]

भारत में अभी भी परिवार के लिए कई महिलाओं को अपने कैरियर को तिलांजलि देनी पड़ती है और कॉरपोरेट जगत में सफलता पाने का उनका सपना अधूरा रह जाता है। अधिकांश महिलाएँ अपने

नन्हें–मुन्नों के भविष्य के लिए ऐसा करती हैं। पर जब वही नन्हें–मुन्ने स्कूल जाने लगते हैं तो लगता है कि कैरियर को फिर से आकार देने का समय आ गया है। लेकिन रास्ता समझ में नहीं आता है। कई बार तो *फुल डे वर्क* (दिन भर) के लिए महिलाएँ खुद को तैयार भी नहीं कर पाती हैं।

यहाँ भी बी.पी.ओ. ही आपकी मदद करेगा। बी.पी.ओ. कंपनियाँ हजारों की संख्या में मेडिकल ट्रांसक्राइबर्स को नौकरी देती हैं। आप (महिलाएँ) अपने घर से केवल इयरफोन और कम्प्यूटर की मदद से काम कर सकती हैं। चाहें तो लीगल या बिजनेस ट्रांसक्रिप्शन में भी रोजगार की मंजिल ढूंढ़ सकती हैं।[16]

कंपनियाँ बड़ी संख्या में डेटा प्रोसेसिंग के लिए महिलाओं की नियुक्ति करती हैं। इससे सिंपल डेटा प्रोसेसिंग से लेकर डेटा एक्स्ट्रेक्शन, इंडेक्सिंग, फाइनेंशियल स्टेटमेंट्स की देखभाल जैसे कई काम होते हैं। ऐसी ही एक बड़ी कंपनी डेटामैट्रिक्स में इस समय हजारों महिलाएँ काम कर रही हैं।

कार्य नियोजित महिलाओं के साथ हमेशा से ही सामाजिक समस्याएँ बनी हुई है। इसका कारण उनका स्त्री होना और स्वयं के बचाव के साथ यह प्रश्न जुड़ा हुआ है। यद्यपि प्रत्येक क्षेत्र की प्रत्येक कार्य नियोजित महिलाओं के साथ ऐसा नहीं होता है लेकिन विचलन का समाज में पाया जाना निश्चित होता है। बी.पी.ओ. इंडस्ट्रीज और कॉल सेंटरों में भी इसकी अनिवार्यता पत्र–पत्रिकाओं, समाचार चैनलों इत्यादि द्वारा समय–समय पर प्रकट होती रहती है।

विक्की सिंघानिया, कस्टमर सर्विस ऑफिसर, टाटा ए.आई.जी. के अनुसार, "काल सेंटर में काम करने का मतलब है कि यहाँ रह कर गृहस्थी नहीं बसाई जा सकती। घंटों काम करना और उसके बाद भी तनाव। परिवार के लिए समय नहीं निकाल सकते। कॉल सेंटर जब आए थे, तब एक आकर्षण था। यहाँ पूरा व्यक्तित्व ही बदल जाता है, लेकिन यहाँ अपना कैरियर नहीं बनाया जा सकता।

एक भारतीय महिला का अस्तित्व ही परिवार से उत्पन्न होता है व परिवार की बुनियादी जड़ को सींचते हुए ही मृत्यु के अंतिम विकल्प को प्राप्त होती है। यदि कॉल सेंटर जैसा कैरियर में परिवार का स्वरूप ही न दिखलायी दे तो नारी–जीवन के सही मार्ग पर प्रशस्त नहीं हो सकती है।

इसके अलावा कॉल सेंटर के वातावरण में कुछ समस्याएँ इस प्रकार हैं–

काम का अनिश्चित समय – अधिकतर एजेंट (कर्ता स्त्री व पुरूष) आम तौर पर रात में काम करता है और दिन में सोता है। इससे स्वाभाविक जैविक चक्र अस्त–व्यस्त हो जाता है।

उबाऊ कामकाज – अधिकतर काम एक ही तरह का होता है। जिसमें नया कुछ करने की सम्भावना न के बराबर होती है। यह संतोषप्रद स्थिति नहीं है।

दोहरा व्यक्तित्व – विदेशी ग्राहकों से बातचीत के कारण उन्हें अपनी नई पहचान बनानी पड़ती है। प्रायः उनका सामना उग्र (गुस्सैल) स्वभाव के ग्राहकों से होता है।

लक्ष्य पूर्ण करने का दबाव – उन्हें प्रतिदिन निश्चित संख्या में *कॉल* करने या सुनने होते हैं। उनके सुपरवाइजर उन पर दबाव बनाए रखते हैं।

सांस्कृतिक टकराव – अधिकतर कर्मचारी छोटे शहरों से आते हैं, जो महानगरों की जीवन–शैली से एकदम अपरिचित होते हैं।

उन्नति के रास्ते लगभग बंद– कॉल सेंटर की नौकरी में उन्नति के अवसर कम होते हैं जिससे कर्मचारियों का मनोबल और आत्मविश्वास निम्न रहता है।

उक्त कैरियर सम्बन्धित समस्याओं को महिला जीवन प्रसंग से जोड़कर देखें तो इसकी कठिनाइयों को समझना कठिन लगता है।

फिर भी कैरियर की सम्भावनाएँ महिलाओं को कॉल सेंटर से जोड़े रखती हैं।

सामाजिक जीवन – ''मनुष्य एक सामाजिक प्राणी है।''

हॉब्स के शब्दों में, ''अपने उन्मुक्त व्यवहारों से बचने के लिए मनुष्य द्वारा निर्मित समाधान ही समाज है।''

हावर्ड ओडम के अनुसार, ''व्यक्तियों के परस्पर समन्वय का ढाँचा और जो कुछ भी ये संस्कृति, प्रविधि एवं सभ्यता के क्षेत्र में प्राप्त करते हैं, समाज है।''

महान समाजशास्त्रियों के व्यक्त विचार समाज की महत्ता में मानव जीवन सम्बन्ध की व्याख्या करते हैं। विपरीत इसके ए.पी. राव, अध्यक्ष (एच.आर.) एच.सी.एल. टेक्नों, बी.पी.ओ. के अनुसार, इस तरह के माहौल में सांस्कृतिक मूल्यों की रक्षा जरूरी है। हम इस बारे में अपने लोगों को प्रशिक्षित करेंगे। अतः स्पष्ट है कि कार्यस्थल सामाजिक गुणों से विरक्त हैं। इसका कारण इससे स्पष्ट हो जाता है, जब शहर के एक कॉल सेंटरों में कार्यरत लता कहती हैं, लम्बे समय तक काल सेंटर में काम करने वालों को बाहरी दुनिया से कोई मतलब नहीं रहता। सोशल लाइफ तो लगभग खत्म ही हो जाती है। पार्टीज, सेलिब्रेशन, मूवी, खाना–पीना, बॉयफ्रेंड, गर्लफ्रेंड सभी कुछ अंदर ही मिल जाते हैं। यहाँ जितना मनोरंजन है, उससे कहीं ज्यादा स्ट्रेस (तनाव)।

बी.पी.ओ. और कॉल सेंटर के अधिकतर कस्टमर और क्लाईंट्स बाहर के या दूसरे देशों के होते हैं। इसी वजह से यहाँ काम करने वाली लड़कियों की रोजाना बातचीत भी उन्हीं से होती है। देर तक डयूटी और अंतर्क्रिया भी बाहरी लोगों से होने की वजह से वे सोशल लाइफ से कटती जा रही हैं। कई लड़कियाँ इसी वजह से लंबे समय तक ऐसी जगह रूक नहीं पातीं, जिससे हर सेक्टर में जॉब की संभावनाएँ बनी रहती हैं।

देखने में लगता है कि कॉल सेंटर के काम बाबूगीरी के काम हैं और उसके लिए वेतन भी अच्छा–खासा है, लेकिन इसके बावजूद कॉल सेंटर के काम की प्रकृति इस तरह की है कि वहाँ काम करने वाले व्यक्ति को कामगार (शारीरिक व मानसिक श्रम) की संज्ञा देना उचित होगा। कॉल सेंटर के कर्मचारी को कामगार इसलिए उचित है, क्योंकि उसके काम पर नियंत्रण और निगरानी का स्तर बड़ा गहरा होता है। कॉल सेंटर का कर्मचारी अपना काम स्वतंत्र भाव से नहीं करता।

दिन में हो या रात में, यहाँ काम करने वाले युवा अनजाने में अमेरिकी वस्तुओं के आदि हो जाते हैं। जब लंच में इन लोगों को भूख लगती है तो पिज्जा, बर्गर, सैंडविच और हॉट–डॅग जैसे भोज्य पदार्थ ही जिनमें शायद ही कुछ भोज्य होता हो इनके सामने परोसे जाते हैं। सारा दिन एक ही सीट पर बैठकर टेलीफोन और कम्प्यूटर के साथ वक्त गुजारते–गुजारते ये लोग अपनी तमाम ख्वाहिशों तथा चाहतों को भूल जाते हैं और इनकी स्मृतियों में शेष रहती हैं, कंपनी की स्कीम्स तथा टेलीफोन नम्बर्स की लिस्ट।

कॉल सेंटर में काम करने वाले लड़के–लड़कियाँ अपने कार्य के प्रति नीरस भाव रखते हुए भी अमेरिकी रंग में रंगने लगे हैं। इन लोगों के माध्यम से भारत के महानगरीय परिवेश में कहीं चुपचाप एक नन्हा–सा अमेरिका तैयार हो रहा है। केवल काम करने के घण्टे ही नहीं, बल्कि इन लोगों के रहन–सहन, बोल–चाल, खान–पान, यहाँ तक कि सम्बन्धों पर भी अमेरिकी रंग चढ़ने लगा है। रात में काम करने के कारण भारतीय दृष्टि से अनैतिक कहे जाने वाले सम्बन्धों की भी इन लोगों के बीच अधिकता है। लिव–इन रिलेशनशिप इन लोगों के बीच आम बात है। *'वाक इफ यू आर कम्फर्टेबल'* का कन्सेप्ट इन लोगों के बीच स्थान बना चुका है।

हरिकृष्ण रावत के अनुसार, ''समाज के नैतिक मूल्यों तथा सांस्कृतिक आदर्शों एवं मान्यताओं से प्रेरित क्रिया का मूल्यांकन

सामाजिक क्रिया कहलाती है।''[17] परन्तु कॉल सेंटर का वातावरण आर्थिक दृष्टि से व्यक्तिवादी दिखलायी देता है।

रात्रि अवधि कार्य (नाइट शिफ्ट वर्क) और उसके खतरे– सतीश सहाय के अनुसार, कॉल सेंटर जैसी यह नई जीवन–शैली हमारे सामाजिक ताने–बाने को भी कमजोर कर रही है। देर रात तक काम करने से और दिन में सोने से हमारे सामाजिक सम्बन्ध कम होते जा रहे हैं। हम पारिवारिक आयोजनों और अपने सम्बन्धियों के लिए वक्त ही नहीं निकाल पाते हैं। इसकी वजह से सोशल लाइफ समाप्त हो रही है। ऐसी तमाम बातें जहाँ हमें समाज से दूर करती हैं, वहीं हमारी रचनात्मकता पर भी असर डालती हैं।[18] वहीं दूसरी तरफ बी. पी.ओ. जी.ई. इंडिया के सी.ई.ओ. और प्रेसीडेंट तेजप्रीत सिंह चोपड़ा के अनुसार, रात में बेहतर ढंग से काम कर पाने वालों के लिए नाइट शिफ्ट किसी वरदान की तरह काम करता है। नाइट शिफ्ट ने कंपनियों को बेहतर स्थिति में लाने में मदद की है। इस मदद के लिए कंपनियाँ अन्य सुविधाओं के साथ ही उन्हें कई डे–नाइट फैसिलिटी दे रखी हैं, जैसे ईटरीज और जिम। इसके अलावा कंपनियाँ उन्हें नाइट शिफ्ट के दौरान पर्याप्त ब्रेक और साप्ताहिक अवकाश (वीकली ऑफ) भी देते हैं ताकि वे आराम करने के साथ दुनियादारी से जुड़े रहें।[18]

भास्कर लक्ष्य पत्रिका के अनुसार, युवा वर्ग खुद ही वह सारे काम करना चाहता है जो उन्हें अपने सपने पूरा करने का मौका दे। ऐसा करते हुए वे रात को जागकर अपनी पढ़ाई पूरी करते हैं और कुछ रात को कमाकर दिन में अपने सपनों को पूरा करते हैं। संलग्न गर्ग (नाम का व्यक्ति) नाइट शिफ्ट में काम करके पैसे कमा रहा है ताकि वह फैशन डिजाइनर बनने का सपना पूरा कर सके। नौ से पाँच बजे की नौकरी उसे यह मौका नहीं देती, जबकि नाइट शिफ्ट में उसे दोनों को संतुलित करने का भरपूर मौका मिलता है। गर्ग का कहना है कि मैं रात को काम करता हूँ, सुबह सोता हूँ और दोपहर में अपनी क्लास

अटेंड करता हूँ। मेरे लिए नाइट शिफ्ट किसी मजबूत सहारे से कम नहीं है।

कॉल सेंटर और बैंक ऑफिस की नई फसल के बाद, सिर्फ डॉक्टर और पत्रकार ही नाइट शिफ्ट में काम करने वालों में शामिल नहीं हैं। यहाँ तक कि ज्यादातर युवा नाइट शिफ्ट को काम से जुड़ी प्राथमिकता और सहूलियत से जोड़कर देखते हैं। आज का युवा कहीं ज्यादा प्रैक्टिकल और प्रोफेशनल है। अगर नौकरी की माँग हो तो वे अपनी इच्छा से देर रात तक काम करना पसंद करते हैं। कोलकाता के एक बी.पी.ओ. में काम करने वाली पायल गुप्ता कहती हैं–"रात की शिफ्ट में काम करना पसंद नहीं, बल्कि आवश्यकता आधारित सच्चाई है।"[19]

भास्कर लक्ष्य पत्रिका के अनुसार, रात्रि अवधि (नाइट शिफ्ट) में काम का निर्णय लेने से पहले एक बार अच्छी तरह सोच कर लें, क्योंकि जहाँ इससे मोटी तनख्वाह और पदोन्नति जैसे कई फायदे जुड़े हैं, वहीं परिवार से दूर हो जाने जैसे कुछ नुकसान भी हैं।[20]

गृहशोभा–पत्रिका के अनुसार, कॉल सेंटर 'एक ऐसा विभाग जहाँ 24 घण्टे काम चलता है। जहाँ दिन के कोलाहल में भी आपका सविनय निवेदन है। जहाँ रात के अंधेरे में पूरे शहर में सन्नाटा पसरा रहता है, वहीं ज्यादातर लड़कियाँ रातभर जागकर हेलो–हेलो करती हैं और अपनी कंपनी से क्लाईंट को जोड़ने की हर सम्भव कोशिश करती हैं।

इनकी कार्य–शैली और लाइफ और लाइफ–स्टाइल ऐसा होता है कि इन पर रात के अंधेरे और सन्नाटे का कोई असर नहीं होता। इन्हें यहाँ अगर कुछ दिखता है, तो वह है दूधिया रोशनी से नहाया कॉरपोरेट ऑफिस और अपने–अपने डेस्कटौप व फोन पर बिजी एंपलाइज।[21]

प्रीति सिंह और अन्नु पाण्डेय के अनुसार, इस रोजगार के

सन्दर्भ में देखा जाय तो यहाँ कुछ बुराईयाँ भी हैं जिसमें खतरे सम्मिलित हैं, जैसे–रात में सफर करना, स्वास्थ्य का खतरा और सामाजिक कलंक। लेकिन एक समस्या उनके नाइट शिफ्ट में स्वास्थ्य के खतरे से जुड़ा है। कुछ उत्तरदात्ताओं ने अपने अनुभव व्यक्त किया कि वे रात में निगरानी हेतु थे। जैसे सुरक्षा गार्ड (सब पर निगाह रखने हेतु) जो ड्यूटी पर पूरी रात जागते रहे और तैनात रहे जो दिन में सोते हों। जो ऐसा करते हैं वे रात्रि में अनिद्रा और पाचन की समस्या झेलते हैं। प्रबन्ध (व्यवस्था) में जो शरीर के क्षमता के विपरीत कार्य करते हैं, वे सिगरेट पीना, शराब पीना, असंख्य चाय व काफी पीना शुरू कर देते हैं। वे सिगरेट, काफी, चाय के आदती शिकार हो जाते हैं, जो कि निश्चित रूप से उनके खराब स्वास्थ्य का कारण बनता है।

इ.पी.डब्ल्यू (EPW) में दिये गये अध्ययन ने दिखलाया कि जो स्वास्थ्य की समस्या कार्य नियोजित (स्त्री–पुरूष) झेलते हैं, जैसे–कमर दर्द, पीठ के रीढ़ का दर्द, सिर दर्द, आँखों का खिचना, फैलना और दबाव, इसका कारण निरन्तर कॉल, हेडसेट और कम्प्यूटर स्क्रीन।

इस अध्ययन में 43 उत्तरदाता पीठ की दर्द से, 40 आँखों की समस्या से और सिरदर्द से और 50 पेट (पाचन) की समस्या से पीड़ित पाये गये। कुछ उत्तरदाता कान दर्द और पैर के ऐंठन से परेशान मिले, कुछ ने वजन बढ़ने की शिकायत भी दर्ज करवाया। 25 उत्तरदाता शान्त स्वभाव के थे, जिन्होंने कोई शिकायत दर्ज नहीं करवाया।[22]

अनुजा मिरचंदानी लिखते हैं, कॉल सेंटर में पंद्रह बरसों तक काम करने के अनुभव से सम्पन्न एक भूतपूर्व एजेंट विजय कुमार (बदला हुआ नाम) का कहना है कि कुछ बड़े कॉल सेंटर जहाँ पत्र जारी करते हैं, वहीं छोटे कॉल सेंटर महज अनुबंध पत्र। विजय कुमार के अनुसार, काम करने वाले की नौकरी मनमाने ढंग से समाप्त की जा सकती है और इसके लिए कोई नोटिस पीरियड भी नहीं होता। केवल कुछेक कॉल सेंटर में नौकरी से निकालने के पहले कैपिटल

तलब करने के लिए एक्जिट इंटरव्यू (निकास साक्षात्कार) लिया जाता है। विजय कुमार का कहना है कि नौकरी को समाप्त करने का निर्णय हमेशा इसी आाधार पर नहीं लिया जाता कि कर्मचारी अपना काम किस खूबी से अंजाम दे रहा है।

कॉल सेंटर के कर्मचारी को कामगार मानना इसलिए उचित है क्योंकि उसके काम पर नियंत्रण और निगरानी का स्तर बड़ा गहरा होता है। कॉल सेंटर का कर्मचारी अपना काम स्वतंत्र भाव से नहीं करता। इसी आधार पर उच्चतम न्यायालय (*थरंगाधर केमिकल केस,* 1957 और एस. वर्मा के मामले में दिया गया फैसला, 1985) तथा उच्च न्यायालय के कुछ मामलों में बहस के बाद भी कोई निर्णायक मानक तय नहीं हुआ और यह बात स्पष्ट नहीं है कि टेली–मार्केटिंग से संबद्ध कॉल सेंटर के एजेंट को कामगार माना जाये या नहीं।

कॉल सेंटर में कर्मचारियों द्वारा नौकरी छोड़ने की दर बहुत अधिक है। इस तथ्य से जान पड़ता है कि कॉल सेंटर का प्रबंधन कर्मचारी को रखने और हटाने के मामले में लचीला रूप रखता है। एक बड़ी संख्या में कर्मचारी अपनी मर्जी से भी नौकरी छोड़ते हैं। लेकिन यह एक बड़ा सवाल बन जाता है कि क्या कर्मचारी और नियोक्ता दोनों के लिए यह एक लाभदायक स्थिति है या कुछ सीमा तक कॉल सेंटर में सरकारी हस्तक्षेप की जरूरत है ताकि कर्मचारी के हितों की रक्षा हो सके।[23]

अरूण श्रीवास्तव के अनुसार, "कुछ समय पहले तक पॉपुलर रहे कॉल सेंटर की नौकरियों की तरफ अधिकांश युवा देखना भी नहीं चाहते। इतना ही नहीं, जो इन बी.पी.ओ. यानी बिजनेस प्रॉसेस आउटसोर्सिंग में काम कर रहे हैं, वे भी वहाँ के बेतरतीब समय–सारणी और नौकरी की सुरक्षा को लेकर ऊबे हुए हैं और मौका मिलते ही अन्य सुदृढ़ क्षेत्रों का रूख कर रहे हैं। ऐसोचैम (एसोसिएटेड चैंबर्स ऑफ कॉमर्स ऐंड इंडस्ट्री) की हालिया रिपोर्ट भी इसको पुष्टि करती है। रिपोर्ट पेश करते हुए इस उद्योग संगठन के अध्यक्ष वेणुगोपाल धूत

ने कहा कि पहले की तरह बारहवीं उत्तीर्ण युवा के लिए अब बी.पी. ओ. एक आकर्षक क्षेत्र नहीं रहा। ऐसे युवा अब आज के जमाने के कई लुभावने क्षेत्र–एनिमेशन, जर्नलिज्म, डिजाइनिंग (अपैरल, ज्यूलरी), एंटरटेनमेंट, एविएशन, हॉस्पिटैलिटी और रिटेल में कैरियर बनाने के लिए कही अधिक इच्छुक हैं।"[24]

कारोल पट्टनम और ऐनी फेनेली के द्वारा 25 महिला टेली कालर्स पर किये गये शोध मे उन कारणों पर प्रकाश डाला गया है, जिससे उनका शारीरिक, मानसिक, भावनात्मक और सामाजिक पक्ष प्रभावित होता है। आर्थिक सुरक्षा उन पर सकारात्मक प्रभाव डालता है, साथ ही सहकर्मियों के साथ सामाजिक क्रिया का अवसर प्रदान करता है, जिससे वे दूसरों की सेवा व मदद कर सकती हैं। कार्यों में संलग्नता से महिलाओं में आत्मविश्वास उत्पन्न होता है। अन्य कर्मचारी उनको महत्त्व देते हैं, विश्वास करते हैं, उनकी बातें सुनते हैं। परिवार वाले भी सम्मान देते हैं।

दूसरी तरफ, इस कार्य में सरदर्द, अवसाद, अनिद्रा की समस्या, अनियमित भोजन, तनाव, दूसरों के कार्यों की नकल, ध्यान न लगना आदि समस्याएँ पायी जाती हैं। परिवार व नातेदारी में तनाव, व्यक्तिगत कार्यों के लिए समय न मिल पाना, खाली समय का अभाव, एक प्रकार से उत्तरदायित्व निर्वाह में संघर्ष उत्पन्न होना, व्यवसाय की सुरक्षा व नियंत्रण, संस्था द्वारा भत्ता की पूर्ति, रात्रि में आने–जाने की दिक्कतों के प्रति नकारात्मक सोच का बनना आदि यहाँ पायी जाने वाली समस्या हैं।

डॉ. कुमुदा त्रिपाठी ने तथ्य में पाया कि टेली कालर्स अपनी पहचान खो देते हैं। नशाखोरी और स्वास्थ्य की समस्या से परेशान रहते हैं। इसका कारण ज्यादा समय तक कार्य करना लगातार रात्रि में कार्य करना, साथ ही अधिक कार्य पूरा करने का लक्ष्य होता है। अधिक समय तक कार्य करने की दशा यह है कि नौ घण्टे तक कुर्सी पर बैठकर लगातार सभी जगहों से आ रही उपभोक्ताओं का कॉल

ग्रहण करना पड़ता है। खाने–पीने के वक्त ही दोस्तों से वेतन इत्यादि की बातें होती हैं। सुनने, देखने व बोलने की क्रिया में भी समय नहीं मिलता है जो कि तनाव को उत्पन्न करता है। लगभग 30–40 प्रतिशत टेली कालर्स ने आँखों की समस्या दर्शाया। आँखें सुज जाना, जलन होना, लाल होना, आँसू आना, सिरदर्द, प्रकाश की तेज चमक, जो कि कम्प्यूटर पर ध्यान लगाने से प्रकट होने वाली समस्या है। कुछ ने ध्वनि (आवाज) से उत्पन्न समस्या दर्ज कराया कि उनके गले में दिक्कतें हो रही हैं और साँस लेने में कठिनाई हो रही है।[25]

विक्की बेट्ट, रानल्ड रियार्डसन और जुलियट वेबस्टर ने अपने शोध में पाया कि कॉल सेंटर में महिलाओं की संख्या पुरूषों से अच्छी है। कॉल सेंटर के वातावरण में कम समय में लोगों की क्षमता विकसित होती है। जैसे–जैसे वे कार्यों में व्यस्त होते जाते हैं, यह परिस्थिति उन पर अंकुश लगाती है कि कॉल सेंटर के अलावा वे कोई प्रगति नहीं कर सकते। महिलाओं के सामाजिक गुण जो कॉल सेंटर के परिवेश में प्रकट होते हैं, कॉल सेंटर के बाहर परोक्ष रूप में होते हैं। वेतन के स्तर का निम्न होना कॉल सेंटर के स्तर को प्रदर्शित करता है, जिसका महिला टेली कॉलर्स के सामाजिक गुण पर प्रभाव पड़ता है। परन्तु कॉल सेंटर के पारिवेशिक–दशा और कार्य नियोजितों के गुण की परिपक्वता का प्रभाव श्रम–बाजार के अवसर पर पड़ता है।[26]

टायलर फिल और बेन पिटर ने अपने शोध में पाया कि कॉल सेंटर का श्रम एक प्रकार से भावनात्मक श्रम है क्योंकि इसमें व्यवहारों का आदान–प्रदान एक प्रक्रिया के तहत होता है। कॉल सेंटर उपभोक्ता व्यवहार–सम्बन्ध प्रबंधन पर आधारित होता है। कॉल सेंटर में कार्यरत लोग, युवा, महिलाएँ व मेहनती होते हैं। यद्यपि पूरे समय (*Full Time*) कार्य के अलावा उपभोक्ताओं की जरूरत के अनुसार अल्प समय का अवकाश भी प्रदान किया जाता है जिससे वे अपने सामाजिक कार्यों को भी पूर्ण कर सकें।

रिपोर्ट के अनुसार, भारत में लड़कियों की शादी की उम्र 20 साल है, लेकिन आर्थिक निर्भरता की वजह से अब वह देर से शादी करने लगी हैं। वे जानती हैं कि आर्थिक स्वतंत्रता उन्हें इतनी ताकत देती है कि उन्हें सिर्फ अपनी ख्वाहिशों को पूरा करने के लिए शादी की जरूरत नहीं हैं। कुछ मामलों में मध्यमवर्गीय लड़कियाँ अपने माता–पिता पर शादी और दहेज का खर्च का बोझ न डालने के लिए काम करती हैं और ऐसे में अंग्रेजी का न्यूट्रल एसेंट और कम्युनिकेशन में माहिर लड़कियों के लिए बी.पी.ओ. किसी गॉडफादर से कम नहीं।

भास्कर लक्ष्य पत्रिका के अनुसार, कनाडा में अल्बर्टा शहर में आयोजित हुए छठें *एडवांस इन क्वालिटेटिव मैथड्‌र्स कॉन्फ्रेंस* में कार्यस्थल पर होने वाले नकारात्मक अनुभव का विश्लेषण करने के दौरान समाज वैज्ञानिकों ने पाया कि जिस कॅरिअर के लिए युवक और युवतियाँ अपने परिवार, पढ़ाई और स्वयं से दूर हो जाते हैं, उसी नौकरी में उनसे सौतेला व्यवहार किया जाता है। काम का दबाव, व्यक्तिगत विरोधाभास, गलतफहमी तो इन सेंटर्स का हिस्सा हैं ही, लेकिन यहाँ काम करने वाले कर्मचारी असुरक्षा और अतार्किक माँगों को लेकर भी परेशान रहते हैं। छींटाकशी, भद्दे मजाक और चुटकुले सुनने और सुनाने की अपेक्षा की जाती है। फोन पर यौन–उत्पीड़न की समस्या तो सामान्य है। इसके अलावा, प्रमोशन देने के नाम पर उनसे अनुचित माँग की जाती है। अक्सर कर्मचारियों को काम पूरा करने के लिए बीमारी के दौरान भी रिपोर्ट करने को कहा जाता है। इतना ही नहीं, उनसे क्षमता से अधिक काम करने की अपेक्षा की जाती है। अपनी कई रात आँखों में बिना नींद के काटने वाले कर्मचारियों की व्यक्तिगत परेशानियों को दरकिनार कर दिया जाता है। बात केवल यहीं खत्म नहीं होती। कॉल सेंटर से जुड़े कर्मचारियों के साथ लूट–खसोट या हत्या जैसे मामले भी सामने आने लगे हैं।[27]

भास्कर लक्ष्य पत्रिका के अनुसार, हालांकि कुछ तथ्य, जैसे अधिक कार्य की अवधि, तनावयुक्त काम, असुरक्षा, स्वास्थ्य, सामाजिक

अलगाव, मानसिक और शारीरिक दबाव, अवसाद कुछ ऐसी वजहें हैं, जिनके कारण शुरूआत में ही इतनी सुविधाएँ देने वाले बी.पी.ओ. की नौकरी को प्रत्येक 100 में से 40 या 45 लोग प्रतिवर्ष छोड़ देते हैं। यही वजह है कि बी.पी.ओ. जॉब को कम अवधि के कॅरिअर के रूप में देखा जाने लगा है। विडम्बना ही कही जाएगी कि फन ऐट वर्क की छवि के जरिए लुभाने वाले और वर्ष 2007 तक 1.6 मिलियन लोगों को रोजगार देने वाले बी.पी.ओ. में कर्मचारी कार्य–पद्धति और यहाँ मिलने वाली जीवन–शैली के कारण संघर्ष का सामना करते हैं।[28]

रिचा दर्शन के अनुसार, कॉल सेंटर का वातावरण काफी मनोरम होता है। कॉल सेंटर का कार्य उपभोक्ता सम्बन्धित क्रय–विक्रय का प्रसार व समस्या समाधान है। उनके अध्ययन का बिन्दु कॉल सेंटर की महिलाओं में तनाव के स्तर का पता लगाना था। पैसा कमाने की दृष्टि से लड़कियाँ कॉल सेंटर में कार्य करना पसन्द करती हैं, क्योंकि वे अपने सपने को हकीकत में बदलना चाहती हैं। वे वास्तविकता से दूर रहकर अवास्तविकता का परिचय (नाम बदलकर) अपनाते हुए ज्यादा समय तक कार्य करना चाहती हैं। अतः वे तनाव में जीवन व्यतीत करती रहती हैं।[29]

क्रस्टिन नॉरमेन के अनुसार, कॉल सेंटर की कार्य–प्रणाली में कई आयाम सम्मिलित होते हैं, जैसे– कार्य की विशेषताएँ, बाह्य वातावरण तथा मनोसामाजिक दशाएँ। ये सभी आयाम व्यवसाय के कार्य और कर्त्ता के वातावरण जहाँ से वे कार्य करने के लिए आते हैं, इस पर निर्भर करता है। यही वह पक्ष है जो कार्य और व्यक्ति के मध्य आने वाली समस्याओं को उत्पन्न करती है। कुछ परिणाम वैयक्तिक विशेषता पर आधारित होते हैं, जैसे–कर्ता की आयु, लिंग, शिक्षा का स्तर, कम्प्यूटर का ज्ञान और कार्य की प्रस्तुति का अनुभव। कार्य के अतिरिक्त उनके जो सामाजिक क्रिया–कलाप हैं उसी से उनकी सामाजिक वास्तविकता प्रकट होती है। इस कार्य के अन्तर्गत उनको कुछ समस्याओं का सामना करना पड़ता है, जैसे– आँख से सम्बन्धित

समस्या, सिरदर्द, गर्दन और कन्धे का दर्द, हाथ और बांह की समस्याएँ, पीठ, कमरदर्द से सम्बन्धित लक्षण पाये जाते हैं। साथ–ही–साथ तनाव से सम्बद्ध व्याधियाँ मानसिक तनाव, शारीरिक समस्या तथा थकान का पाया जाना सम्भव है। इस अध्ययन में पाया गया कि सहकर्मियों द्वारा सामाजिक सहायता के कारण मनोसामाजिक कार्य की दशाओं का संतुष्टि स्तर एक सकारात्मक पक्ष है।[30]

स्मिता आर. चवन एवं बाल कृष्ण पोत्दार ने अपने अध्ययन में पाया कि बी.पी.ओ. कॉल सेंटर के परिदृश्य में कार्य अवधि के दौरान तनाव, कार्य की विशिष्ट प्रकृति के दौरान तनाव, कार्य की अधिकता के दौरान तनाव, कम अवकाश के कारण तनाव, कार्य प्रस्तुतिकरण के दौरान तनाव, जाने–आने की अवधि के दौरान तनाव, कॉल विस्तार के दौरान तनाव, अतिरिक्त कार्य के कारण तनाव, ये सभी तथ्य तनावजनित कारणों को व्यक्त करते हैं। इनके अतिरिक्त नेत्र की समस्या, पेट सम्बन्धी समस्या, जैसे–कब्ज, अवसाद की समस्या, नेष विकार, कान की समस्या आदि परेशानियां भी प्रकट होती है। इस व्यवसाय में प्रवेश करने के बाद उनकी कुछ व्यक्तिगत आदतें बनने लगती हैं, जैसे–महिलाओं का सिगरेट पीना, शराब पीना जो भारतीय समाज में कलंक माना जाता है तथा परिवार इसे कभी स्वीकार नहीं करता है। कॉल सेंटर अपने कर्मचारियों को भोजन एवं आवागमन की सुविधा उपलब्ध कराता है, लेकिन उसके कर्मचारी उसका अनुचित प्रयोग करते हैं, जैसे–भोजन को बर्बाद करना, वाहन में शोर–गुल करना, तथा सार्वजनिक स्थान पर धूम्रपान करना, सेंटर द्वारा प्रदत्त संसाधन जैसे–टेलीफोन एवं कम्प्यूटर का दुरुपयोग करना आदि। इस व्यवसाय में अधिकतर टेली कॉलर्स अपने परिवार से अलग हो जाते हैं। ये दिन में सोते हैं और मित्रों के साथ बहुत घुल–मिलकर रहते हैं। इन टेली कॉलर्स को परिवार में समय देना कठिन लगता है। समस्याएँ उस समय अत्यन्त विकट हो जाती हैं, जब इनका विवाह हो जाता है तथा उत्तरदायित्व बढ़ने पर परिवार इनसे अधिक समय की अपेक्षा करता

है, जबकि ये व्यवसाय में व्यस्त होते हैं। ये त्यौहार के समय भी कार्य में व्यस्त होते हैं, जिससे ये कुण्ठित होते हैं। कुछ टेली कॉलर्स परिवार एव समाज में मिल–जुलकर रहने की भी आवश्यकता का अनुभव करते हैं। यद्यपि यह आवश्यक है कि परिवार के वरिष्ठ सदस्य अपने से छोटे सदस्यों का सहयोग करें और उनको तनाव में मदद करें, जैसा कि कुछ परिवार करते हैं।[31]

किरन मीरचन्दानी ने अध्ययन में पाया कि कॉल सेंटर में नौकरी पाना इसलिए अच्छा है कि सेवानिवृत्ति का यहाँ नियम नहीं है। इसमें बहुत अधिक गुणवान होने की आवश्यकता नहीं है। साधारण जानकारी रखते हुए भी यहाँ नौकरी करना सरल है। तीसरी दुनिया में महिला श्रम का रूझान इसी व्यवसाय की तरफ पाया गया है। उनका तर्क है कि यह एक आदर्श नौकरी है जिसमें श्रम का लचीलापन होना है। इस व्यवसाय की गति तीव्र है।

सबसे बड़ी महत्त्वपूर्ण तथ्य है कि प्रबंधन ध्यान रखता है कि कितनी कॉल टेली कॉलर्स ने ग्रहण किया और वे कैसी–कैसी कॉलें थी। अर्थात् यहाँ न भावनात्मक लगाव होता है न मानवता का व्यवहार, यानि जितना कॉल ग्रहण किया, सेंटर को उतनी आमदनी हुई। कॉल भी सरल व कठिन दोनों प्रकार का हो सकता है, जैसे– अमेरिकन प्रकार के कॉल की भाषा कठिन होती है तो समझना व समझाना दोनों में कठिनाई अनुभव होती है। विशेष रूप से अमेरिकन, भारतीय मान्यताओं से अलग सोच रखते हैं। जो यहाँ के लोग सुनते हैं, पढ़ते हैं, सिखते हैं, अमेरिकन उनको या यहाँ के कार्यक्षेत्र को समझना नहीं चाहते हैं।[32]

क्रस्टिन ए. स्प्रिंग और फोब आर. स्मिथ ने अपने अध्ययन में समय–नियंत्रण, कार्य–नियंत्रण, भूमिका विस्तार, निर्णय लने में सहभागिता, कार्य के प्रकार, गुणों का सही उपयोग, कार्य के भार का बढ़ना, भूमिका अन्तर्द्वन्द्व, भूमिका स्पष्टीकरण और सहयोगियों का

सहयोग इत्यादि पर प्रकाश डाला है। इनके अलावा कुछ तथ्य प्रकट किये गये हैं, जैसे–

1. अन्य कार्य की अपेक्षा कॉल ग्रहण करना अत्यन्त कठिन होता है।
2. व्यवसाय से सम्बन्धित अवसाद के दोनों पक्ष, जैसे–व्यवसाय संतुष्टि की आन्तरिक व बाह्य उलझन का प्रकट होना।
3. छोटे कॉल सेंटर के टेली कॉलर्स, बड़े कॉल सेंटर के अपेक्षा कम चिंता, अवसाद, सामान्य–सा मानसिक तनाव महसूस करते हैं।
4. अस्थायी टेली कालर, स्थायी टेली कालर्स की अपेक्षा अच्छी तरह से कार्य को अन्जाम देते हैं।
5. जिस टेली कॉलर का ध्यान काम में नहीं लगता है तो तय रहता है कि अधिक दिन तक वह कॉल सेंटर में नहीं बना रहेगा।
6. कॉल सेंटर के टेली कॉलर काम अधिक होने पर तनाव अनुभव करते हैं, जो कि उनकी क्षमता व कार्य–भूमिका को स्पष्ट नहीं करती है। इससे भूमिका संघर्ष अस्तित्व में दिखलाई देती है।
7. टेली कालर्स में मानसिक स्वास्थ्य की समस्या का खतरा अधिक पाया जाता है और व्यवसाय सम्बन्धित सुविधा कम होती है।[33]

मीरा शर्मा, आर.एल. रैना और रविन्द्र शर्मा में अपने अध्ययन में पाया कि कॉल सेंटर में तनाव का पाया जाना सम्भव है। टेली कॉलर्स द्वारा फोन ग्रहण करना, उपभोक्ताओं की समस्याओं को नोट करना, उपभोक्ताओं के स्वभाव को समझते हुए उसे उत्तर देना, कम्प्यूटर व विद्युत उपकरणों के साथ समन्वय तनाव को विकसित करते है जो कि उपेक्षित नहीं किये जा सकते हैं। अन्यथा बड़े समस्याओं का प्रकट होना तय होता है। कार्य से सम्बन्धित रूकावटें, कम उत्पादन,

व्यवसाय सन्तुष्टि के स्तर का निम्न होना, अनुपस्थिति का बढ़ना, उच्च आदान–प्रदान, उपभोक्ताओं का कम सन्तुष्ट होना, नकारात्मक परिणाम विस्तार ही कार्य–स्थल के तनाव को व्यक्त करते हैं। तनाव को कम करने के लिए तनाव प्रबंधन कार्यक्रम का आयोजन किया जाता है। क्योंकि तनाव के रहते कार्य में गुणवत्ता आना सम्भव नहीं है। नगद उपहार का मिलना व बढ़ना, जैसा कि पाया गया है कि तनाव को कम करने में सहायक सिद्ध होता है।[34]

आन्ने बॉंड ने अपने अध्ययन में पाया कि कॉल सेंटर का विस्तार शहरी और ग्रामीण दोनों क्षेत्र में हो रहा है। कॉल सेंटर बड़े कंपनियों से सम्बन्धित होते हैं। कॉल सेंटर का व्यवसाय ग्रामीण क्षेत्र की तरफ हो रहा है, जिसमे महिलाओं की सहभागिता बढ़ रही है। पिछले दो दशकों से नवीन कम्प्यूटर और टेली सेवा पद्धति ने कॉल सेंटर के क्षेत्र का विस्तार किया है। सामाजिक, आर्थिक दृष्टिकोण से संयुक्त राज्य के पश्चिमी ग्रामीण क्षेत्रों में उद्योग का विस्तार बढ़ रहा है। ग्रामीण आर्थिक और रोजगार आधारित सेवा ने महिलाओं के प्रति निष्ठा व्यक्त किया। महिलाओं ने कॉल सेंटर में केंद्रीय भूमिका का प्रतिपादन किया। इससे स्पष्ट होता है कि कॉल सेंटर सेवा का क्षेत्र महिलाओं की भूमिका पर आधारित हो गया है या यह कहें कि महिलाओं द्वारा बाजार का वित्तकरण हो गया है।[35]

एसोचैम (Assocham) संस्था ने अपने अध्ययन में पाया कि महिलाओं को रात्रि अवधि कार्य में परेशानियाँ होती है। हालांकि कॉल सेंटर में ऐसा पाया जाता है। अवकाश के दिनों में कॉल सेंटर का कार्य होता रहता है। महिलाओं द्वारा अभिव्यक्त विचार से उसका भी पेमेंट बनता है। रात्रि अवधि कार्य के लिए कुछ महिलाओं को दो घण्टे का सफर तय करके आना पड़ता है और आठ घण्टे तक की सेवा देनी पड़ता है। अतः रात्रि अवधि कार्य के लिए महिलाओं का मानना है कि नये कानून व विधान का निर्माण होना चाहिए। रात्रि अवधि कार्य के लिए महिला टेली कॉलर्स को चालक (ड्राइवर) की पूरी जानकारी व

फोटो रखनी चाहिए। इस व्यवसाय में शारीरिक मनोवैज्ञानिक और व्यावसायिक प्रभाव दिखलाई पड़ती है। इसके लिए संस्था द्वारा समुचित सुविधा नहीं होती है। दूसरी तरफ यह सामाजिक–सांस्कृतिक जीवन को प्रभावित करता है।[36]

संदर्भ ग्रंथ

1. सदगोपन, एस. : भारतीय आईटी उद्योग, *योजना,* अंक : 8, वर्ष : 5, 538, संसद भवन, नई दिल्ली, नवम्बर 2007, पृ. 10–11.
2. सम्पादकीय : *योजना,* अक्टूबर 2005, वर्ष : 49, अंक : 7, संम्पादकीय कार्यालय, नयी दिल्ली, पृ.–3.
3. अग्रवाल, उमेश चन्द्र : आउट सोर्सिंग– अवधारणा और आयाम, *योजना,* 2005, 49, अंक:7, संम्पादकीय कार्यालय, नई दिल्ली, पृ. 11–15.
4. विजूर; हरीश : संख्या शक्ति है हमारी, *योजना,* 49, अंक : 7, सम्पादकीय कार्यालय, नई दिल्ली, अक्टूबर, 2005, पृ. 18–19.
5. विजूर, हरीश : *उपरोक्त सन्दर्भ.*
6. Krishna Kumar, R. : Special Feature Kelala : Future perfect, *Frontline*, Vol. : 25, Number : 7. March 29-April 11, 2008, p. 110.
7. Rai Alok Kumar, *Costomer Relationship Management : Concepts and Cases Vol.* 05, 2008 by PHI Learning Pvt. Ltd., New Delhi.
8. Raghavan R.K. : New Facets of Crime, *Frontline,* May 9, 2008, pp. 103-04.
9. Jenning Philip (UNI General Secretary) : *UNI Call Centre Charter*, Union Network International, Switzerland. www.union-network.org

10. *योजना*, अक्टूबर 2007, वर्ष : 51, अंक : 8, संम्पादकीय कार्यालय, नई दिल्ली.

11. Bang Bang BPO: *भास्कर लक्ष्य–पत्रिका, दैनिक भास्कर*, नई दिल्ली, वर्ष 1, अंक 7, अप्रैल–2008, पृ. 10–11.

12. स्वामी प्रकाश श्रीवास्तव, कॉल सेंटरों का भारतीय अर्थव्यवस्था में महत्त्व, *योजना*, मई 2003, पृ. 28.

13. पल्लवी श्रीवास्तव, जीवन शैली, कॉल सेंटर कर्मचारी, *इंडिया टुडे*, 18 जुलाई, 2007, अंक : पृ. 52–56.

14. *राष्ट्र महिला*, जनवरी 2006, वर्ष : 4, अंक : 75, पृ. 1.

15. Cealia Nga and Mitter Swasti : *Women Call Center Worker in India Satisfied*, Dec. 15, 2005, Z.H.P: 11 www.rediff. com/money/2005/ dec/15bpo.htm.

16. अनील कुमार : घर बैठी महिलाओं को रोजगार के इंटरनेट, *कम्प्यूटर संचार सूचना*, वर्ष : 11 अंक : 8, नवम्बर 2007, पृ. 25.

17. रावत हरिकृष्ण : *उच्चतर समाजशास्त्र विश्वकोश*, रावत पब्लिकेशन, जयपुर, पृ. 431.

18. सहाय सतीश : काल सेंटर : कैरियर योग्यता और जीवन शैली, *कम्प्यूटर कैरियर दिशा*, अक्टूबर 2007, पृ. 6.

19. *भास्कर लक्ष्य पत्रिका, दैनिक भास्कर*, नई दिल्ली, अगस्त 08, पृ. 25.

20. *भास्कर लक्ष्य पत्रिका, दैनिक भास्कर*, नई दिल्ली, अप्रैल 08, पृ. 24.

21. *गृहशोभा*, फरवरी (द्वितीय), 2009, अंक : 388, पृ. 60.

22. Singh Preeti and Pandey Annu :"Women in call centre" *Economic and Political weekly*, February 12, 2005.

23. मीरचंदानी अनुजा : व्यथा कथा, कॉल सेंटर के कर्मचारी की, *समाज कल्याण,* मार्च 2006, पृ0 41–44.

24. श्रीवास्तव अरूण : सोचैम रिपोर्ट, *दैनिक जागरण (जोश)* बुधवार, 24 अक्टूबर, 2007.

25. Dr Tripathy Kumuda : *A Study On The Worklife Of BPO Employess And The Vaniour Human Resource In BPO- a Case Shift Of Convergys*; ICFAI Business School Pune, Aundh......June 21, 2006.

26. Bett Vicki, Richardson and Webster Juliet : *Women, Social Skill and Interactive Service Work in Telephone Call Centres. New Technology, Work and Employment,* Blackwell Publishers Ltd. 2002, USA., pp. 24-3.

27. *भास्कर लक्ष्य–पत्रिका* : *दैनिक भास्कर,* नई दिल्ली, अप्रैल 2008, पृ. 25–27.

28. *वही,* पृ. 28.

29. Darshan Richa : *Stress Management, Analysis of Some Aspects Related with Women Position in BPO*, Lakshmi Narain college of Technology Management Education and Research (LNCT- MER), Indore.

30. Nurman Kerstin : *Call Centre Work, Characteristics, Physical and Psycho-social Exposure and Health-related Outcomes.* Deptt. of work and Health, Linkoping University, 2005.

31. Chavan Smith R. and Potdar Balkrushna : *A Critical Study on Work Life Balance of BPO Employess in India,* Sinhgad Buriness School, and Sinhgad Institute of management. Pune, International Conference on Technology and Business Management, March. 28.03.2011.

32. Mirechandani Kiran : *Making Americans : Transnotional Call Centre Work,* in Ludra, University of Toronto, Canada. 2001.

33. Sprigg Christin A, Phoebe R. Smith and Jackson Paul R.: *Psycho-social Risk Factors in Call Centres : An Evaluation of Work Design and Well Being.* University of sheffield, Health and safety Laboratory and UMIST for the Health and Safety Excutive, 2003 pp. 22-51.

34. Sharma Meera, Raina R.L. and Sharma Ravindra : *Job Stress of Call Centre Employees,* Sri Guru Ram Rai Institute of Technology and Science, Dehradun; International conference on Technology and Business Management. March 20-50, 2001.

35. Bonds Anne : Calling on Femininity? *Gender, Call Centers, And Resttructuring In The Rural American Work,* Deptt. of Geography, University of Washington, Seattle, WA, USA. 2006.

36. The Associated Chambers of Commerce and Industry of India (ASSOCHAM) : *Night Shift for Women : Growth and Opportunities,* Sponsored by National Commission for Women (NCW).

द्वितीय अध्याय

अनुसंधान प्रारूप

- अध्ययन की समस्या
- अध्ययन का उद्देश्य
- अध्ययन विधि–शोध प्रारूप
- निदर्श का चयन
- चयनित कॉल सेंटरों का नाम
- तथ्य संकलन के स्रोत
- तथ्य संकलन के उपकरण
- तथ्यों का वर्गीकरण
- सारणीयन एवं विश्लेषण
- अध्ययन क्षेत्र का विवरण
- अध्ययन की सीमाएँ

द्वितीय अध्याय

अध्ययन की समस्या

प्रस्तुत शोध की समस्या का मूल बिन्दु ''*टेली कॉलर महिलाओं की सामाजिक* आर्थिक दशाएँ'' की विवेचना करना है। महिला टेली कालर्स किस प्रकार अपने कार्यस्थल, परिवार एवं समाज में अपनी भूमिकाओं का निर्वाह करती हैं? तथा समाज की अंतःक्रियाओं में भाग लेकर संचार–प्रणाली के योगदान को स्पष्ट करती हैं। यह इस अध्ययन की प्राथमिक स्तर की समस्या है। जबकि द्वितीयक स्तर की समस्या है कि ''क्या महिला टेली कालर्स अपने व्यवसाय से संतुष्ट हैं? यदि संतुष्ट हैं तो इनका सामाजिक स्तर कैसा है?'' परन्तु यदि नहीं हैं तो उन मूलभूत प्रभावी कारणों का पता लगाना है।

कार्य नियोजित महिलाएँ जहाँ एक ओर आर्थिक उन्नति, पारिवारिक विकास, शैक्षणिक वातावरण एवं भौतिक विकास की ओर अग्रसर होती हैं, वहीं एक ही समय पर अन्य भूमिकाओं का भी निर्वाह करती हैं, जिसके कारण अनेक प्रकार की भूमिकाओं में संघर्ष एवं द्वन्द्व का स्वरूप परिलक्षित होता है तथा इन परिस्थितियों में समाज के साथ समायोजन कहीं पर सकारात्मक तो कहीं पर नकारात्मक स्वरूप में परिलक्षित होता है।[1] कुछ विचारकों ने महिलाओं की दोहरी भूमिकाओं का भी अध्ययन किया और भूमिका द्वन्द्व के कारणों को भी दर्शाया

है।[2] टेली कालर्स की विभिन्न भूमिकाओं के द्वन्द्व तथा सामाजिक समायोजन में यह स्पष्ट किया गया है कि महिलाओं को सामाजिक भूमिकाओं का निष्पादन किस प्रकार से करना है एवं नवीन सामाजिक संरचना में इन कार्य नियोजित महिलाओं की क्या भूमिका है?—को ज्ञात करने का प्रयास किया गया है।[3]

अध्ययन का उद्देश्य

इस अध्ययन के मुख्य उद्देश्य निम्नलिखित हैं—

(1) महिला टेली कॉलर वास्तविक नाम के अतिरिक्त पश्चिमी स्वरुप वाले नाम को रखकर दोहरी भूमिका निभाती हैं, का अध्ययन करना।

(2) कॉल सेंटर की महिला कर्मचारी को अपने कार्य को नियत समय पर पूर्ण करना पड़ता है। अतः निरीक्षणकर्ता का दबावपूर्ण नियंत्रण एवं देख—देख के स्तर का अध्ययन करना।

(3) महिला टेली कॉलर्स के सामाजिक जीवन (दैनिक चक्र) पर टेलिकॉलिंग व्यस्तता (24×7: रात और दिन) के प्रभावों के सामंजस्य का अध्ययन करना।

(4) इस व्यवसाय में अधिकांश काम एक ही तरह का होने के कारण एवं नया कुछ करने की सम्भावना न होने के कारण, यह व्यवसाय संतोषप्रद स्थिति प्रदान कर पाता है या नहीं, का अध्ययन करना।

(5) यदि कॉल सेंटर की नौकरी में पदोन्नति के अवसर कम होते हैं तो इससे महिला टेली कॉलर्स का मनोबल और आत्मविश्वास के स्तर का अध्ययन करना।

(6) विदेशी एवं वाचिक दुर्व्यवहार प्रवृत्ति के ग्राहकों की अंतर्क्रिया द्वारा उत्पन्न टेली कॉलर महिलाओं के मानसिक तनाव के स्तर का अध्ययन करना।

(7) महिला टेली कॉलर के रात्रि अवधि कार्य (*Night Shift work*) के दौरान होने वाली कठिनाइयों का अध्ययन करना।

(8) पुरूष सहकर्मियों के साथ सम्पर्क विवाह तक पहुँचता है या नहीं, साथ ही यह अध्ययन करना कि रिश्ते व कैरियर के मध्य सामंजस्य स्थापित हो पाता है या नहीं।

अध्ययन विधि : शोध प्रारूप :

प्रस्तुत शोध अन्वेषणात्मक एवं विवरणात्मक शोध प्रचना पर आधारित है। इसमें साक्षात्कार के दौरान प्राप्त अनुभवों का भी वर्णन किया गया है।

वर्णनात्मक अनुसंधान के कुछ आवश्यक चरण होते हैं, जिनको अनुसंधान प्ररचना निर्माण में सम्मिलित किया है। ये चरण निम्नलिखित हैं–

(1) अनुसंधान के उद्देश्यों का निरूपण,

(2) तथ्य संकलन के लिए प्रविधियों का चुनाव,

(3) आँकड़ों का संकलन तथा उनकी जाँच,

(4) परिणामों का विश्लेषण तथा

(5) प्रतिवेदन।[4]

निदर्श का चयन

दिल्ली भारत का ह्रदयस्थल व राजनैतिक केन्द्र है। यह भारत की राजधानी है। जिसका क्षेत्रफल 1,483 वर्ग किलोमीटर है।[5] यह भारत के उत्तरी भाग में स्थित है। यहाँ व्यवसाय व औद्योगिकीकरण के कारण कॉल सेंटर व बी.पी.ओ. की स्थापना हुई है। बड़ी–बड़ी कंपनियाँ अपने व्यवसाय को आगे बढ़ाना चाहती हैं। इसके लिए उन्हें सदैव अपने उपभोक्ताओं से संपर्क बनाये रखना पड़ता है। इस कार्य के लिए दिल्ली के विभिन्न स्थानों पर कॉल सेंटर की स्थापना हुई है,

जिनकी वर्तमान संख्या लगभग 150 पायी गयी है। क्योंकि कॉल सेंटरों की संख्या लगातार बढ़ती रहती है, अतः एक निश्चित आँकड़े देना संभव नहीं है।

इनमें से 30 कॉल सेंटरों की एक सूची तैयार की गई, जिसमें 10–10 उत्तरदाताओं का चयन किया गया। अर्थात् वृह्द समग्र से सोद्देश्यपूर्ण प्रतिनिधिमूलक निदर्शो का चयन किया गया। अतः टेली कॉलर महिलाओं के 300 का समुच्चय इस अध्ययन का समग्र है।

चयनित कॉल सेंटरों का नाम :–

1. AARCHITECTURE OUTSOURCING SERVICES
   Janak place, New Dehli.
2. AKIKO CALL NET
   Mall Road, Kingsway Camp, Delhi.
3. AMERICAN EXPRESS (INDIA) PVT. LTD.
   Mathura Road, New Delhi.
4. ANYTIME ANSWERING
   Pratap Nagar. Mayur Vihar, New Delhi.
5. ATS SERVICES Pvt. Ltd. (Domestic BPO)
   A-2, *Nariain Indi. Area*, New Delhi.
6. CARETEL INFORTECH LTD.
   Netaji Subhash Place, Pitampura, Delhi.
7. CLEAVE GLOBAL CALL CENTRE ACADEMY
   Satya Niketan, New Delhi.
8. CORE BPO (INDIA) PVT. LTD.
   Nehru Place, New Delhi.
9. COSMIC SOFTECH LTD.
   Mathura Road, New Delhi.

10. EVISION BPO CALL CENTRE
Karol Bagh, Pusa Road, Delhi.
11. FORTUNE ADVISORY SERVICES PVT. LTD.
Punjabi Bagh, New Delhi.
12. GEN PACT
Ring Road, Pitam pura, New Delhi.
13. GOTO COSTOMER COM PVT. LTD.
Okhla-Industrial Area, New Delhi.
14. GREENS CALLNET PVT. LTD.
Mayapuri, New Delhi.
15. HCL TECHNOLOGIES BPO SERVICES LTD.
Lajpat Nagar, New Delhi.
16. INOX GLOBAL SERVICES LTD.
Bara Khamba Road, New Delhi.
17. ITBL TELECOM PVT. LTD.
East Patel Nagar, New Delhi.
18. LIVE WIRE CALL CENTRE SERVICES PVT. LTD.
N-8, Green Park (Main), New Delhi.
19. NEXUS SORCING SOLUTIONS PVT. LTD.
Malviya Nagar, New Delhi.
20. ORION CALL TECH
Kapil Vihar, Pitampura, New Delhi.
21. PCL CALL CENTER
Mathura Road, New Delhi.
22. SSDN CALL CENTER SERVICES
40 Aekta Appt. Paschim Vihar, New Delhi.

23. SAKSHAM BPO SOLUTIONS
608, Ansal Bhavan. 16-K.G. Marg, New Delhi.
24. V-ANGELZ TECHNOLOGIES PVT. LTD.
E-549, Greater Kailash-II, New Delhi.
25. WEBCOM INCUBATION HUB
D-Block Market, South Exten, New Delhi.
26. WEST WAVE CALL NET
E-174 Kalkaji, New Delhi.
27. WINGS CUSTOMER CARE PVT. LTD.
A-13 Kailash Coloney. New Delhi.
28. WIPRO BPO SOLUTION LTD.
Okhla Industrial Area, New Delhi.
29. X PREZTO INFOSOLUTIONS PVT. LTD.
Laxmi Nagar, Delhi.
30. PEOPLE ONE CONSUTING (I) PVT. LTD.
Aurobindo Marg, New Delhi.

तथ्य संकलन के स्रोत

तथ्य संकलन, शोध कार्य का एक महत्त्वपूर्ण अंग है। बिना तथ्यों के संकलन के शोध कार्य पूर्ण नहीं हो सकता है। प्रस्तुत समाज वैज्ञानिक अध्ययन प्राथमिक एवं द्वितीयक स्रोतों पर आधारित है।[8] प्राथमिक स्रोत के अन्तर्गत साक्षात्कार अनुसूची का प्रयोग किया गया है। "साक्षात्कार अनुसूची के अन्तर्गत प्रश्नों की भाषा सरल व स्पष्ट रखी गयी है। ऐसा इसलिए किया गया है कि प्रश्नों की भाषा सरल तथा उसका स्वरूप संरचनात्मक क्रम में हो, जिससे सफलतापूर्वक उत्तर प्राप्त किया जा सके।"[9] इसमें सामाजिक, आर्थिक व पारिवारिक प्रश्नों का प्रयोग किया गया है। साक्षात्कार अनुसूची को सफल बनाने

के लिए द्वितीयक स्रोत का प्रयोग किया गया है। "सफल साक्षात्कार अनुसूची निर्माण के लिए सर्वप्रथम पाइलट सर्वे किया गया।"[10] पाइलट सर्वे के उपरान्त साक्षात्कार अनुसूची को सही स्वरुप प्रदान किया गया। साक्षात्कार अनुसूची के अतिरिक्त इसमें कार्य के निरीक्षण विधि एवं अनौपचारिक वार्तालाप का प्रयोग किया गया है।

तथ्य संकलन के उपकरण

अध्ययन के उद्देश्य तथा प्रतिदर्श को ध्यान में रखते हुए अध्ययन के उपकरण के रूप में साक्षात्कार अनुसूची का निर्माण किया गया। तत्पश्चात् कॉल सेंटर में कार्यरत महिलाओं की एक रूपरेखा तैयार किया गया और अध्ययन से सम्बन्धित प्रमुख पक्षों का इसमें निर्धारण किया गया। इसी आधार पर टेली कॉलर महिलाओं से सम्पर्क स्थापित किया गया। सम्पर्क स्थापित करते समय इस बात का ध्यान रखा गया है कि उत्तरदाताओं को स्वतंत्र विचार–विमर्श का अवसर प्रदान किया जा सके। साक्षात्कार अनुसूची को सरल तथा बोधगम्य बनाने के लिए टेली कॉलर महिलाओं के पारिवारिक दशाओं को ध्यान में रखा गया है। ऐसे विषय जिससे उत्तरदाताओं की भावनाएँ सन्निहित हो यथासम्भव अप्रत्यक्ष रूप से पूछने का प्रयास किया गया है। "अधिकांश प्रश्न खुले प्रकार (*Open Ended*) बनाये गये हैं। यद्यपि कुछ बन्द प्रश्नों (*Close Ended*) को भी साक्षात्कार अनुसूची में रखा गया है।"[11] जिसमें उत्तरदाताओं को स्वतंत्रतापूर्वक विचार व्यक्त करने का अवसर प्रदान किया गया। साक्षात्कार अनुसूची में उत्तरदाताओं का सामान्य परिचय उनकी सामाजिक पृष्ठभूमि, पारिवारिक संरचना, भूमिका प्रभाव, कार्य के दौरान मानसिक अन्तर्द्वन्द्व का वर्णन, देशान्तर गमन और सांस्कृतिक अन्तर्द्वन्द्व का विवरण, भूमिका द्वन्द्व से तनाव व समायोजन से सम्बन्धित प्रश्नों को रखा गया है। "साक्षात्कार अनुसूची को अन्तिम रूप देने से पूर्व उसका पाइलट सर्वे के माध्यम से परीक्षण किया गया है।"[12]

तथ्यों का वर्गीकरण, सारणीयन एवं विश्लेषण

सर्वेक्षण कार्य के दौरान संकलित तथ्य बहुत ही बिखरी हुई दशा में होते हैं। "अतः विश्लेषण करने के लिए समान एकत्रित तथ्यों को उनकी समानता या अन्य आधार पर कुछ निश्चित श्रेणियों में व्याख्या करना आवश्यक होता है।"[13] प्रस्तुत उत्तरदाताओं (टेली कॉलर महिलाओं) द्वारा प्रदत्त विभिन्न सूचनाओं को कुछ श्रेणियों में वर्गीकृत किया गया है। वर्गीकरण के पश्चात् संकलित तथ्यों को स्पष्ट तथा बोधगम्य बनाने के लिए सारणीयन किया गया है। इसके अन्तर्गत "वर्गीकृत तथ्यों को विभिन्न स्तंभों तथा पंक्तियों में प्रस्तुत किया गया है। जिससे इसकी विशेषताएँ एवं तुलनात्मक महत्त्व और भी अधिक स्पष्ट हो जाता है। उपर्युक्त वर्गीकरण, सारणीयन एवं विश्लेषण के उपरान्त व्याख्या के आधार पर शोध से सम्बन्धित विभिन्न पहलुओं पर निष्कर्ष के आधार पर सामान्यीकरण करने का प्रयास किया गया है।"[14]

अध्ययन क्षेत्र का विवरण

"दिल्ली भारत की राजधानी है। जिसका क्षेत्रफल 1,483 वर्ग किलोमीटर है। यहाँ की जनसंख्या लगभग 1,67,53,235 है जिसमें पुरूषों की संख्या 89,76,410 तथा महिलाओं की संख्या 77,76,825 है। यहाँ का लिंगानुपात 821 है। जिसका जन घनत्व 9,294 है जो भारत के केन्द्र शासित प्रदेशों में सबसे अधिक है। दिल्ली में साक्षरता का प्रतिशत 86.34 है जिसमें पुरूष 87.3 तथा महिलाएँ 75 प्रतिशत साक्षर हैं।"[15]

"ऐतिहासिक दृष्टिकोण से भारत में दिल्ली का महत्त्व है। भारत के इतिहास में दिल्ली का उल्लेख महाभारत काल से ही मिलता है। बाद में मौर्य, गुप्त, पाल आदि अनेक राजवंशों का दिल्ली पर शासन रहा। ऐतिहासिक दृष्टिकोण से स्पष्ट होता है कि दिल्ली की स्थापना तोमर वंश के अनंगपाल द्वारा ग्यारहवीं शताब्दी में की गई थी। परन्तु

1526 ई. तक दिल्ली पर विभिन्न वंशों के सुल्तानों ने शासन किया। सन् 1398 में तैमूर लंग दिल्ली का मुस्लिम सुल्तान बना। मुगल सम्राट अकबर ने हिन्दू शासक हेमू विक्रमादित्य (सन् 1553–1556) को हराकर दिल्ली और आगरा में मुस्लिम साम्राज्य की पुनः स्थापना की। जबकि पानीपत के द्वितीय युद्ध में भी अकबर ने हेमू को हराया। 1192 ई. में तराईन की दूसरी लड़ाई में पृथ्वीराज की राजपूत सेना की हार हुई और यहाँ मुसलमानों का आधिपत्य कायम हो गया। 1526 ई. तक इस पर विभिन्न वंशों के सुल्तानों का शासन कायम रहा। इसके बाद सोलहवीं शताब्दी में भी दिल्ली पर मुगलों का अधिकार बना रहा। अठारहवीं शताब्दी के उत्तरार्द्ध तथा उन्नीसवीं शताब्दी के प्रारम्भ के वर्षों में दिल्ली पर अंग्रेजों का अधिकार हो गया। सन् 1911 में 12 दिसंबर को जार्ज पंचम ने देश की राजधानी को कलकत्ता से दिल्ली स्थानांतरित करने का ऐलान किया था। सात बार उजड़ने और सात बार बसने वाले इस प्राचीन नगर की रूपरेखा बदलने की जिम्मेदारी सन् 1911 में ब्रिटिश वास्तुशिल्पी एड्विन लुटियंस को सौंपी गई थी। निर्धारित हुआ था कि रायसीना की पहाड़ियों में एक नया नगर बसाया जायगा। इतिहासकार बताते हैं कि इससे पहले यह जानने के लिए एक आयोग बनाया गया था कि क्या दिल्ली देश की राजधानी बनने के लिए उपयुक्त नगर होगा? उसकी रिपोर्ट में उस समय यह कहा गया था कि यह क्षेत्र पचास वर्ष के भीतर रेगिस्तान बन जायेगा। बावजूद इसके अंग्रेजों ने भारत पर शासन करने के लिए इस केन्द्र को ही राजधानी बनाने के लिए चुना। उस समय रायसीना की पहाड़ियों पर छोटे–छोटे गाँव बसे थे, जिनमें मालचा, रायसीना, टोडापुर, अलीगंज, पिलंजी, जयसिंहपुरा आदि थे। लुटियंस और हर्बर्ट बेकर की चमचमाती नई दिल्ली आज इन्हीं गाँवों पर बसी हुई है, जिन गाँवों में उस समय जाट, गुज्जर, मुस्लिम, ब्राह्मण और ईसाई समुदाय के लोग रहा करते थे। 1927 ई. में लुटियंस द्वारा तैयार किये गये नगर का नाम 'नई दिल्ली' रखा गया, जिसका बाद में ब्रिटिश भारत के गवर्नर जनरल लॉर्ड इरविन ने 13 फरवरी, 1931 को उद्घाटन किया।

बीते सौ साल में भले ही नई दिल्ली 4,14,000 के मामूली कस्बे से 1,070 करोड़ नागरिकों वाला महानगर बन चुकी हो लेकिन एक दौर वह भी था जब शहर सिर्फ पुरानी दिल्ली तक ही सिमटा हुआ था। इसके चारों ओर घना जंगल फैला हुआ था। सिविल लाइंस, कश्मीरी गेट और दरियागंज में शहर के कुलीन लोग रहा करते थे। जिस समय नई दिल्ली को बसाया जा रहा था, उस समय कनॉट प्लेस को आबाद करने के लिए शाहजहांनाबाद के व्यापारियों को तमाम तरह के प्रलोभन दिये गये थे। लेकिन यहाँ के लोगों ने इन गलियों वाले बाजार को नहीं छोड़ा। अंग्रेजों के दबाव में जो लोग गये भी, उन्होंने अपना कारोबार यहाँ से जारी रखा। न केवल व्यापारी अपितु सामान्य व्यक्ति भी इस क्षेत्र से दूर नहीं गया। बहुमंजिली इमारतें जब बननी शुरू हुई तो कुछ लोग यहाँ से बाहर निकले, लेकिन उन्हें फ्लैट संस्कृति रास नहीं आई और वे वापस यहीं आकर इन्हीं संकरी गलियों में बस गये।

जब भारत के विभिन्न प्रांतों से लोग यहाँ आए तो मिली–जुली संस्कृति वाली दिल्ली तैयार हुई। यहाँ के भवन निर्माण शैली में इंडो–इस्लामिक आर्किटेक्चर देखने को मिलेगा। इसी प्रकार दिल्ली में इंडो–ब्रिटिश निर्माण शैली भी देखने को मिलेगी। आप कोलकता जाते हैं तो पायेंगे कि वह बंगाली शहर है, महाराष्ट्र जाते हैं तो पाते हैं कि वह मराठी शहर है, लेकिन दिल्ली एकमात्र कॉस्मोपॉलिटन शहर है। यह शहर अनेक राजनीतिक, सामाजिक, आर्थिक और ऐतिहासिक घटनाओं का पुराना साक्षी रहा है। इस प्रकार निष्कर्ष के रूप में कहा जा सकता है कि दिल्ली दो दशकों में विभिन्न परिवर्तनों के साथ विश्व के विकसित और आधुनिकतम नगरों में अवश्य प्रतिष्ठित हो गई है।"[16]

भारत के साधारण नगर से अंग्रेजों के द्वारा राजधानी का गौरव प्राप्त करने वाली नई दिल्ली की यात्रा सौ वर्ष की हो चुकी है। जब वर्ष 1947 में भारत स्वतंत्र हुआ तब दिल्ली को भारत की राजधानी

बनाई गई। उसके बाद अन्य निकटवर्ती प्रदेशों को ध्यान में रखकर इसे केन्द्रशासित प्रदेश बनाया गया।

दिल्ली भारत के उत्तरी भाग में स्थित है। यह चारों ओर से हरियाणा राज्य से घिरी है। लेकिन पूर्व में उत्तर प्रदेश की सीमा इससे मिलती है। अपने इसी परिवेश के कारण से दिल्ली की जलवायु पश्चिम और दक्षिण–पश्चिम में स्थित राजस्थान के रेगिस्तान और पूर्व में उत्तर प्रदेश के गंगा के मैदान से प्रभावित होती है। गर्मी में भीषण गर्मी तथा सर्दियों में कड़ाके की सर्दी यहाँ की जलवायु की विशेषता है।''[17]

''दिल्ली स्थित राष्ट्रीय राजधानी का (NCR) क्षेत्र 1,483 वर्ग किलोमीटर में फैला हुआ है, जिसमें से 783 वर्ग किलोमीटर का क्षेत्र ग्रामीण तथा 770 वर्ग किमी. का क्षेत्र नगरीय है। दिल्ली की अधिकतम लम्बाई 51.9 किमी. है तथा अधिकतम चौड़ाई 48.48 किमी. है। इसके तीन स्थानीय अंग (कानूनी नगर) के नाम इस प्रकार हैं–म्युनिसिपल कारपोरेशन ऑफ देलही (क्षेत्र 1,397 वर्ग किमी.), नई दिल्ली म्युनिसिपल कमेटी (42.7 वर्ग किमी. क्षेत्र) और दिल्ली कैन्टोनमेंट्स बोर्ड (क्षेत्र 43 किमी.) में फैला हुआ है। साथ ही साथ, वर्ष 1991 के प्रशासनिक संरचना के अनुसार, इसमें हरियाणा, राजस्थान और उत्तर प्रदेश के कुछ भाग और सम्पूर्ण संघ राज्य क्षेत्र दिल्ली सम्मिलित है। हरियाणा उपक्षेष में फरीदाबाद, गुड़गांव, रिवाड़ी, रोहतक सोनीपत जिले तथा पानीपत जिले का कुछ भाग सम्मिलित है। राजस्थान उपक्षेत्र में अलवर जिले का कुछ भाग और उत्तरप्रदेश उपक्षेत्र में मेरठ, गाजियाबाद और बुलन्दशहर जिले का कुछ भाग सम्मिलित है।''[19] संविधान के 74वें संशोधन (1993) द्वारा दिल्ली को देश की राजधानी मानकर, विधान सभा का गठन किया गया तथा केन्द्र शासित प्रदेशों में विशेष दर्जा दिया गया है। इस केन्द्र शासित प्रदेश को 1 फरवरी 1992 से नया नाम ''राष्ट्रीय राजधानी क्षेत्र दिल्ली, (NCR) दिया गया।''[20]

"रिहाइशी और उद्योगों के लिए वर्जित क्षेत्र में काम कर रही ईकाईयों को दूसरे स्थानों पर ले जाने के लिए राष्ट्रीय राजधानी क्षेत्र दिल्ली सरकार ने 1,900 एकड़ भूमि नये औद्योगिक परिसर के विकास के लिए अधिगृहीत की है। दिल्ली न केवल उत्तर भारत का सबसे बड़ा व्यवसायिक केन्द्र है, बल्कि यह लघु उद्योगों का भी सबसे बड़ा केन्द्र है। इनमें टेलीविजन, टेपरिकार्डर, इंजीनियरिंग साज–सामान, मशीनें, मोटरगाड़ियों के कल–पूर्जे, खेल–कूद का सामान, साइकिलें, पी.वी. सी. (प्लास्टिक) से बनी वस्तुऐं, जूते–चप्पल, कपड़ा, उर्वरक, दवाऐं, हौजरी का सामान, चमड़े की वस्तुएँ, साफ्टवेयर आदि विभिन्न वस्तुएँ बनाई जाती हैं।

"नई सहस्राब्दी के दिल्ली की नई औद्योगिक नीति के अंतर्गत इलेक्ट्रॉनिक्स, टेलीकम्युनिकेशन, साफ्टवेयर उद्योग तथा सूचना प्रौद्योगिकी को समर्थ सेवा बनाने वाले उद्योग लगाने पर बल दिया गया है। दिल्ली में ऐसी भी औद्योगिक इकाईयाँ लगाने को प्रोत्साहन दिया जा रहा है, जिनसे प्रदूषण नहीं फैलता और जिनमें कामगारों की आवश्यकता होती है।"[21]

दिल्ली में व्यवसाय व औद्योगीकरण के कारण कॉल सेंटर की स्थापना हुई। बड़ी–बड़ी कंपनियाँ अपने व्यवसाय को ऊपर उठाना चाहती हैं। इसके लिए उन्हें सदैव अपने उपभोक्ताओं से सम्पर्क बनाये रखना पड़ता है। दिल्ली के विभिन्न स्थानों पर कॉल सेंटर की स्थापना हुई है जिनकी संख्या लगभग 150 के आस–पास है। क्योंकि कॉल सेंटर की संख्या लगातार बढ़ रही है, अतः प्रतिवर्ष लगभग 25 से 50 नये कॉल सेंटर स्थापित होने का अनुमान है। दिल्ली के समीपवर्ती स्थलों पर भी कॉल सेंटरों की संख्या काफी तादाद में है। जैसे–नोएडा में लगभग 35–40, गुड़गॉव में लगभग 250–300, गाजियाबाद में लगभग 40 स्थापित है। परन्तु दिन–प्रतिदिन इनकी संख्या में वृद्धि व परिवर्तन आने वाले दिनों में इसकी महत्ता व अनिवार्यता का परिचय कराता है। देश–विदेश की प्रत्येक कम्पनी यदि अन्य स्थान पर

व्यापार को स्थापित करती है तो उसे सूचना, प्रौद्योगिकी व यांत्रिक तकनीकी का सहारा लेना ही पड़ता है। क्योंकि व्यवसाय–व्यवस्था की पकड़ जब तक सम्पूर्ण उपभोक्ता पर नहीं रहेगी, तब तक व्यवसाय का विकास सम्भव नहीं है।

अध्ययन की सीमाएं

प्रस्तुत शोध टेली कॉलर महिलाओं पर आधारित है जिसका अध्ययन क्षेत्र दिल्ली है। यह अनौपचारिक रूप से दिल्ली के कॉल सेंटर में कार्यरत् महिलाओं पर आधारित अध्ययन है। अध्ययन क्षेत्र में तथ्य संग्रह हेतु सर्वेक्षण करना अत्यन्त जटिल व कष्टदायक रहा है। सबसे अधिक समय टेली कालर महिलाओं को साक्षात्कार के लिए सहमत करने में व्यतीत हुआ। इनसे साक्षात्कार के लिए कई बार निवेदन करना पड़ा। साक्षात्कार अनुसूची में प्रश्नों की संख्या अधिकतम होने के कारण भी उत्तरदात्तियों को समय देने में संकोच हो रहा था। कॉल सेंटर का प्रबंधन कॉल सेंटर के अन्दर कार्यकर्ताओं से साक्षात्कार की अनुमति नहीं देता है। इस स्थिति में साक्षात्कार के लिए शिफ्ट छूटने तक बाहर गेट पर प्रतीक्षा करनी पड़ी। आने–जाने की सुविधा के लिए कैब की व्यवस्था होने से उत्तरदाषियों को सहमत करना और कठिन था। क्योंकि कैब (परिवहन) दस मिनट में ही सवारी लेकर उनके निवास स्थान पर छोड़ने के लिए प्रस्थान कर जाती थी। कुछ–कुछ उत्तरदातायों से दो–तीन दिन तक मिलना पड़ा, तब साक्षात्कार अनुसूची पूर्ण हो सकी। उत्तरदायी महिलाओं द्वारा दी गई सूचनाओं को उनके मित्र व सहकर्मियों द्वारा भी सत्यापित कराया गया था।

उपयुक्त समस्याओं के अतिरिक्त, दिल्ली में रहना, खाना व यात्रा करना भी अत्यन्त कठिन रहा। लेकिन एक निश्चित समय में कार्य को पूर्ण करना था तो कठिन प्रयास करना पड़ा। कॉल सेंटर में प्रवेश न मिलने से वहाँ के प्रबन्धन का विचार प्राप्त नहीं हो सका परन्तु जो कुछ भी सम्भव उपाय रहा, उससे तथ्य एकत्र किया गया। चूँकि

अध्ययन केवल महिलाओं पर केन्द्रित रहा, अतः श्रम नियोजकों और अन्य सम्बन्धित पक्षों से विस्तृत सूचनाएँ प्राप्त नहीं की जा सकीं। परन्तु शोध द्वारा प्रस्तुत तथ्य देश, काल व परिस्थिति के अनुसार सदैव सर्वमान्य हो, पूर्णरूपेण सम्भव नहीं है। भिन्न तथ्य व मतों का पाया जाना अनिवार्यतः सम्भव है।

संदर्भ ग्रंथ

1. सिंह वी0एन0 और सिंह जनमेजय : "आधुनिकता एवं नारी सशक्तिकरण", *भारत में कामकाजी महिलाएँ*, रावत पब्लिकेशन, नई दिल्ली, 2010, पृ. 124.
2. लवानिया एम.एम. : "भारती महिलाओं का समाजशास्त्र", *महिला एवं व्यवसाय : समस्याएँ एवं समाधान*, रिसर्च पब्लिकेशन्स, जयपुर, 2011, पृ. 92.
3. डॉ. राजकुमार : *नारी शोषण समस्याएं एवं समाधान*, अर्जुन पब्लिकेशन हाउस, नई दिल्ली, 2006, पृ. 182–183.
4. डॉ. त्रिपाठी रमाशंकर : *सामाजिक शोध एवं सांख्यिकीय तार्किकता* विजय प्रकाशन मन्दिर, वाराणसी, 2008, पृ. 114–115.
5. *जागरण वार्षिकी 2011*, दैनिक जागरण प्रेस, सेक्टर–63, नोएडा,पृ0 326.
6. Basotia G. R. and Sharma K.K. : *ResearchMethodology*, Mangal Deep Publications, Jaipur, 1999, p. 117.
7. *How Go Get A Job in Call Center* : Student Aid Publication, Delhi 2009, pp. 81-112.
8. Kothari C.R. : *Research Methodology, Methods and Technique*, Wishwa Prakashan, New Delhi, 2000, p. 117.
9. डॉ. महाजन धर्मवीर और डॉ. महाजन कमलेश : *सामाजिक अनुसंधान का प्रणाली विज्ञान*, विवेक प्रकाशन, दिल्ली, 2004, पृ. 189.

10. De Vans P.A. : *Surveys in Social Research,* Rawat Publications, New Delhi, 2003, p. 114.
11. Kumar Ranjit : *Research Methodology,* Porling Kindersley (India) Pvt. Ltd., 2006, p. 132.
12. Moser C.A. and Lalton G. : *Survey Methods in Social Investingation,* Heinemann Eucational Books Ltd., Bungay Suyfolk, 1980, p. 48.
13. Laldas. P.K.: *Designs of Social Research,* Rawat Publications, Jaipur. 2005. p. 296.
14. Ahuja Ram : *Research Methods,* Rawat Publications, Jaipur. 2010. pp. 317-323.
15. *जागरण वार्षिकी 2012* : दैनिक जागरण प्रेस, सेक्टर–63, नोएडा, पृ. 388.
16. मिश्र मधुकर : "अंग्रेजों की बसाई दिल्ली के सौ साल", *पत्रिका–शुक्रवार,* संपादकीय कार्यालय, नोएडा, गौतमबुद्ध नगर (उ.प्र.), वर्ष : 4, अंक : 31, 02 से 08 दिसम्बर, 2011, पृ. 17–23.
17. *क्रॉनिकल इयर बुक 2008* : क्रॉनिकल पब्लिकेशन (प्रा.) लि. नोएडा, (उ. प्र.), पृ. 320.
18. *क्रॉनिकल इयर बुक 2009* : क्रॉनिकल पब्लिकेशन (प्रा.) लि. नोएडा (उ. प्र.), पृ. 296.
19. *New Delhi Area Guider,* http //www.india-hotel.net/new Delhi/ New delhi india city guide, http ://delhi.clickkindia.com/areas.
20. *क्रॉनिकल इयर बुक 2010* : क्रॉनिकल पब्लिकेशन (प्रा.) लि. नोएडा (उ.प्र.) पृ. 339.
21. *भारत 2007* : प्रकाशन विभाग, सूचना और प्रसारण मंत्रालय, भारत सरकार.

तृतीय अध्याय

सामाजिक–आर्थिक परिप्रेक्ष्य

उत्तरदात्रियों का परिचयात्मक विवरण

- आयु
- धर्म
- निवास स्थान
- शैक्षिक स्तर
- मासिक आय
- व्यवसाय
- वैवाहिक स्थिति
- उत्तरदात्रियों की आवासीय दशा
- आवास का स्वरूप
- विवाह के प्रति विचार
- आय से पारिवारिक जीवन में लाभ
- व्यक्तिगत निर्णय
- कार्य के प्रति परिवार की सोच

तृतीय अध्याय

सामाजिक–आर्थिक परिप्रेक्ष्य

(अ) परिचयात्मक विवरण

प्रस्तुत अध्ययन में परिचयात्मक विवरण के आधार पर उत्तरदात्रियों के सामाजिक–आर्थिक परिप्रेक्ष्य की व्याख्या की गयी है। उत्तरदात्रियों का वैयक्तिक परिचय अर्थात् वैयक्तिक प्रस्थिति समाज में उनकी पहचान दर्शाती है।

मैकाइवर और पेज ने कहा, ''व्यक्ति समाज की प्रथम इकाई है।'' और ''समाज का निर्माण परिवार से और परिवार का निर्माण व्यक्ति से होता है।''[1]

अनीसा साफी के अनुसार, ''सामाजिक–आर्थिक पृष्ठभूमि का महत्व इस सन्दर्भ में भी महत्त्पूर्ण एवं उल्लेखनीय स्थान रखता है कि जीवन में व्यक्ति जहॉ सामूहिक जीवन व्यतीत करता है, वहीं सामाजिक अन्तःक्रियाओं में भाग लेता है।''[2] यह आवश्यक नहीं है कि उसके साथ सम्बन्धित अन्य व्यक्ति उसके समान प्रस्थिति रखते हैं। अर्थात सभी के सामाजिक–आर्थिक पृष्ठभूमि में अन्तर होता है।

कम्प्यूटर सूचना और संचार (पत्रिका) के अनुसार, कार्यरत महिलाओं की आयु की गणना विशेषतः महत्त्वपूर्ण होती है। पारिवारिक जीवन में व्यस्तता के उपरान्त अर्थोपार्जन में संलग्न होने से इनका

उत्तरदायित्व बढ़ जाता है।[3] परन्तु प्राथमिक आवश्यकताओं के अतिरिक्त आवश्यकता की सभी वस्तुओं पर व्यय हेतु आज महिलाओं को भी कार्यरत होना पड़ रहा है।

सारणी संख्या 1

आयु वर्षों में	*आकृति*	*प्रतिशत*
15–19	78	26
20–24	75	25
25–29	74	24.67
30 के ऊपर	73	24.33
योग	300	100

प्रस्तुत सारणी संख्या–1 के अवलोकन से स्पष्ट होता है कि आकड़ों को मुख्यतः चार भागों में बाँटा गया है। 15–19 आयु वर्ग के अन्तर्गत 26 प्रतिशत महिलाएँ हैं तथा 20–24 आयु वर्ग के अन्तर्गत 25 प्रतिशत महिलाएँ हैं। 24.67 प्रतिशत उत्तरदाता 25–29 वर्ष की आयु वर्ग में आती हैं। केवल 24.33 प्रतिशत उत्तरदाता 30 वर्ष से ऊपर आयु वर्ग की हैं।

अतः अधिकतम 15–19 (26 प्रतिशत) आयु वर्ग की उत्तरदाता हैं तथा न्यूनतम 30 वर्ष से ऊपर 24.33 प्रतिशत हैं।

टेली कॉलर महिलाओं के धर्म का विवरण–

भारत में सभी धर्मों को समान महत्त्व प्राप्त है। डी. माधवी रानावीकर के अनुसार, "विभिन्न धर्मों से सम्बन्धित लोगों को यहाँ जीवन जीने का अधिकार प्राप्त है। क्षेत्रीय आधार पर विभिन्न धर्मों के लोगों की संख्या अधिकतम या न्यूनतम पाया जाना सम्भव है।"[4] परन्तु जीवन से सम्बन्धित मूलभूत वस्तुओं को प्राप्त करने व उपभोग करने का सभी को अधिकार है।

सारणी संख्या 2

धर्म	आवृत्ति	प्रतिशत
हिन्दू	149	49.67
मुस्लिम	51	17.00
सिक्ख	73	24.33
ईसाई	15	5.00
अन्य	12	4.00
योग	300	100.00

प्रस्तुत सारणी संख्या 2 के अवलोकन से स्पष्ट होता है कि हिन्दू समुदाय से 49.67 प्रतिशत उत्तरदाता पायी गयीं। मुस्लिम समुदाय से 17 प्रतिशत उत्तरदाता पायी गयीं। 24.33 प्रतिशत सिक्ख समुदाय से सम्बन्धित उत्तरदाता थीं। पाँच प्रतिशत उत्तरदाता ईसाई समुदाय से सम्बंधित पायी गयीं। जबकि अन्य चार प्रतिशत उत्तरदाता थी जो शायद पारसी, जैन से थीं या वे बताना नहीं चाहती थी।

अतः अधिकांश 49.67 प्रतिशत उत्तरदाता पायी गयीं तथा सबसे कम अन्य विकल्प के अन्तर्गत चार प्रतिशत उत्तरदाता पायी गयी हैं।

टेली कॉलर महिलाओं की शिक्षा का विवरण

प्रत्येक समाज में औपचारिक शिक्षा विकास की गति का निर्धारण करती है। यह वैयक्तिक जीवन की अमूल्य निधि है जो उसके व्यावसायिक जीवन के चयन में सहयोग प्रदान करती है। विकासशील समाजों में शिक्षा व्यक्ति में समाजोपयोगी गुण एवं तकनीक का समावेश करती है। सुषमा सहाय के शब्दों में– "शिक्षा के द्वारा व्यक्ति परम्पराओं से हटकर व्यवसाय चयन की कुशलता प्राप्त करता है"[5],

साथ ही साथ अन्य व्यवसायों से सम्बन्धित सन्दर्भ में यह उल्लेखनीय है कि अविकसित अर्थ व्यवस्था में शिक्षा व्यक्ति के सामाजिक–आर्थिक प्रस्थिति के सुधार के साधन के रूप में कार्य करती है।

सारणी संख्या–3

शिक्षा	*आवृत्ति*	*प्रतिशत*
हाईस्कूल	00	00
इण्टरमीडिएट	23	7.67
स्नातक	163	54.33
परास्नातक	114	38.00
योग	300	100.00

प्रस्तुत सारणी संख्या–3 के अवलोकन से स्पष्ट होता है कि हाई स्कूल स्तर पर एक भी उत्तरदात्री की प्राप्ति नहीं हुई। 7.67 प्रतिशत उत्तरदात्रियाँ इण्टरमीडियएट उत्तीर्ण हैं। स्नातक स्तर तक शिक्षित उत्तरदात्रियों की संख्या 54.33 प्रतिशत है तथा परास्नातक उत्तीर्ण उत्तरदात्रियों का प्रतिशत 38 प्रतिशत है।

अतः अधिकतम स्नातक स्तर की शिक्षित उत्तरदात्रियाँ 54.33 प्रतिशत हैं, तथा न्यूनतम 7.67 प्रतिशत उत्तरदात्रियाँ इण्टरमीडिएट उत्तीर्ण हैं।

टेली कॉलर महिलाओं के निवास स्थान का विवरण

शिल्पी सिंह ने लिखा हैं कि "कार्योजन में सम्मिलित महिलाएं आस पास के स्थानों के अतिरिक्त दूरस्थ स्थानों से भी सम्बन्धित हैं।"[6] रोजगार व जीविकोपार्जन हेतु देशान्तर गमन भी व्यक्ति को सुविधा प्रदान कर सकते हैं। इसीलिए कॉल सेंटर में मूलस्थान की महिलाओं के अतिरिक्त अन्य स्थानों की महिलाएँ कार्यरत पायी गयी हैं।

सारणी संख्या–4

निवास स्थान का क्रम	*आवृत्ति*	*प्रतिशत*
महानगर	92	30.67
नगर	78	26.00
कस्बा	73	24.33
ग्राम	57	19.00
योग	300	100.00

प्रस्तुत सारणी संख्या–4 के अवलोकन से स्पष्ट होता है कि महानगर दिल्ली के साथ–साथ अन्य महानगर से सम्बन्धित टेली कॉलर उत्तरदात्रियाँ 30.67 प्रतिशत हैं। जबकि नगर निवास से उत्तरदात्रियाँ 26 प्रतिशत हैं। इनके अतिरिक्त कस्बों से सम्बधित उत्तरदात्रियाँ 24.33 प्रतिशत हैं तथा ग्रामीण क्षेत्र से सम्बन्धित उत्तरदात्रियाँ 19 प्रतिशत हैं।

अतः अधिकोश उत्तरदात्रियाँ जो 30.67 प्रतिशत हैं, महानगर की निवासी हैं तथा न्यूनतम 19 प्रतिशत उत्तरदात्रियाँ ग्रामीण क्षेत्र की हैं।

टेली कॉलर महिलाओं के आय का विवरण

बसन्ती लाल बावेल ने स्पष्ट किया हैं कि "व्यक्ति की वर्तमान स्थिति का निर्धारण उसके व्यवसाय सम्पत्ति और आय के आधार पर किया जाता है। इसमें आय वर्तमान स्थिति के निर्धारण का सबसे महत्त्वपूर्ण तथा प्रभावशाली आधार है।"[7] आय जहाँ एक ओर व्यक्ति के आर्थिक सम्पन्नता का द्योतक है, वहीं दूसरी ओर उनकी शक्ति, सुविधा व अधिकार, प्रभाव और उपयोगिता को भी सूचित करता है।

सारणी संख्या 5

मासिक आय (हजार में)	*आवृत्ति*	*प्रतिशत*
10—14	91	30.33
15—19	84	28.00
20—24	78	26.00
25 से ऊपर	47	15.67
योग	300	100.00

प्रस्तुत सारणी संख्या–5 के अवलोकन से स्पष्ट होता है कि 10—14 हजार के मध्य 30.33 प्रतिशत उत्तरदात्रियाँ पायी गयी हैं। 15—19 हजार के मध्य 28 प्रतिशत उत्तरदात्रियाँ पायी गयी हैं। 20—24 हजार के मध्य 26 प्रतिशत उत्तरदात्रियाँ हैं तथा 25 हजार आय से ऊपर 15.67 प्रतिशत उत्तरदात्रियाँ पायी गई हैं।

अतः अधिकतम 30.33 प्रतिशत उत्तरदात्रियाँ 10—14 हजार आय के मध्य में हैं तथा 25 हजार आय से ऊपर 15.67 उत्तरदात्रियाँ है जो कि न्यूनतम हैं।

टेली कॉलर महिलाएँ : मूल निवास

इस व्यवसाय में कार्यरत लोगों का सम्बन्ध दिल्ली व दिल्ली के बाहर से भी है। आइटिन सादत के अनुसार, "रोजगार की तलाश व्यक्ति को कहीं से कहीं भी ले जा सकती है।"[8] यही कारण है कि देशान्तर गमन की प्रक्रिया प्रत्येक रोजगार व व्यवसाय में लागू होती है।

सारणी संख्या 6

मूल निवास	*आवृत्ति*	*प्रतिशत*
इसी शहर से	102	34
शहर बाहर से	198	66
योग	300	100

प्रस्तुत सारणी संख्या–6 के अवलोकन से स्पष्ट होता है कि टेली–कॉलिंग व्यवसाय में अधिकतम 66 प्रतिशत उत्तरदात्रियाँ इसी नगर से हैं। न्यूनतम 34 प्रतिशत उत्तरदात्रियाँ नगर के आस–पास के क्षेत्रों से हैं।

टेली कॉलर्स महिलाएं : (दिल्ली) में रहने का समय–

सारणी संख्या 7

रहने का वर्ष	*आवृत्ति*	*प्रतिशत*
0–2 वर्ष	87	29.00
0–4 वर्ष	53	17.67
0–6 वर्ष	31	10.33
6 वर्ष से ऊपर	27	9.00
जन्म से	102	34.00
योग	300	100.00

प्रस्तुत सारणी संख्या–7 के अवलोकन से स्पष्ट होता है कि 29 प्रतिशत उत्तरदात्रियां निरन्तर दो वर्ष से निवास कर रही हैं। चार वर्ष से निवास कर रही उत्तरदात्रियाँ 17.67 प्रतिशत हैं। छः वर्ष से निवास

कर रही उत्तरदात्रियाँ 10.33 प्रतिशत हैं तथा छः वर्ष से अधिक समय से निवास कर रही उत्तरदात्रियाँ नौ प्रतिशत हैं। जबकि सारणी संख्या –6 के अनुसार जन्म से निवासी रही उत्तरदात्रियाँ 34 प्रतिशत हैं।

अतः देशान्तर गमन के उपरान्त निवासी उत्तरदात्रियों में अधिकतम दो वर्ष से निवासी 29 प्रतिशत हैं तथा न्यूनतम छः वर्ष से अधिक निवासी नौ प्रतिशत हैं।

टेली कॉलर महिलाएँ : इस समय जहाँ रहती हैं, वहाँ का वातावरण :

इसके अन्तर्गत बाहर से आयी हुई और यहाँ की मूल निवासी दोनों को सम्मिलित किया गया है। दोनों के लिए संघर्ष की मात्रा कम या अधिक हो सकती है। परिस्थिति व्यक्ति के अनुरूप हो या व्यक्ति स्वयं को परिस्थिति के अनुरूप ढाले, यह संघर्ष का विषय है। दोनों ही स्थिति में संघर्ष व्यक्ति को करना पड़ता है।

सारणी संख्या 8

वातावरण	*आवृत्ति*	*प्रतिशत*
अनुकूल	117	39.00
प्रतिकूल	58	19.34
सामान्य	76	25.33
कह नहीं सकते	49	16.33
योग	300	100.00

प्रस्तुत सारणी संख्या–8 के अवलोकन से स्पष्ट होता है कि 39 प्रतिशत उत्तरदात्रियों ने कहा है कि वातावरण अनुकूल है। 19.34 प्रतिशत उत्तरदात्रियाँ प्रतिकूल मानती हैं। 25.33 प्रतिशत उत्तरदात्रियाँ

सामान्य मानती हैं। 16.33 प्रतिशत उत्तरदात्रियों ने कुछ भी कहने से इंकार कर दिया है।

अतः अधिकतर उत्तरदात्रियाँ, 39 प्रतिशत ने अनुकूल माना है तथा सबसे कम 16.33 प्रतिशत उत्तरदात्रियाँ वो हैं जिन्होंने कुछ भी कहने से इंकार कर दिया है।

टेली कॉलर महिलाएँ: यदि बाहरी इलाकों से हैं तो यहाँ का अनुभव :–

उपरोक्त सारणी संख्या–6 से प्राप्त दिल्ली महानगर के बाहर से प्राप्त उत्तरदात्रियाँ 66 प्रतिशत (198 आवृत्ति) हैं।

एल. डेविस मिचेल ने लिखा हैं कि "एक जगह से दूसरी जगह व्यवसाय के लिए जाना और निवास करना, प्रत्येक व्यक्ति के लिए कठिन होता है। परन्तु जीवित रहने के लिए व्यक्ति को सब कुछ अपने अनुरूप से रखना पड़ता है। समस्या का स्वरूप जैसा भी हो, व्यक्ति को कम या अधिक सब कुछ सहन करना पड़ता है।"[9]

सारणी संख्या 9

क्रम	*आवृत्ति*	*प्रतिशत*
अनुकूल	82	41.41
प्रतिकूल	19	9.60
सामान्य	52	26.26
कह नहीं सकते	45	22.73
योग	198	100.00

प्रस्तुत सारणी संख्या–9 के अवलोकन से ज्ञात होता है कि 41.41 प्रतिशत उत्तरदात्रियाँ अनुकूल अनुभव करती हैं। केवल 9.60

प्रतिशत उत्तरदात्रियाँ प्रतिकूल अनुभव करती हैं। 26.26 प्रतिशत उत्तरदात्रियाँ परिवेश को सामान्य ही अनुभव करती हैं। परन्तु 22.73 प्रतिशत उत्तरदात्रियों ने कुछ भी कहने से इंकार कर दिया है।

अतः अधिकतम 41.41 प्रतिशत उत्तरदात्रियों ने अनुकूल माना है तथा न्यूनतम 9.60 प्रतिशत उत्तरदात्रियों ने प्रतिकूल माना है।

टेली कॉलर महिलाएं : अपरिचित स्थान पर समायोजन में आयी कठिनाईयों का हल–

इस विवरणात्मक प्रश्न पर प्राप्त प्रतिक्रिया से स्पष्ट होता है कि सर्वाधिक 66 प्रतिशत उत्तरदात्रियाँ, जो दिल्ली बाहर से आकर निवास कर रही हैं। वह अन्जान स्थान पर समायोजन की कठिनाइयों का हल किस प्रकार कर रही हैं–

सारणी संख्या–10

क्रम	*आवृत्ति*	*प्रतिशत*
1	102	51.52
2	57	28.78
3	39	19.70
योग	198	100.00

प्रस्तुत सारणी संख्या–10 के अवलोकन से स्पष्ट होता है कि अधिकतम 51.52 प्रतिशत उत्तरदात्रियाँ आपसी ताल–मेल, आत्मविश्वास, सहयोगियों की सहायता के आधार पर समस्या का हल करती हैं। 28.78 प्रतिशत उत्तरदात्रियाँ आत्मविश्वास, व दूसरों की मनोवृत्तियों को समझना व समझदारी से काम लेना, समस्या का हल मानती हैं। न्यूनतम 19.70 प्रतिशत उत्तरदात्रियाँ, आपसी सामंजस्य व व्यर्थ की उलझनों से बचना इस समस्या का हल मानती हैं।

टेली कॉलर महिलाएँ : सहकर्मी मित्रों (महिला + पुरूष) के साथ कहाँ जाना पसंद है

व्यक्ति बचपन से लेकर अन्त तक सदैव नये लोगों से परिचित होता है व अन्तःक्रिया करता है। मित्रवत व्यवहार बचपन से प्रारम्भ होकर पास–पड़ोस, स्कूल–कॉलेज, नौकरी–व्यवसाय इत्यादि तक का यात्रा करता है। जिसमें कुछ विशेष मित्र होते हैं और कुछ नहीं भी। परन्तु कुछ विशेष मित्र या सहकर्मियों के साथ सम्बन्ध प्राथमिक सम्बन्ध जितने खास या गहन हो जाते हैं।

सारणी संख्या 11

क्रम	*आवृत्ति*	*प्रतिशत*
सिनेमा	21	7.00
रेस्टूरेन्ट	35	11.67
मनोरंजन स्थल	69	23.00
शॉपिंग सेंटर	94	31.33
धार्मिक स्थल	81	27.00
योग	300	100.00

प्रस्तुत सारणी संख्या संख्या–11 के अवलोकन से स्पष्ट होता है कि सात प्रतिशत उत्तरदात्रियाँ विशेष मित्रों के साथ सिनेमा जाना पसन्द करती हैं। 11.67 उत्तरदात्रियाँ मित्रों के साथ रेस्टूरेट जाना पसंद करती हैं। 23 प्रतिशत उत्तरदात्रियाँ मनोरंजन स्थल पर भ्रमण करना भी मिषों के साथ पसन्द करती हैं। 31.33 प्रतिशत उत्तरदात्रियाँ शॉपिंग सेंटर जाना पसंद करती है। 27 प्रतिशत उत्तरदात्रियों मित्रों अर्थात् सहकर्मियों के साथ धार्मिक स्थल पर भी जाना पसन्द करती हैं।

अतः अधिकतम 31.33 प्रतिशत उत्तरदातियाँ विशेष सहकर्मी व मित्रों के साथ शॉपिंग सेन्टर जाना पसंद करती हैं। तथा न्यूनतम सात प्रतिशत उत्तरदात्रियोंने सिनेमा जाना भी स्वीकार किया है।

उपरोक्त सारणी संख्या–11 से प्राप्त आकड़ों के अलावा, एक अन्य प्रश्न पर 74 प्रतिशत उत्तरदात्रियों ने यह भी स्वीकार किया कि वे विशेष मित्रों या सहकर्मियों के साथ एक से अधिक स्थानों पर जाना भी पसन्द करती हैं। जिनकी आवृत्ति **222** है।

टेली कॉलर्स महिलाएँ : सहकर्मियों व मित्रों के साथ बनते–बिगड़ते रिश्ते विवाह तक पहुँचते हैं

पी. श्रीकान्त और एल. रामामिर्थम के अनुसार, "एक साथ काम करने व सहयोग करने से लगाव बढ़ता है तथा सहयोग की भावना में वृद्धि होती है। यदि लगाव विपरीत लिंग के प्रति होता है तो आकर्षण की भावना उत्पन्न करती है। जो धीरे–धीरे प्रेम में परिवर्तित होने लगता है। प्रायः व्यक्ति इसको अपने पड़ोस, नातेदारी, स्कूल, कालेज, कार्यस्थल इत्यादि स्थानों पर इसको अनुभव करता है। कार्यस्थल पर कार्य का माध्यम व उससे जुड़ी परेशानियाँ ही हमेशा दो लोगों को सहयोगात्मक परिप्रेक्ष्य में जोड़ती हैं।"[10]

सारणी संख्या–12

क्रम	आवृत्ति	प्रतिशत
हॉ	36	12.00
नहीं	128	42.67
शायद	55	18.33
कहना उचित नहीं	81	27.00
योग	300	100.00

प्रस्तुत सारणी संख्या–12 के अवलोकन से स्पष्ट होता है कि 12 प्रतिशत उत्तरदात्रियाँ विवाह के पक्ष में है। 42.67 प्रतिशत उत्तरदात्रियों ने कहा कि रिश्ते विवाह तक नहीं पहुँचते। 18.33 प्रतिशत उत्तरदात्रियों ने शायद में बात कही है तथा 27 प्रतिशत ने कुछ भी कहने से इंकार कर दिया।

अतः अधिकांश 42.67 प्रतिशत उत्तरदात्रियों का मानना है कि सहकर्मियों और मित्रों के साथ रिश्ते विवाह तक नहीं पहुँचते हैं, तथा न्यूनतम 12 प्रतिशत उत्तरदात्रियों ने स्वीकार किया कि रिश्ते विवाह तक पहुँचते हैं।

टेली कॉलर महिलाएँ: व्यक्तिगत जीवन में निर्णय लेने की प्राथमिकता

प्रत्येक व्यक्ति को अपने व्यक्तिगत जीवन या पारिवारिक जीवन के बारे में निर्णय लेने का समान अधिकार होता है। परन्तु कभी–कभी महिलाएँ इस क्षेत्र में अभाव व कठिनाईयाँ अनुभव करती हैं। कार्यरत महिलाएँ इस विषय में समानता का अधिकार चाहती हैं।

सारणी संख्या 13

क्रम	*आवृत्ति*	*प्रतिशत*
स्वयं आपको	141	47.00
माता–पिता को	119	39.67
अन्य को	40	13.33
योग	300	100

प्रस्तुत सारणी संख्या–13 के अवलोकन से स्पष्ट होता है कि 47 प्रतिशत उत्तरदात्रियाँ यह मानती हैं कि व्यक्तिगत जीवन में व पारिवारिक जीवन में उन्हें निर्णय लेने या देने का उनको पूरा अधिकार

है। 39.67 प्रतिशत उत्तरदात्रियों ने माता–पिता के निर्णय को सर्वोपरी बताया। 13.33 प्रतिशत उत्तरदात्रियों ने अन्य के निर्णय को महत्व देते हुए कहा कि दादा, बड़ा भाई, चाचा इत्यादि का भी निर्णय महत्व रखता है यदि माता–पिता न हों या मृत हों।

अतः अधिकतम 47 प्रतिशत उत्तरदात्रियों ने स्वयं के निर्णय के महत्त्व को स्वीकार किया तथा 13.33 प्रतिशत उत्तरदात्रियाँ न्यूनतम हैं जिन्होंने अन्य के निर्णय को भी महत्त्वपूर्ण माना है।

टेली कॉलर महिलाएँ: अर्जित आय से पारिवारिक जीवन में लाभ

व्यवसाय में आने से प्रत्येक व्यक्ति को यह अनुभव होता है कि वह पारिवारिक जीवन में लाभ पहुँचा सकता है। वास्तव में ऐसा होता भी है। पारिवारिक आवश्यकताएं व उसकी पूर्ति आर्थिक स्थिति पर निर्भर करती है। अधिक वेतन व आय वाले परिवार की सम्पन्नता का स्तर, कम वेतन पाने वाले परिवार से अच्छा होता है।

सारणी संख्या 14

क्रम	आवृत्ति	प्रतिशत
बहुत अधिक	120	40.00
सामान्य	154	51.33
कम	14	4.67
बिल्कुल नहीं	12	4.00
योग	300	100

प्रस्तुत सारणी संख्या–14 के अवलोकन से स्पष्ट होता है 40 प्रतिशत उत्तरदात्रियाँ मानती हैं कि उनके अर्थोपार्जन से परिवार में

बहुत लाभ पहुँचा है। 51.33 प्रतिशत उत्तरदात्रियाँ यह स्वीकार करती हैं कि परिवार को सामान्य लाभ ही पहुँचा है। 4.67 प्रतिशत उत्तरदात्रियाँ यह मानती हैं कि परिवार को कम ही लाभ पहुँचा है। चार प्रतिशत उत्तरदात्रियाँ यह मानती हैं कि उनके अर्थोपार्जन से परिवार को बिल्कुल लाभ नहीं पहुँचता है।

अतः अधिकांश 51.33 प्रतिशत उत्तरदात्रियाँ मानती हैं कि उनके अर्थोपार्जन से परिवार को सामान्य लाभ ही हुआ है। परन्तु न्यूनतम चार प्रतिशत उत्तरदात्रियों ने माना कि परिवार को इससे बिल्कुल लाभ नहीं हुआ है।

टेली कॉलर्स महिलाएँ: पारिवारिक खर्च में परिवार वाले आपसे परामर्श करके निर्णय लेते हैं

परिवार में खर्च आवश्यकतानुसार व सही सोच के अनुसार होता है। जब महिलाएँ अर्थोपार्जन में संलग्न होती हैं तो समस्या यह उत्पन्न होती है कि पारिवारिक खर्च के मुद्दे पर मत का आधार सबका एक है या अलग–अलग है।

सारणी संख्या 15

क्रम	आवृत्ति	प्रतिशत
हाँ	168	56.00
नहीं	86	28.67
कह नहीं सकते	46	15.33
योग	300	100.00

प्रस्तुत सारणी संख्या–15 के अवलोकन से स्पष्ट होता है कि 56 प्रतिशत उत्तरदात्रियों ने स्वीकार किया है कि पारिवारिक खर्च में

परिवार वाले उनसे परामर्श करके निर्णय लेते हैं। 28.67 प्रतिशत उत्तरदात्रियों ने नहीं में उत्तर दिया। 15.33 प्रतिशत उत्तरदात्रियों ने कुछ भी कहने से इंकार कर दिया है।

अतः अधिकांश 56 प्रतिशत उत्तरदात्रियों ने सकारात्मक उत्तर दिया। परन्तु न्यूनतम 15.33 प्रतिशत उत्तरदात्रियों ने कुछ भी कहने से इंकार कर दिया है।

टेली कॉलर महिलाएँ: कार्य की अधिकता से देर होने पर परिवार वालों की प्रतिक्रिया

राज कुमार ने स्पष्ट लिखा है कि "प्रायः यह होता है कि कार्यालय में कार्य की अधिकता होती हैं, जिसको उत्तरदायित्व के साथ पूर्ण करना पड़ता है। यदि ऐसा होता है तो समय भी ज्यादा लगता है। महिलाओं के लिए यह एक विवादित प्रश्न होता है कि घर में कैसे बताया जाए या समझाया जाए? जिन परिवारों में इसको समझते हैं, तो वहाँ पर सब ठीक रहता है, अन्यथा इस बात को लेकर कलह की स्थिति परिवार में बनी रहती है।"[11]

सारणी संख्या–6 से स्पष्ट है कि 34 प्रतिशत उत्तदात्रियाँ (102 आवृत्ति) इसी शहर से है तथा 66 प्रतिशत उत्तरदात्रियाँ (198 आवृत्ति) शहर बाहर से हैं।

सारणी संख्या 16

क्रम	*आवृत्ति*	*प्रतिशत*
सहानुभूतिपूर्ण	37	36.27
असहानुभूतिपूर्ण	30	29.41
उपेक्षात्मक	35	34.32
योग	102	100.00

प्रस्तुत सारणी संख्या–16 के अवलोकन से स्पष्ट होता है कि 36.27 प्रतिशत उत्तरदात्रियों ने कार्यालय से घर देर से पहुँचने पर घर वालों की प्रतिक्रिया सहानुभूतिपूर्ण बताई है। 29.41 प्रतिशत उत्तरदात्रियों ने असहानुभूतिपूर्ण बताई है। 34.32 प्रतिशत उत्तरदात्रियों ने कहा है कि इस प्रतिक्रिया पर परिवार वाले उपेक्षात्मक व्यवहार अपनाते हैं।

अतः अधिकतम 36.27 प्रतिशत उत्तरदात्रियों ने सहानुभूतिपूर्ण बताया तथा न्यूनतम 29.41 प्रतिशत उत्तरदात्रियों ने असहानुभूतिपूर्ण बताया।

टेली कॉलर महिलाएँ : अन्य पुरुषों के साथ चर्चा करने, उनके साथ कार्यालय के कार्य के लिए समय देने इत्यादि पर क्या परिवार ने कोई आपत्ति उठाई है–

सुशील मोहन तिवारी ने स्पष्ट लिखा है कि "यदि परिवार में परम्परागत विचार या रूढ़िवादिता व्याप्त हो तो परिवार के वरिष्ठ सदस्यों में रूढ़िवादी विचार पाये जाते हैं। कुछ परिवार तो नातेदारों व पड़ोस की आलोचना से भी परिवार के सदस्यों पर बंधन रखते हैं।"[12] इस तरह के परिवार की महिलाएँ यदि रोजगार के क्षेत्र में आती हैं तो उनको काफी परेशानियों का अनुभव करना पड़ता है।

सारणी संख्या 17

क्रम	*आवृत्ति*	*प्रतिशत*
सदैव	116	38.67
कभी–कभी	158	52.66
कभी नहीं	26	8.67
योग	300	100.00

प्रस्तुत सारणी–17 के अवलोकन से स्पष्ट होता है कि 38.67

प्रतिशत उत्तरदात्रियों ने माना कि परिवार के लोग सदैव ही आपत्ति करते हैं। यदि वे अन्य पुरूषों के साथ बात करें या कार्यालय के कार्य इत्यादि के लिए उनको समय दें। 52.66 प्रतिशत उत्तरदात्रियों ने आपत्ति को स्वीकार किया। 8.67 प्रतिशत उत्तरदात्रियों ने कहा कि परिवार वाले कभी भी आपत्ति नहीं करते।

अतः अधिकांश 52.66 प्रतिशत उत्तरदात्रियों ने सदैव आपत्ति को बताया तथा न्यूनतम 8.67 प्रतिशत उत्तरदात्रियों ने स्पष्ट किया कि परिवार वाले कभी आपत्ति नहीं करते हैं।

1. आयु और शिक्षा के मध्य काई स्क्वायर परीक्षण

सारणी संख्या 18

आयु / शिक्षा	*15–19*	*20–24*	*25–29*	*30 से ऊपर*	*योग*
हाईस्कूल	00	00	00	00	00
	00	00	00	00	00
इन्टरमीडियट	09	02	04	08	23
	39.13	8.7	17.39	34.78	100
स्नातक	57	33	29	44	163
	34.97	20.25	17.79	26.99	100
परास्नातक	12	40	41	21	114
	10.53	35.09	35.96	18.42	100
योग	78	75	74	73	300

$x^2=38.3> df=12.59 ; p >0.05.$

आयु और शिक्षा के मध्य सार्थक सहसम्बंध है।

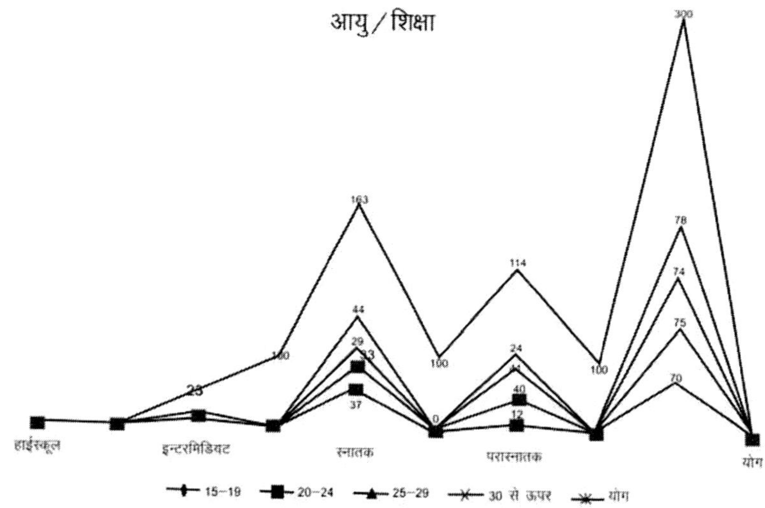

सारणी संख्या–18 से स्पष्ट होता है कि सामाजिक–आर्थिक परिदृष्य के रूप में शिक्षा का प्रभाव इस रूप में परिलक्षित होता है कि सर्वाधिक 39.13 प्रतिशत इण्टरमीडियट स्तर की उत्तरदात्रियाँ 15–19 आयु वर्ग की हैं, 34.97 प्रतिशत स्नातक स्तर की उत्तरदात्रियाँ 15–19 आयु वर्ग की हैं तथा 35.96 प्रतिशत परास्नातक स्तर की उत्तरदात्रियाँ 25–29 आयु वर्ग की हैं। सर्वाधिक 35.09 प्रतिशत उत्तरदात्रियों 20–24 आयु वर्ग की है तथा 30 वर्ष आयु वर्ग के ऊपर की उत्तरदात्रियाँ 34.78 प्रतिशत है इण्टरमीडियट उत्तीर्ण हैं। इस प्रकार विभिन्न आयु वर्ग की उत्तरदात्रियों की रूचि शिक्षा में स्पष्ट रूप से प्रदर्शित हो रही है। समय के परिवर्तन के साथ–साथ इनमें अभी भी सकारात्मक परिप्रेक्ष्य है। अतः काई स्क्वायर परीक्षण से दोनों में सार्थक सहसम्बंध पाये गये।

2.आयु और धर्म के मध्य काई स्क्वायर परीक्षण–

सारणी संख्या–19

आयु/शिक्षा	15–19	20–24	25–29	30 से ऊपर	योग
हिन्दू	29	36	37	47	149
	19.46	24.16	24.84	31.54	100
मुस्लिम	17	05	18	11	51
	33.34	9.8	35.29	21.57	100
सिक्ख	21	26	14	12	73
	28.76	35.62	19.18	16.44	100
ईसाई	09	03	03	00	15
	60.0	20.0	20.0	00	100
अन्य	02	05	02	03	12
	16.67	41.66	16.67	25	100
योग	78	75	74	73	300

$x^2=29.86> \ df=21.02 \ ; p>0.05.$

आयु और धर्म के मध्य सार्थक सहसम्बंध है।

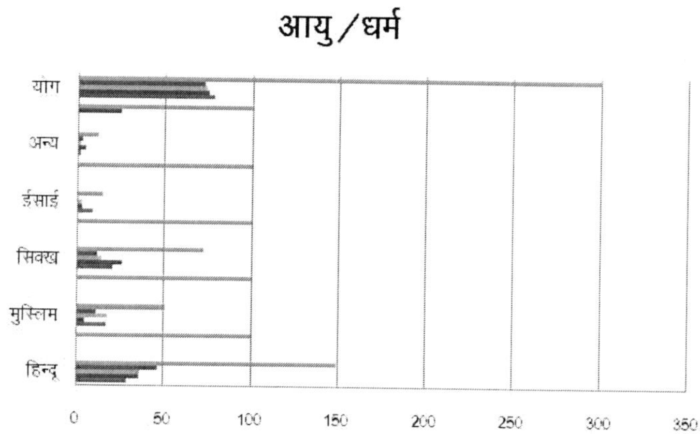

	हिन्दू		मुस्लिम		सिक्ख		ईसाई		अन्य		योग
योग	149	100	51	100	73	100	15	100	12	100	300
30 से ऊपर	47	0	11	0	12	0	0	0	3	25	73
25–29	37	0	18	0	14	0	3	0	2	0	74
20–24	36	0	5	0	26	0	3	0	5	0	75
15–19	29	0	17	0	21	0	9	0	2	0	78

सारणी संख्या–19 से स्पष्ट होता है कि धर्म के आधार पर सामाजिक–आर्थिक परिप्रेक्ष्य के सन्दर्भ में यह परिलक्षित होता है कि सर्वाधिक 31.54 प्रतिशत हिन्दू उत्तरदात्रियाँ 30 वर्ष के ऊपर आयु वर्ग से, 35.29 प्रतिशत मुस्लिम उत्तरदात्रियाँ 25–29 वर्ष आयु वर्ग से तथा 60 प्रतिशत ईसाई उत्तरदात्रियाँ 15–19 वर्ष के आयु समूह से साथ हैं, 41.66 प्रतिशत अन्य सम्प्रदाय से सम्बन्धित 20–24 वर्ष आयु समुह की हैं। अर्थात् इस प्रकार सभी धर्मों की उत्तरदात्रियों में इस व्यवसाय के प्रति जागरूकता दिखलायी देती है। अतः आयु और धर्म के मध्य काई स्क्वायर परीक्षण से सार्थक सहसम्बंध पाया गया है।

3. आयु और निवास स्थान के मध्य काई स्क्वायर परीक्षण–

सारणी संख्या 20

आयु/शिक्षा	15–19	20–24	25–29	30 से ऊपर	योग
महानगर	18	25	17	32	92
	19.57	27.17	18.48	34.78	100
नगर	31	16	22	09	78
	39.74	20.51	28.21	11.54	100
कस्बा	16	19	27	11	73
	21.91	26.03	36.99	15.07	100
ग्राम	13	15	08	21	57
	22.81	26.31	14.04	36.84	100
योग	78	75	74	73	300

$x^2=33.24> df=12.59 ; p >0.05$

आयु और निवास स्थान के मध्य सार्थक सहसम्बन्ध है।

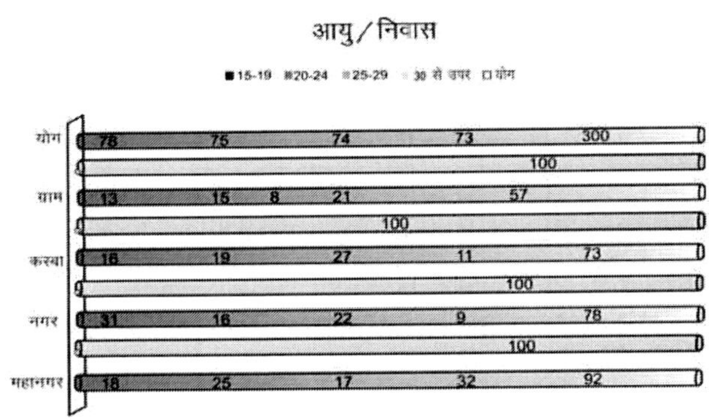

सारणी संख्या–20 से स्पष्ट होता है कि निवास के आधार पर सामाजिक–आर्थिक परिप्रेक्ष्य के सन्दर्भ में यह परिलक्षित होता है कि सर्वाधिक 34.78 प्रतिशत उत्तरदात्रियाँ महानगर से हैं जो कि 30 वर्ष के ऊपर हैं, 29.74 प्रतिशत उत्तरदात्रियाँ नगर से हैं जो कि 15–19 वर्ष के आयु समूह की हैं, 36.99 प्रतिशत उत्तरदात्रियाँ कस्बों से सम्बन्धित है जो कि 25–29 वर्ष के आयु समूह की हैं तथा 36.84 प्रतिशत उत्तरदात्रियाँ ग्रामों से भी हैं जो कि 30 वर्ष आयु समूह से हैं। सर्वाधिक 27.17 प्रतिशत उत्तरदात्रियां 20–24 वर्ष आयु समूह से है जो कि महानगर निवासी है। अतः ज्ञात काई स्क्वायर परीक्षा से सार्थक सह–सम्बंध पाया गया।

4. आयु और आय के मध्य काई स्क्वायर परीक्षण–

सारणी संख्या 21

आयु/शिक्षा	*15–19*	*20–24*	*25–29*	*30 से ऊपर*	*योग*
10–14	28	22	14	27	91
	30.77	24.18	15.38	25.0	100
15–19	23	15	25	21	84
	27.38	17.86	29.76	25.0	100
20–24	11	25	23	19	78
	14.1	32.05	29.49	24.36	100
25 से ऊपर	16	13	12	06	47
	34.07	27.66	25.53	12.77	100
योग	78	75	74	73	300

$x^2=18.17> df=16.91$; $p>0.05$.

आयु और आय के मध्य सार्थक सह–सम्बन्ध है।

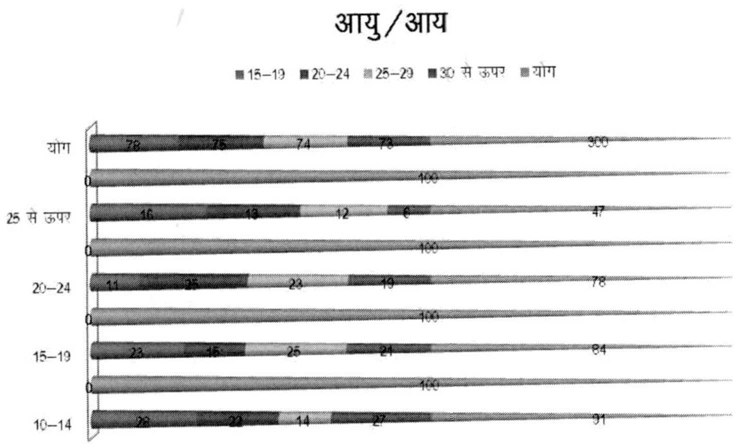

सारणी संख्या–21 से स्पष्ट होता है कि आय के आधार पर सामाजिक–आर्थिक परीप्रेक्ष्य में यह परिलक्षित होता है कि सर्वाधिक 30.77 प्रतिशत उत्तरदात्रियाँ 15–19 वर्ष आयु समूह से हैं, जिनकी आय 10–14 हजार के मध्य है। 29.76 प्रतिशत उत्तरदात्रियाँ 25–29 वर्ष आयु समूह की हैं जिनकी आय 15–19 हजार के मध्य है। 32. 05 प्रतिशत उत्तरदात्रियाँ 20–24 वर्ष आयु समूह की हैं जिनकी आय 20–24 हजार के मध्य है। 34.07 प्रतिशत उत्तरदात्रियाँ 15–19 वर्ष आयु समूह की है जिनकी आय 25 हजार के ऊपर पायी गयी है। सर्वाधिक 25 प्रतिशत उत्तरदात्रियाँ 30 वर्ष आयु से ऊपर है जिनकी आय 10–14 हजार के मध्य है। इसके काई स्क्वायर परीक्षण से आय आयु के मध्य सार्थक सहसंबंध पाया गया है।

5. आयु और मूल निवास के मध्य काई स्क्वायर परीक्षण

सारणी संख्या 22

आयु/शिक्षा	*15–19*	*20–24*	*25–29*	*30 से ऊपर*	*योग*
इसी शहर से	35	19	27	21	102
	34.31	18.63	26.47	20.59	100
शहर बाहर से	43	56	47	52	198
	21.72	28.28	23.74	26.26	100
योग	78	75	74	73	300

$x^2=7.71<df=7.81$; $p< 0.05$.

आयु और मूल निवास के मध्य सार्थक सह–सम्बंध नहीं है।

आयु/मूल निवास

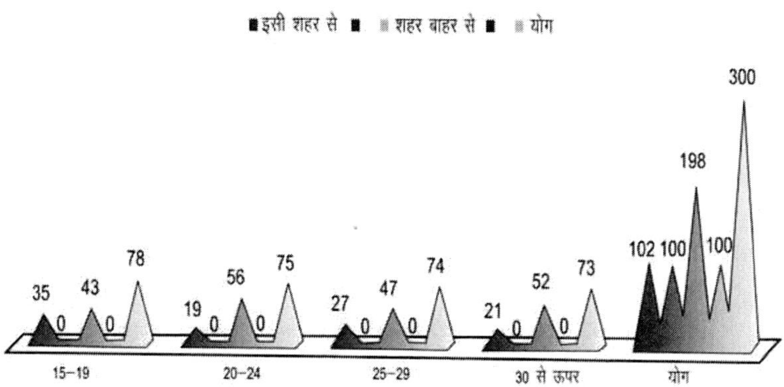

सारणी संख्या–22 से स्पष्ट होता है कि मूल निवास के आधार पर सामाजिक आर्थिक परिदृश्य में यह परिलक्षित होता है कि सर्वाधिक 34. 31 प्रतिशत उत्तरदात्रियाँ जो कि 15–19 वर्ष आयु समुह की हैं जो कि इसी शहर से हैं जबकि 28.28 प्रतिशत उत्तरदात्रियाँ जो कि 20–24 वर्ष आयु समूह की है, शहर बाहर की मूल निवासी है। सर्वाधिक 26.47 प्रतिशत उत्तरदात्रियां 25.29 वर्ष आयु समूह की है जो इसी शहर से है तथा सर्वाधिक 26.26 प्रतिशत उत्तरदात्रियां 30 वर्ष आयु से ऊपर हैं, शहर बाहर से संबंधित है। अतः इसके काई स्क्वायर परीक्षण से मूल निवास और आयु के मध्य सार्थक सह–सम्बंध नहीं पाया गया है।

6. आयु और रहने के वर्ष के मध्य काई स्क्वायर परीक्षण–

सारणी संख्या 23

आयु / शिक्षा	*15–19*	*20–24*	*25–29*	*30 से ऊपर*	*योग*
0–2 वर्ष	15	28	24	20	87
	17.24	32.18	27.59	22.99	100
0–4 वर्ष	11	12	18	12	53
	20.75	22.64	33.97	22.64	100
0–6 वर्ष	13	05	08	05	31
	41.93	16.13	25.81	16.13	100
6 वर्ष से ऊपर	00	07	14	06	27
	00	25.93	51.85	22.22	100
जन्म से	39	23	10	30	102
	38.24	22.55	9.8	29.41	100
योग	78	75	74	73	300

$x^2=43.72>\ df=21.02\ ;\ p>0.05.$

आयु और रहने के वर्ष के मध्य सार्थक सह–सम्बंध हैं।

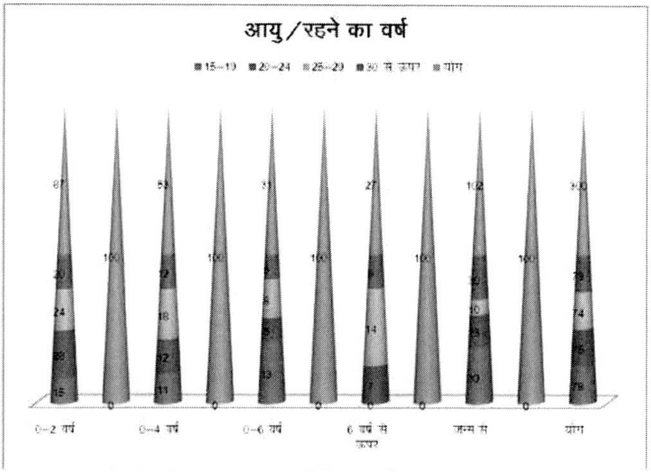

सारणी संख्या–23 से स्पष्ट होता है कि इस स्थान पर रहने के वर्ष के आधार पर सामाजिक–आर्थिक परिदृश्य में यह परिलक्षित होता है कि सर्वाधिक 32.18 प्रतिशत उत्तरदात्रियाँ 20–24 वर्ष आयु समूह की हैं, जो कि लगभग दो वर्ष से दिल्ली में रह रही हैं। 33.97 प्रतिशत उत्तरदात्रियाँ, 25–29 वर्ष आयु समुह की हैं, जो कि लगभग चार वर्ष से यहाँ निवास कर रही हैं। 41.93 प्रतिशत उत्तरदात्रियाँ, 15–19 वर्ष आयु समूह की हैं, जो कि लगभग छः वर्ष से यहाँ रह रही हैं। 51. 85 प्रतिशत उत्तरदात्रियाँ 25–29 वर्ष आयु समूह की हैं, जो कि छः वर्ष से भी ज्यादा समय से यह निवास कर रही हैं। 38.24 प्रतिशत उत्तरदात्रियाँ 15–19 वर्ष आयु समूह की हैं जो कि जन्म से यहाँ की निवासी हैं। सर्वाधिक 29.41 प्रतिशत उत्तरदात्रियां 30 वर्ष आयु समूह के ऊपर हैं जो कि जन्म से यहाँ निवासी हैं। अतः काई स्क्वायर परीक्षण से रहने का वर्ष और आयु के मध्य सार्थक सह–सम्बन्ध पाया गया है।

7.आयु और इस समय जहां रहती है वहां के वतावरण के मध्य काई स्क्वायर परीक्षण

सारणी संख्या 24

आयु/शिक्षा	*15–19*	*20–24*	*25–29*	*30 से ऊपर*	*योग*
अनुकूल	22	35	26	34	117
	18.81	29.91	22.22	29.06	100
प्रतिकूल	21	18	05	14	58
	36.84	19.74	22.37	24.14	100
सामान्य	28	15	17	16	76
	36.84	19.74	22.37	21.05	100
कह नहीं सकते	07	07	26	09	49
	14.29	14.29	53.06	18.36	100
योग	78	75	74	73	300

$x^2 = 40.6 > df = 16.91;\ p > 0.05.$

आयु और इस समय जहाँ रहती हैं वहाँ के वतावरण के मध्य सार्थक सह–सम्बंध है।

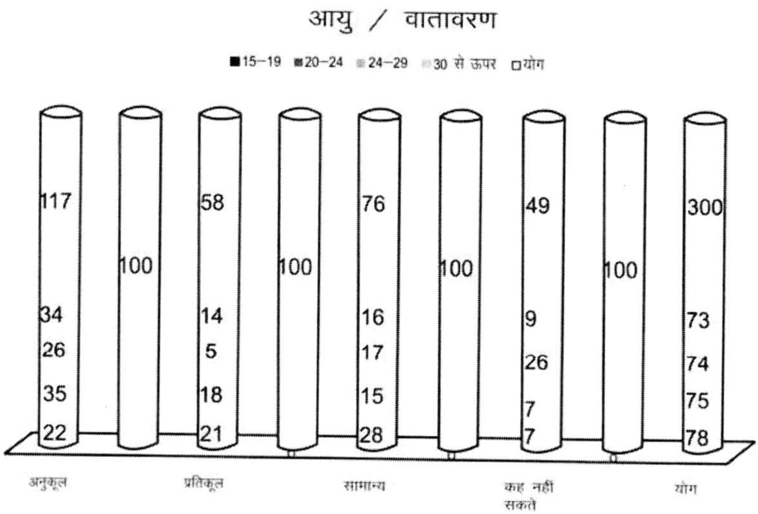

सारणी संख्या–24 से स्पष्ट होता है कि इस समय जहाँ रहती हैं, वहाँ के वातावरण के आधार पर सामाजिक, आर्थिक परिप्रेक्ष्य से परिलक्षित होता है कि सर्वाधिक 29.91 प्रतिशत उत्तरदात्रियाँ, 20–24 वर्ष आयु समूह की है जो कि इस समय जहाँ रह रही है के वातारण को अनुकूल मानती हैं। 36.21 प्रतिशत उत्तदात्रियाँ, 15–19 वर्ष आयु समूह की हैं जो कि वातावरण को प्रतिकूल मानती हें। 36.84 प्रतिशत उत्तरदात्रियाँ, 15–19 वर्ष आयु समूह की हैं जो कि वातावरण को सामान्य मानती हैं। 53.06 प्रतिशत उत्तरदात्रियाँ 25–29 वर्ष आयु समूह की हैं जिन्होंने कुछ भी कहने से इंकार कर दिया है। सर्वाधिक 29.06 प्रतिशत उत्तरदात्रियाँ 30 वर्ष आयु समूह से ऊपर है, वे वातावरण को अनुकूल मानती हैं। अतः काई स्क्वायर परीक्षण से सार्थक सह–सम्बंध पाया गया है।

8. आयु और मनोरंजन स्थल गमन के मध्य काई स्क्वायर परीक्षण

सारणी संख्या 25

आयु / शिक्षा	15–19	20–24	25–29	30 से ऊपर	योग
सिनेमा	06	03	04	08	21
	28.56	14.29	19.05	38.1	100
रेस्टूरेन्ट	14	05	07	09	35
	40.0	14.29	20.0	25.71	100
मनोरंजन स्थल	23	17	15	14	69
	33.33	24.64	21.74	20.29	100
शापिंग सेन्टर	31	15	24	24	94
	32.98	15.96	25.53	25.53	100
धार्मिक स्थल	04	35	24	18	81
	4.94	43.21	29.63	22.22	100
योग	78	75	74	73	300

$x^2=40.07> df=21.02; p>0.05.$

आयु और सहकर्मी मित्रों के साथ मनोरंजन स्थलों पर घूमने इत्यादि के मध्य सार्थक सह–सम्बंध है।

आयु/ मनोरंजन स्थल

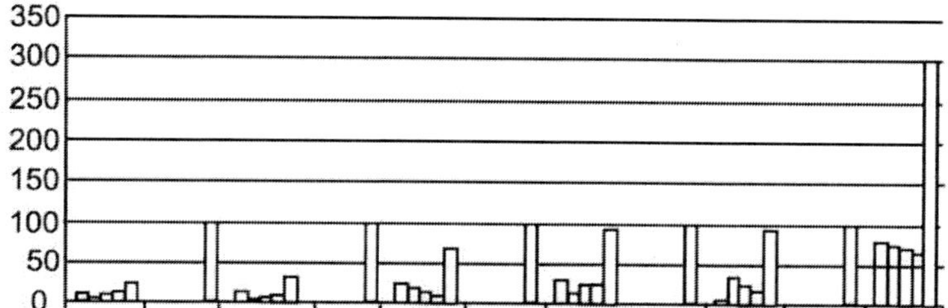

	सिनेमा		रेस्टूरेन्ट		मनोरंजन स्थल		शापिंग सेंटर		धार्मिक स्थल		योग
5–19	6	0	14	0	23	0	31	0	4	0	78
21–24	3	0	5	0	17	0	15	0	35	0	75
25–29	4	0	7	0	15	0	24	0	24	0	74
30 से ऊपर	8	0	9	0	14	0	24	0	18	0	73
योग	21	100	35	100	69	100	94	100	81	100	300

सारणी संख्या–25 से स्पष्ट होता है कि टेली कॉलर महिलाएँ सहकर्मियों के साथ निम्न जगहों पर जाना पसन्द करती हैं। सामाजिक आर्थिक परिदृश्य से परिलक्षित होता है कि सर्वाधिक 38.10 प्रतिशत उत्तरदात्रियाँ, 30 वर्ष के ऊपर आयु समूह की हैं, जिन्होंने सिनेमा जाना स्वीकार किया। 40 प्रतिशत उत्तरदात्रियाँ, जो 15–19 वर्ष आयु समूह की हैं, ने रेस्टूरेन्ट जाना स्वीकार किया। 33.33 प्रतिशत उत्तरदात्रियाँ जो कि 15–19 वर्ष आयु समूह की हैं, ने मनोरंजन स्थल पर जाना स्वीकार किया। 32.98 प्रतिशत उत्तरदात्रियाँ 15–19 वर्ष आयु समूह की हैं, जिन्होंने शॉपिंग सेंटर जाने की बात स्वीकार किया। 43.21 प्रतिशत उत्तरदात्रियों ने धार्मिक स्थल पर जाना स्वीकार किया जो कि 20–24 वर्ष आयु समूह की हैं। सर्वाधिक 29. 63 प्रतिशत उत्तरदात्रियां 25–29 वर्ष आयु समूह की है, ने धार्मिक स्थल पर सहकर्मी मित्रों के साथ जाना पसंद करती हैं। अतः काई स्क्वायर परीक्षण से सार्थक सह–सम्बंध पाया गया है।

9. आयु और सहकर्मी मित्रों के साथ विवाह संबन्ध के मध्य काई स्क्वायर परीक्षण

सारणी संख्या 26

आयु/शिक्षा	15–19	20–24	25–29	30 से ऊपर	योग
हाँ	00	05	14	17	36
	00.0	13.89	38.89	47.22	100
नहीं	32	33	32	31	128
	25.0	25.78	25.0	24.22	100
शायद	18	14	14	09	55
	32.74	25.45	25.45	16.36	100
कहना उचित नहीं	28	23	14	16	81
	34.57	28.4	17.28	19.75	100
योग	78	75	74	73	300

$x^2=29.48>$ $df=16.91; p>0.05$

आयु और सहकर्मी मित्रों के साथ रिश्ते विवाह तक पहुंचने के लक्ष्य के मध्य सार्थक सह–सम्बन्ध हैं।

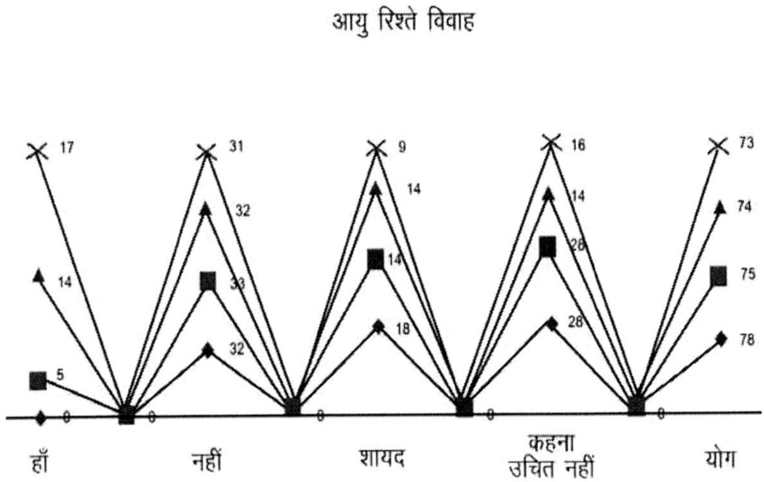

सारणी संख्या–26 से स्पष्ट होता है कि सहकर्मियों व मित्रों के साथ रिश्ते विवाह तक पहुँचते हैं कि आधार पर सामाजिक, आर्थिक परिदृश्य में आयु के आधार पर परिलक्षित होता है कि सर्वाधिक 47.22 प्रतिशत उत्तरदात्रियों ने सकारात्मक उत्तर दिया है जो कि 30 वर्ष आयु समूह से ऊपर हैं। 25.78 प्रतिशत उत्तरदात्रियों ने नकारात्मक उत्तर दिया है जो कि 20–24 वर्ष आयु समूह की हैं। 32.74 प्रतिशत उत्तरदात्रियों ने शायद में उत्तर दिया है जो कि 15–19 वर्ष की आयु समूह की है। 34.57 प्रतिशत उत्तरदात्रियों 15–19 वर्ष आयु समूह की हैं, ने कुछ भी कहने से इंकार कर दिया है। सर्वाधिक 28.40 प्रतिशत उत्तरदात्रियों 20–24 वर्ष आयु समूह की है, जिन्होने कुछ भी कहने से इंकार किया हैं। सर्वाधिक 38.89 प्रतिशत उत्तरदात्रियां 25–29 वर्ष

समूह की है, ने इस पर सकारात्मक उत्तर दिया है। अतः काई स्क्वायर परीक्षण से सार्थक यह सम्बंध पाया गया है।

10. आयु और निजी जीवन में निर्णय लेने की प्राथमिकता के मध्य काई स्क्वायर परीक्षण–

सारणी सख्या 27

आयु/शिक्षा	*15–19*	*20–24*	*25–29*	*30 से ऊपर*	*योग*
स्वयं आपको	28	25	44	44	141
	19.85	17.73	31.21	31.21	100
माता–पिता को	34	37	23	25	119
	28.57	31.09	19.33	21.01	100
अन्य को	16	13	07	04	40
	40.0	32.5	17.5	10.0	100
योग	78	75	74	73	300

$x^2=22.31>df=12.59; p>0.05.$

आयु और निजी जीवन में निर्णय लेने की प्राथमिकता के मध्य सार्थक सहसम्बंध है।

आयु / निर्णय

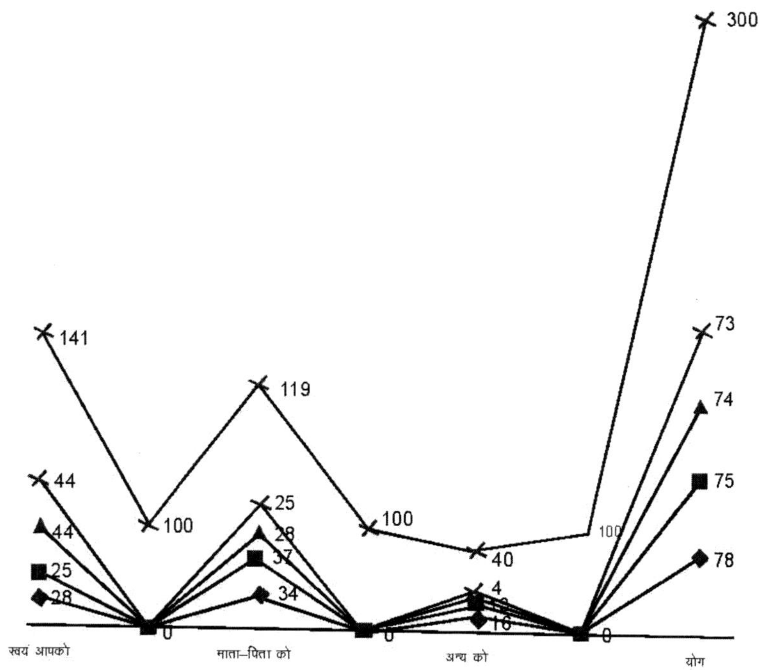

सारणी संख्या–27 से स्पष्ट होता है कि निजी जीवन में निर्णय लेने की प्राथमिकता के आधार पर सामाजिक, आर्थिक परिप्रेक्ष्य में आयु के आधार पर सर्वाधिक 31.21 प्रतिशत उत्तरदात्रियाँ 25–29 वर्ष आयु समूह व 30 वर्ष से ऊपर के आयु समूह की हैं जिन्होंने निर्णय की प्राथमिकता स्वयं को दिया है। 31.09 प्रतिशत उत्तदात्रियाँ 20–24 वर्ष आयु समूह की है, जिन्होंने निर्णय की प्राथमिकता माता–पिता को बताया है। 40 प्रतिशत उत्तरदात्रियाँ 15–19 वर्ष आयु समूह व 32.50

प्रतिशत उत्तरदात्रियां 20–24 वर्ष आयु समूह की हैं जिन्होंने अन्य के निर्णय को भी प्राथमिकता दिया है। अतः काई स्क्वायर परीक्षण में सार्थक सहसम्बन्ध पाया गया है।

11. आयु और अर्जित आय से पारिवारिक जीवन में लाभ के मध्य काई स्क्वायर परीक्षण

सारणी संख्या 28

आयु/शिक्षा	15–19	20–24	25–29	30 से ऊपर	योग
बहुत ज्यादा	27	22	43	28	120
	22.5	18.33	35.84	23.33	100
सामान्य	44	48	27	35	154
	28.57	31.17	17.53	22.73	100
कम	02	05	01	06	14
	14.29	35.71	7.14	42.86	100
बिल्कुल नहीं	05	00	03	04	12
	41.67	00.0	25.0	33.33	100
योग	78	75	74	73	300

$x^2=24.15> df=16.91; p>0.05.$

आयु और अर्जित आय से पारिवारिक जीवन में लाभ के मध्य सार्थक सहसम्बंध है।

आयु/अर्जित आय से लाभ

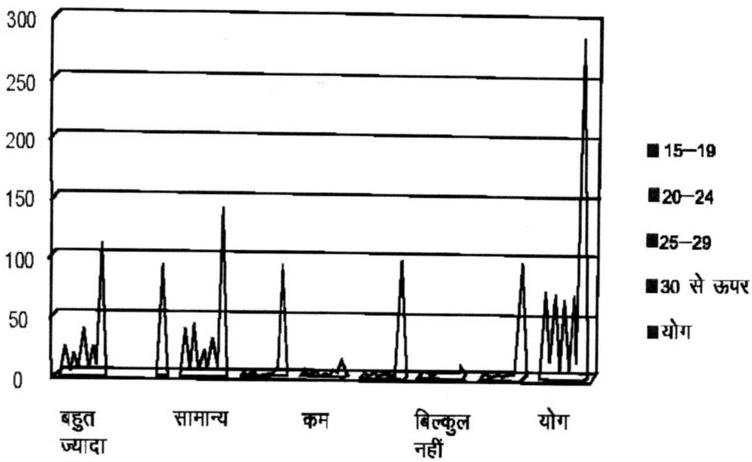

सारणी संख्या–28 से स्पष्ट होता है कि अर्जित आय से पारिवारिक जीवन में लाभ को सामाजिक–आर्थिक परिदृश्य के आधार पर आयु के द्वारा काई स्क्वायर परीक्षण में सर्वाधिक 35.84 प्रतिशत उत्तरदात्रियाँ 25–29 वर्ष आयु समूह ने बहुत ज्यादा लाभ होना स्वीकार किया है। 31.17 प्रतिशत उत्तरदात्रियों ने सामान्य लाभ की बात कही है जो कि 20–24 वर्ष आयु समूह की हैं। 35.17 प्रतिशत उत्तरदात्रियों ने कम लाभ होना स्वीकार किया जो कि 20–24 वर्ष आयु समूह की हैं। 41.67 प्रतिशत उत्तरदात्रियाँ 15–19 वर्ष आयु समूह की हैं जिन्होंने बिल्कुल ही लाभ न होने की बात कही है। सर्वाधिक 42.86 प्रतिशत उत्तरदात्रियाँ 30 वर्ष आयु समूह से ऊपर है,

ने स्वीकार किया है कि अर्जित आय से परिवारिक जीवन में कम लाभ हुआ हैं। अतः काई स्क्वायर परीक्षण में सार्थक सहसम्बंध है।

आयु के आधार पर सामाजिक–आर्थिक परिदृश्य के अन्तर्गत भिन्न पक्षों पर अध्ययन किया गया। जिससे उसके आधार का परीक्षण किया जा सके। इसके अन्तर्गत शिक्षा, धर्म, निवास स्थान, आय, मूल निवास, रहने का वर्ष, वातावरण की दशा, सहकर्मियों के साथ सम्बन्ध, विवाह, निर्णय की प्राथमिकता और अर्जित आय से लाभ पर प्रकाश डाला गया है। कॉल सेंटर के जॉब में आयु का आधार सभी पक्षों में महत्त्व रखता है। सभी की सामाजिक–आर्थिक दशाएँ एक–सी नहीं है। परन्तु सम्बन्धों की सार्थकता व निरर्थकता को जानना उसके मौलिक आयाम को समझना है। अतः इस सारणी में यही अवलोकित किया गया है कि उत्तरदात्रियाँ किस प्रकार से कार्य दशाएँ की स्थिति में समायोजन करती हैं? अतः काई स्क्वायर परीक्षण से आयु और अर्जित आय से पारिवारिक जीवन में लाभ के मध्य सार्थक सह सम्बंध है।

संदर्भ ग्रंथ

1. McIver and Page: *Society*, Macmillan Co., New York, 1959.
2. Shafi Aneesa : *Working women in Kashimir*, S.B. Nangia A PH Publishing Corporation, New Delhi, 2002, p. 51.
3. *कंप्यूटर सूचना और संचार* : "घर बैठी महिलाओं को

रोजगार दे इंटरनेट", इंडिया पब्लिकेशन, नई दिल्ली, वर्ष : 11, अंक : 8, नवम्बर 2007, पृ. 25.

4. Renavikar, D. Madhavi : *Women and Religion*, Rawat Publications. Jaipur (India), 2003, p. 248.
5. Sahay Sushma : *Women and Empowerment Approacher and Strategier*, Discovery Publishing House, New Delhi, 1999, p. 127.
6. सिंह शिल्पी : "आधुनिक समाज में नारियों की स्थिति" आन्वीक्षिकी, शोध पत्रिका, अंक 1, मनीषा प्रकाशन एवं शोध विवेक संस्था, वाराणसी, जुलाई–अगस्त 2007, पृ. 35.
7. बावेल, बसन्ती लाल : *विधि एवं सामाजिक परिवर्तन*, सेन्ट्रल ला पब्लिकेशन, इलाहाबाद, 2001, पृ. 77.
8. Saadat Aitin: *Compare EfFiciency with Working and Non-Working Women*, Shykh Bahaiee University-Isfahan-Iran, EuroJournal Publishing, Inc. 2009.
9. Michel L. Davis : *Migration Strategies*, Price water house Coopers Pvt Ltd, New Delhi.
10. Srikanth P. and Ramamirtham L. : *Strategies to Deal with Attribution Rate in the India BPO Industry sing Maslow's Need Hierarchy Theory*, The Management Account, Feb. 2008, p.72.
11. कुमार राज: *नारी शोषण समस्या एवं समाधान*, अर्जुन पब्लिकेशन हाउस, नई दिल्ली, 2006.

12. Tiwari Sushil Mohan : *Gender And Sexuality, Selling Sex in the Market*, Signature Book International, Delhi, 2011.

चतुर्थ अध्याय

कार्यस्थल पर कार्य के दौरान मानसिक तनाव और कार्य–संतुष्टि

- कार्य के प्रति परिवार का दृष्टिकोण
- व्यवसाय चुनाव की स्वतंत्रता
- नौकरी से संतुष्टि का स्तर एवं प्रकृति से तालमेल
- सहकर्मियों व अधिकारियों के प्रति व्यवहार
- वेतन का स्तर व महत्त्व
- लैंगिक आधार पर दण्ड, वेतन और पुरस्कार का तुलनात्मक दृष्टिकोण
- कार्य के प्रति उपेक्षा व सहयोग
- कार्यस्थल की कठिनाईयाँ
- कार्य–दशा का प्रभाव
- उपभोक्ताओं के प्रति व्यक्त विचार व व्यवहार
- अधिक श्रम (*Over Time*) का प्रभाव
- दोहरी भूमिका

- रात्रि अवधि कार्य (*Night Shift*) की कठिनाईयाँ एवं प्रबंधन की प्रतिक्रिया
- यौन–उत्पीड़न का प्रभाव व आशंका
- कार्य के प्रति निगरानी व नियंत्रण के पहलू

चतुर्थ अध्याय

कार्यस्थल पर कार्य के दौरान मानसिक तनाव और कार्य–संतुष्टि

लैंगिक विषमता की जड़ें संस्कृति में कहीं गहरे रूप में उपस्थित हैं। यह संस्कृति ही है जो स्त्री–पुरूष के पृथक–पृथक खांचे बनाती है। उन्हें उनकी योग्यता, क्षमता के अनुसार काम दिये जाते हैं, जैसे– परिवार में स्त्री घर का कार्य करेगी और पुरूष बाहर का। यह एक प्राचीनतम श्रम–विभाजन का आधार है। इसी स्थिति में लैंगिक क्रियाओं में एक भ्रम की स्थिति उत्पन्न होती है–किस पद पर कार्य को स्वीकारा जाए किसे नकारा जाए? एक भ्रमयुक्त संक्रमण की स्थिति में लैंगिक विषमताओं में वृद्धि होती है। संपूर्ण आर्थिक–सामाजिक ढांचा करवट ले रहा होता है। सामान्यतया, हमने यह अनुभव किया है कि हम पाश्चात्य देश की संस्कृति की प्रशंसा करते थकते नहीं हैं। उसका सबकुछ जीवन का एक हिस्सा बना लेना चाहते हैं, क्योंकि अपनी परंपरात्मक संस्कृति अथवा स्वदेशी संस्कृति में हम अपने–अपने को कहीं छोटे रूप में देखते हैं। यह वह बिन्दु है जहां सांस्कृतिक संघर्ष की शुरूआत होती है। यह पद और स्थिति, कार्य की भूमिका, एक वृहत स्तर पर, जहां छोटे–बड़े कामों में विभाजन है, वहाँ लैंगिक विषमताएँ होना स्वाभाविक है। इनके अलावा भी कुछ समस्याएँ निम्न हैं, जैसे–

नागरीय समाज की कामकाजी महिलाओं की समस्याएँ

वी.एन. सिंह और जनमेजय सिंह के अनुसार, "नगर की महिलाएँ संगठित और असंगठित क्षेत्रों में कार्य करती हैं। असंगठित क्षेत्र का अर्थ है कामगारों के मध्य औपचारिक अनुबंधों के न होने से संगठन एवं कर्मचारियों के मध्य स्पष्ट संबंधों का अभाव होता है, जबकि संगठित क्षेत्र में स्पष्ट संबंध होते हैं। नगर की कामकाजी महिलाओं की कई श्रेणियाँ हैं, उन सभी की समस्याएँ समान न होकर असमान हैं।''

1. दोहरी जिम्मेदारी पूर्ण करती हैं। परिवार का सारा काम खत्म करने के पश्चात् कार्यालय जाती हैं, चाहे वह सरकारी हो या गैर–सरकारी। सरकारी कार्यालयों में छुट्टी समय पर मिल जाती है पर गैर–सरकारी कार्यालयों में काम के घंटे गिने नहीं जाते हैं। काम के बोझ से इनका स्वास्थ्य निरंतर खराब रहता है और मानसिक तनाव में भी रहता है।

2. मुंबई, दिल्ली, कोलकाता, बैंगलोर, चेन्नई जैसे महानगर में घर और कार्य–स्थल 20 किलोमीटर से 80 किलोमीटर तक या इससे भी अधिक की दूरी होती है। वह सुबह जल्दी उठ कर घर का काम करती है और दो घंटे पहले घर से निकलती है और देर रात अर्थात् नौ या 10 बजे तक घर पहुँचती है। मुंबई में लोकल ट्रेन और दिल्ली मेट्रों में देखा गया है कि स्त्री सब्जी काटती हुई घर जाती है। पूछने पर कहती है कि घर पर आटा गूंथा फ्रिज में रखा होगा। सब्जी जाते ही बना लुंगी या बेटी बड़ी है तो वह रोटी, चावल, दाल बना लेगी। मैं ऊपर का काम कर लुंगी।

3. इन महानगरों में शिक्षित महिलाएँ ऑफिस का कार्य करने के पश्चात् भी दो–तीन घंटे का अतिरिक्त या पार्ट टाईम काम करती हैं जिससे परिवार और बच्चों की पढ़ाई का खर्च निकल सके। पूछने पर

कहती हैं कि केवल पति की आय से घर का खर्च सही तरह से नही चल पाता है।

4. इन महानगरों में पूरी जिंदगी या तो बस पर कट जाती है या लोकल ट्रेन और मेट्रो में।

5. असंगठित क्षेत्रों में कार्य करने वाली महिलाओं को प्रसूति की जो सुविधाएँ प्राप्त होनी चाहिए, वे भी नहीं मिलतीं, बल्कि बहुतों को कामों से हटा दिया जाता है। इस भय से इनके बच्चे एक या दो होकर रह जाते हैं या होते नहीं।

6. महानगरों में यह भी देखा गया है कि कार्य आयोजित विवाहित महिलाएँ टूटे परिवारों की तरह रहती हैं। परिवार में सुरक्षा नाम की चीज नहीं होती। पति कहीं और काम करता है और पत्नी कहीं और।

7. ***सामाजिक सूरक्षा का अभाव***– नगर और महानगर अपराधों के केन्द्र हैं। न जाने ये कितनी बार लूटी जाती हैं। अपराध होता है। बलात्कार की घटनाएँ होती हैं। छेड़खानी आम बात है। अपमानित होकर भी मजबूरी में काम करती हैं। इसके अतिरिक्त, इन्हें बीमारी, दुर्घटना, वृद्धावस्था आदि में किसी प्रकार की सुविधाएँ नहीं मिलती क्योंकि ये गैर–सरकारी संगठनों में कार्य करती हैं।"[1]

व्यवसाय का चुनाव करने में स्वतन्त्रता–

आज प्रत्येक व्यक्ति अर्थोपार्जन में संलग्न होना चाहता है। एम. एम. लवानिया के शब्दों में, "प्रत्येक व्यक्ति की इच्छा आर्थिक रूप से सुदृढ़ होने की होती है। परन्तु उनसे बड़े सदस्य सदैव यह चाहते हैं कि इसका निर्णय वे लें और उनको छोटों पर लागू करें व इसके बारे में समझायें। यदि बात महिलाओं के रोजगार की होती है तो इस मामले में परिवार का हस्तक्षेप अवश्य होता है।"[2]

सारणी संख्या 1

क्रम	आवृत्ति	प्रतिशत
हाँ	216	72.00
नहीं	33	11.00
कह नहीं सकते	51	17.00
योग	300	100.00

प्रस्तुत सारणी संख्या–1 के अवलोकन से स्पष्ट होता है कि 72 प्रतिशत उत्तरदात्रियों ने स्वीकार किया है कि व्यवसाय के चुनाव में वे परिवार की ओर से स्वतन्त्र हैं। 11 प्रतिशत उत्तरदात्रियाँ स्वतन्त्रता अनुभव नहीं करती हैं। 17 प्रतिशत उत्तरदात्रियों ने कुछ भी कहने से इनकार कर दिया है।

अतः अधिकांश 71 प्रतिशत उत्तरदात्रियाँ व्यवसाय के चुनाव में स्वतन्त्र हैं, तथा 11 प्रतिशत उत्तरदात्रियाँ, जो कि न्यूनतम हैं, व्यवसाय में स्वतन्त्र नहीं हैं।

नौकरी से संतुष्ट हैं?

विवियन हन्ट ने लिखा हैं कि–"व्यक्ति अर्थोपार्जन हेतु जिस भी क्षेत्र में कार्यरत रहता है, उसमें उतार–चढ़ाव की दशा होना संभव होता है। कभी कार्य की दशा कठिन होती है तो कभी वेतनमान कम होता है। अतः कार्य में संलग्न कर्मचारियों की संतुष्टि का स्तर भी इनसे प्रभावित होता रहता है। कॉल सेंटर में कार्यरत महिलाएँ भी इस कार्य से अपेक्षाएँ रखती हैं।"[3]

सारणी संख्या 2

क्रम	*आवृत्ति*	*प्रतिशत*
हाँ	151	50.33
नहीं	72	24.00
कह नहीं सकते	77	25.67
योग	300	100.00

प्रस्तुत सारणी संख्या–2 के अवलोकन से स्पष्ट होता है कि 50.33 प्रतिशत उत्तरदात्रियो की संतुष्टि का विचार सकारात्मक है। लेकिन 24 प्रतिशत उत्तरदात्रियाँ इस नौकरी से संतुष्ट नहीं हैं। जबकि 25.67 प्रतिशत उत्तरदात्रियाँ कुछ भी कहने से इनकार करती हैं।

अतः अधिकांश 50.33 प्रतिशत उत्तरदात्रियाँ इस नौकरी से संतुष्ट हैं तथा न्यूनतम 24 प्रतिशत उत्तरदात्रियाँ इस नौकरी से संतुष्ट नहीं हैं।

पद से जुड़ी भूमिकाओं का स्वयं की प्रकृति से मेल

समाज का प्रत्येक व्यक्ति आर्थिक रूप से सबल होना चाहता है। फिर भले ही अपनी क्षमता व गुणवत्ता के विपरीत प्रकृति की नौकरी ही क्यों न करनी पड़े? तालमेल का स्तर घटता–बढ़ता रहता है, लेकिन आवश्यकताओं की पूर्ति के लिए प्रकृति विपरीत होते हुए भी सामंजस्य बनाये रखना पड़ता है। किरन मीरचन्दानी के अनुसार, "टेली कॉलर की प्रकृति व कार्य की दशा के मध्य सामंजस्य होना आवश्यक होता हैं।"[4]

सारणी संख्या–3

क्रम	आवृत्ति	प्रतिशत
हाँ	163	54.33
नहीं	116	38.67
कह नहीं सकते	21	7.00
योग	300	100.00

प्रस्तुत सारणी संख्या–3 के अवलोकन से स्पष्ट होता है कि 54.33 प्रतिशत उत्तरदात्रियाँ यह मानती हैं कि यह नौकरी उनकी प्रकृति से मेल खाती है, इसलिए वे यह कार्य कर रही हैं। लेकिन 38.67 प्रतिशत उत्तरदात्रियों ने इसको अपनी प्रकृति के विपरीत बताया। अन्य कोई विकल्प न होने के कारण वे यह कार्य कर रही हैं। जबकि सात प्रतिशत उत्तरदात्रियों ने कुछ भी कहने से इनकार कर दिया।

अतः अधिकांश 54.33 प्रतिशत उत्तरदात्रियों ने हाँ में उत्तर दिया है तथा न्यूनतम सात प्रतिशत उत्तरदात्रियों ने कुछ भी कहने से इनकार कर दिया।

यदि नहीं तो इसका क्या कारण है ?

सारणी संख्या–4

क्रम	आवृत्ति	प्रतिशत
विरोधात्मक कार्य संस्कृति	11	9.48
सहयोगियों से सामंजस्य कम होना	09	7.76
नाइट शिफ्ट की बाध्यता	56	48.28
अन्य	40	34.48
योग	116	100.00

सारणी संख्या–3 में जब 38.67 प्रतिशत उत्तरदात्रियों ने अपनी प्रकृति के विपरीत इस नौकरी को बताया तो 38.67 प्रतिशत को 100 प्रतिशत मानते हुए उसके अन्तर्गत पाये जाने वाले तथ्यों पर प्रकाश डाला गया है।

प्रस्तुत सारणी संख्या–4 के अवलोकन से स्पष्ट होता है कि 9.48 प्रतिशत उत्तरदात्रियों का यह मानना है कि वे विरोधात्मक कार्य संस्कृति का सामना कर रही हैं। 7.76 प्रतिशत उत्तरदात्रियों ने यह भी माना कि उनका सहयोगियों से तालमेल का कम होना भी वजह हो सकती है। 48.28 प्रतिशत उत्तरदात्रियों ने रात्रि अवधि कार्य (*Night Shift*) की परेशानियों को दर्शाया है, जो उनकी प्रकृति के विपरीत है। अन्य कारण के अन्तर्गत दूरी, निश्चित व निर्धारित समय इत्यादि की समस्या पर 34.48 प्रतिशत उत्तरदात्रियो ने विचार व्यक्त किया है।

अतः अधिकांश 48.28 प्रतिशत उत्तरदात्रियों ने नाइट शिफ्ट की बाध्यता स्वीकार की है। न्यूनतम 7.76 प्रतिशत उत्तरदात्रियों ने सहयोगियों से सामंजस्य कम होने से कार्य की दशा का स्वयं की प्रकृति से विपरीत बताया है।

आय का कितना भाग खर्च करने का अधिकार रखती हैं ?–

राकेश कुमार ने लिखा है कि "यदि महिलाएँ अर्थोपार्जन में संलग्न हों तो वेतन खर्च पर पूर्ण स्वामित्व कुछ ही परिवारों में संभव होता है, क्योंकि वेतन खर्च पर दबाव बना रहता है। दबाव कुछ परिवारों में कम होता है तो कुछ परिवारों में अधिक होता है।"[5] परिवार की आवश्यकता के अनुसार उस पर दबाव बनाया जाता है कि वेतन का कितना भाग कहाँ और कैसे खर्च करना है।

सारणी संख्या 5

क्रम	*आवृत्ति*	*प्रतिशत*
पूर्ण वेतन	120	40.00
आंशिक वेतन	79	26.33
बहुत कम भाग	68	22.67
बिल्कुल नहीं	33	11.00
योग	300	100.00

प्रस्तुत सारणी संख्या–5 के अवलोकन से स्पष्ट होता है कि 40 प्रतिशत उत्तरदात्रियाँ पूर्ण वेतन खर्च करने का अधिकार रखती हैं। 26.33 प्रतिशत उत्तरदात्रियों ने आंशिक वेतन ही खर्च करने का अधिकार बताया। 22.67 प्रतिशत उत्तरदात्रियों ने कहा कि वे बहुत कम भाग ही खर्च कर पाती हैं। 11 प्रतिशत उत्तरदात्रियों ने बिल्कुल खर्च न करने की बात स्वीकार की है।

अतः अधिकांश 40 प्रतिशत उत्तरदात्रियों ने पूर्ण वेतन खर्च करने का अधिकार बताया। न्यूनतम 11 प्रतिशत उत्तरदात्रियों ने बिल्कुल खर्च न करने पर अपना उत्तर दिया।

कार्यों के निष्पादन में सहयोगियों से सहयोग लेना–

समाज में व्यक्ति कभी भी अकेला हो कर कोई काम नहीं कर सकता है। उसे दूसरे लोगों के सहयोग की आवश्यकता होती है। आर. के. राघवन के अनुसार, "नौकरी या व्यवसाय में सामूहिक अन्तःक्रिया की आवश्यकता होती है, क्योंकि लक्ष्य पर सामूहिक अधिकार होता है। उसे पूरा करने में जो समय व श्रम लगता है, वह सहयोग से सरल हो जाता है।"[6]

सारणी संख्या–6

क्रम	*आवृत्ति*	*प्रतिशत*
अक्सर	48	16.00
कभी–कभी	114	38.00
आवश्यकतानुसार	126	42.00
कभी नहीं	12	4.00
योग	300	100.00

प्रस्तुत सारणी संख्या–6 के अवलोकन से स्पष्ट होता है कि 16 प्रतिशत उत्तरदात्रियों का मानना है कि वे प्रायः सहयोगियों से सहयोग लेती हैं। 38 प्रतिशत उत्तरदात्रियों का कहना है कि वे कभी–कभी सहयोगियों का सहयोग लेती हैं। जबकि 42 प्रतिशत उत्तरदात्रियों ने आवश्यकतानुसार सहयोग लेना स्वीकार किया है, परन्तु चार प्रतिशत उत्तरदात्रियों ने कहा है कि वो अपने काम से मतलब रखती हैं। सहयोग के इंतजार में कभी नहीं रहती हैं।

अतः अधिकांश 42 प्रतिशत उत्तरदात्रियाँ आवश्यकतानुसार सहयोगियों से मदद लेती हैं। न्यूनतम चार प्रतिशत उत्तरदात्रियाँ बिना सहयोग का इन्तजार किये अपने कार्य पर ध्यान देती हैं।

अन्य व्यक्तियों के साथ स्वयं के व्यवहार–

व्यक्ति जहाँ कार्य करता है वहाँ उसे सामंजस्य बनाये रखना पड़ता है, क्योंकि सदैव एक–दूसरे का सामना होता ही रहता है। तब जान–पहचान बन जाती है। यद्यपि समय–असमय उसे सहयोग की आवश्यकता पड़ ही जाती है। व्यक्ति सदैव अन्तःक्रियाओं के आधार पर ही जीवन व्यतीत करता है। कार्य–आयोजन में अधिकारियों से लेकर मित्रों तक से सामंजस्य रखना भी व्यक्ति की प्रकृति व गुण पर

निर्भर करता है। *गृह शोभा* पत्रिका लिखता है–"कॉल सेंटर के कार्य पद्धति मे कार्य आयोजितों के मध्य व अधिकारियों के मध्य व्यवहारों का प्रस्तुतिकरण सामंजस्य को बनाये रखता है।"[7]

(क) उच्च अधिकारियों से

सारणी संख्या 7

क्रम	*आवृत्ति*	*प्रतिशत*
अच्छ	164	54.67
सामान्य	114	38.00
खराब	22	7.33
योग	300	100.00

प्रस्तुत सारणी संख्या–7 के अवलोकन से स्पष्ट होता है कि 54.67 प्रतिशत उत्तरदात्रियाँ यह मानती हैं कि उनके उच्च अधिकारियों से बड़े अच्छे व्यवहार बने हैं, जबकि 38 प्रतिशत उत्तरदात्रियों का विचार है कि संबन्ध व व्यवहार सामान्य हो तो प्रत्येक कार्य में मदद भी मिल जाती है और असुविधा भी नहीं होती है। परन्तु 7.33 प्रतिशत उत्तरदात्रियों का मत है कि उनका व्यवहार अधिकारियों से बनता नहीं है, क्योंकि वे अधिक कार्य सौंप देते हैं।

अतः अधिकांश 54.67 प्रतिशत उत्तरदात्रियाँ हैं, जिनके उच्च अधिकारियों से अच्छे संबन्ध हैं। न्यूनतम 7.33 प्रतिशत उत्तरदात्रियों का मानना है कि उनका व्यवहार अधिकारियों से नहीं बनता है।

(ख) सहयोगियों से

सारणी संख्या 8

क्रम	*आवृत्ति*	*प्रतिशत*
अच्छे	190	63.33
सामान्य	84	28.00
खराब	26	8.67
योग	300	100.00

प्रस्तुत सारणी संख्या–8 के अवलोकन से स्पष्ट होता है कि 63.33 प्रतिशत उत्तरदात्रियों का विचार है कि उनका सहयोगियों के साथ अच्छा व्यवहार है। 28 प्रतिशत उत्तरदात्रियों का मानना है कि उनका व्यवहार सहयोगियों के साथ सामान्य स्तर का होता है, परन्तु 8.67 प्रतिशत उत्तरदात्रियों ने स्वीकार किया कि सहयोगियों के साथ उनका व्यवहार खराब है, क्योंकि सहयोगी भी उनके साथ वैसा ही व्यवहार करते हैं।

अतः अधिकांश 63.33 प्रतिशत उत्तरदात्रियाँ हैं, जिनका व्यवहार सहयोगियों के साथ अच्छा है। न्यूनतम 8.67 प्रतिशत उत्तरदात्रियों ने कहा कि उनका व्यवहार सहयोगियों के साथ अच्छा नहीं है।

क्षमता व योग्यता के अनुरूप कम वेतन का मिलना–

वेतन के प्रति कभी भी व्यक्ति संतुष्ट नहीं होता है; क्योंकि व्यक्ति की आवश्यकताएँ असीमित होती हैं। कुछ नौकरियाँ ऐसी होती हैं कि वेतन का स्तर योग्यता व क्षमता पर निर्भर होता है। *आई नेक्स्ट* (समाचार पत्रिका) लिखता है–"कॉल सेंटर की नौकरी भी उनमें से एक है। टेली कॉलर सदैव अपने को अच्छा सिद्ध करने का प्रयास

करते रहते हैं। इस कारण वहाँ के कर्मचारियों को सन्तुष्टि अनुभव नहीं होती है।"[8]

सारणी संख्या 9

क्रम	*आवृत्ति*	*प्रतिशत*
हाँ	178	59.33
नहीं	48	16.00
शायद	60	20.00
कह नहीं सकते	24	4.67
योग	300	100.00

उपरोक्त सारणी संख्या–9 के अवलोकन से स्पष्ट होता है कि 59.33 प्रतिशत उत्तरदात्रियों का कहना है कि ऐसा लगता है कि उनका वेतन क्षमता व योग्यता के अनुसार कम है। 16 प्रतिशत उत्तरदात्रियों को ऐसा नहीं लगता है। परन्तु 20 प्रतिशत उत्तरदात्रियों को लगता है कि शायद ऐसा है भी या नहीं। 4.67 प्रतिशत उत्तरदात्रियों ने कुछ भी कहने से इनकार कर दिया है।

अतः अधिकांश 59.33 प्रतिशत उत्तरदात्रियों ने सकारात्मक उत्तर दिया है। न्यूनतम 4.67 प्रतिशत उत्तरदात्रियों ने कुछ भी कहने से इन्कार कर दिया है।

स्त्रियों को पुरूषों के समान अवसर मिलने पर भी उच्च पदों पर उनकी नियुक्तियाँ अवरुद्ध की जाती हैं?

सरला महेश्वरी के शब्दों में, "प्रायः कर्मचारियों के बीच आपस में तुलनात्मक व्यवहार पाया जाता है। लैंगिक आधार पर तो यह व्यवहार

कहीं–कहीं स्पष्ट रूप से उभर कर सामने आ जाता है।"[9] यही कारण है कि लैंगिक विभेदता व समानता स्वयं में एक समस्या बनी हुई है।

सारणी संख्या 10

क्रम	*आवृत्ति*	*प्रतिशत*
हाँ	93	31.00
नहीं	141	47.00
शायद	45	15.00
कह नहीं सकते	21	7.00
योग	300	100.00

प्रस्तुत सारणी संख्या–10 के अवलोकन से स्पष्ट होता है कि 31 प्रतिशत उत्तरदात्रियों को लगता है कि स्त्रियों को समान अवसर मिलने पर भी उच्च पदों पर उनकी नियुक्तियाँ अवरुद्ध की जाती हैं। लेकिन 47 प्रतिशत उत्तरदात्रियों को ऐसा नहीं लगता है। परन्तु 15 प्रतिशत उत्तरदात्रियों को लगता है कि शायद ही ऐसा है, लेकिन कुछ निश्चित कहा नहीं जा सकता। जबकि सात प्रतिशत उत्तरदात्रियों ने इस विषय पर कुछ भी कहने से मना कर दिया है।

अतः अधिकांश 47 प्रतिशत उत्तरदात्रियों ने नकारात्मक उत्तर दिया। लेकिन न्यूनतम सात प्रतिशत उत्तरदात्रियों ने कुछ भी कहने से इनकार कर दिया।

पुरूषों की तुलना में महिलाओं को अधिक दण्ड मिलता है का विचार–

कार्य– आयोजन में एक ओर अधिक कार्य व दूसरी ओर निश्चित समय में निपटाने को लेकर कर्मचारी सदैव असहजता अनुभव करते

हैं। प्रायः हल्की डाँट व उपेक्षात्मक व्यवहार को भी कर्मचारी यह मानकर चलते हैं कि उनको दण्ड दिया जा रहा है, परन्तु इस तथ्य पर लैंगिक आधारों पर विचारों में अन्तर पाया जाता है। कुछ जगह कार्यों को ठीक समय पर न करने व देर से आने, ज्यादा बातें करने इत्यादि के कारण कुछ हल्के–फुल्के दण्ड भी मिलते हैं।

सारणी संख्या 11

क्रम	*आवृत्ति*	*प्रतिशत*
हाँ	60	20.00
नहीं	194	64.67
शायद	22	7.33
कह नहीं सकते	24	8.00
योग	300	100.00

प्रस्तुत सारणी संख्या–11 के अवलोकन से स्पष्ट होता है कि 20 प्रतिशत उत्तरदात्रियों का मानना है कि पुरूषों की तुलना में महिलाओं को ज्यादा दण्ड मिलता है। 64.67 प्रतिशत उत्तरदात्रियों का कहना है कि ज्यादा दण्ड नहीं मिलता है, दण्ड बराबर मिलता है, क्योंकि दण्ड सबके लिए सामान्य होता है। 7.33 प्रतिशत उत्तरदात्रियों ने कहा कि शायद ऐसा ही होता है और नहीं भी। लेकिन आठ प्रतिशत उत्तरदात्रियों का कहना यह भी है कि वो इस पर कुछ कह नहीं सकती हैं।

अतः अधिकांश 64.67 प्रतिशत उत्तरदात्रियों ने नहीं में उत्तर दिया है। न्यूनतम 7.33 प्रतिशत उत्तरदात्रियों ने शायद में उत्तर दिया है।

पुरूष सहकर्मी महिलाओं को उपेक्षा से देखते हैं; ऐसा अनुभव किया है ?

एम. एल. नैरासाइन ने अभिव्क्त किया है कि–"कभी–कभी यह देखा गया है कि एक ही कार्य करने वाले लैंगिक आधार पर अलग–अलग व्यवहार करते हैं। जिससे आपस में उपेक्षा का भाव महसूस होता है। वे कार्य तो एक साथ ही करते हैं, परन्तु कहीं न कहीं तो लैंगिकता के प्रति भावनाएँ सामान्य नहीं हो पाती हैं। वैसे तो कार्य सहयोग से ही पूरा होता है, लेकिन आपसी लैंगिक भेद की भावनाओं को अस्वीकार नहीं किया जा सकता है।"[10]

सारणी संख्या 12

क्रम	*आवृत्ति*	*प्रतिशत*
अक्सर	32	10.67
कभी–कभी	74	24.67
कभी नहीं	131	43.67
कह नहीं सकते	63	21.00
योग	300	100.00

प्रस्तुत सारणी संख्या–12 के अवलोकन से स्पष्ट होता है कि 10.67 प्रतिशत उत्तरदात्रियाँ यह मानती हैं कि उन्हें अक्सर ही उपेक्षाओं का सामना करना पड़ता है। 24.67 प्रतिशत उत्तरदात्रियों का यह कहना है कि कभी–कभी उनको लैंगिक विभेद व उससे उपेक्षा का भाव महसूस होता है। जबकि 43.67 प्रतिशत उत्तरदात्रियों का कहना है कि उनको ऐसा कभी भी महसूस नहीं होता है। लेकिन 21 प्रतिशत उत्तरदात्रियों ने तो कुछ भी कहने से इनकार कर दिया है।

अतः अधिकांश 43.67 प्रतिशत उत्तरदात्रियों ने ऐसा कभी भी

महसूस नहीं होने में उत्तर दिया तथा न्यूनतम 10.67 प्रतिशत उत्तरदात्रियों ने अक्सर ऐसा ही महसूस होता है में उत्तर दिया है।

कोई गलती होने पर किसी प्रकार की असुविधा उठाती हैं?

बेला रानी शर्मा के अनुसार, "कार्यस्थल पर यदि कोई गलती हो जाती है या कमी रह जाती है तो कार्य में संलग्न व्यक्ति को हो सकता है कि किन्हीं असुविधाओं या दण्ड का समना करना पड़े।"[11] जैसे– डाँट पड़ सकती है, फाइन भरनी पड़ सकती है, कुछ ज्यादा कार्य करना पड़ सकता है, सस्पेंड हो सकता है या कुछ दूसरी सजा भी मिल सकती है। अतः नियमबद्ध कार्य में अत्यन्त सावधानी रखनी पड़ सकती है।

सारणी संख्या 13

क्रम	*आवृत्ति*	*प्रतिशत*
केवल डाँटना	186	62.00
निलम्बित होना	38	12.67
वेतन वृद्धि रोकना	22	7.33
पदोन्नति को रोकना	24	8.00
अन्य	30	10.00
योग	300	100.00

प्रस्तुत सारणी संख्या–13 के अवलोकन से स्पष्ट होता है कि 62 प्रतिशत उत्तरदात्रियों का मानना है कि गलती छोटी होती है तो डाँट अवश्य खानी पड़ती है। 12.67 प्रतिशत उत्तरदात्रियों ने निलम्बित होने तक की बात स्वीकार की है। 7.33 प्रतिशत उत्तरदात्रियों ने वेतन वृद्धि रोकने की बात कही है। आठ प्रतिशत उत्तरदात्रियों का कहना है कि

इससे पदोन्नति पर विपरीत प्रभाव पड़ता है। जबकि 10 प्रतिशत उत्तरदात्रियों का कहना है कि अन्य असुविधा के अन्तर्गत, जैसे– ज्यादा कार्य व फाइन भरना (आर्थिक दण्ड) भी हो सकता है।

अतः अधिकांष 62 प्रतिशत उत्तरदात्रियों ने केवल डाँट खाने की बात की है। न्यूनतम 7.33 प्रतिशत उत्तरदात्रियों ने वेतन वृद्धि रोकने की बात स्वीकार की है।

वर्तमान कार्य–आयोजन में बनी रहना चाहती हैं?

कार्य का वातावरण व उसकी प्रकृति के साथ–साथ कार्य में संलग्न व्यक्ति की स्थिति पर यह निर्धारित होता है कि व्यक्ति कितने दिनों तक कार्य कर सकता है? क्योंकि व्यक्ति अपनी परिस्थितियों के अनुसार अपनी आवश्यकताओं को पूरा करने के लिए कार्य करता है। यदि आवश्यकताओं की पूर्ति न हो व अन्य विकल्प सामने आ जायें तो हो सकता है कि वर्तमान कार्य–आयोजन में न बना रहे व उससे विरत हो जाये।

सारणी संख्या 14

क्रम	*आवृत्ति*	*प्रतिशत*
हाँ	134	44.67
नहीं	93	31.66
शायद	26	8.67
कह नहीं सकते	45	15.00
योग	300	100.01

प्रस्तुत सारणी संख्या–14 के अवलोकन से स्पष्ट होता है कि 44.67 प्रतिशत उत्तरदात्रियों का कहना है कि वो कार्य में बनी रहना चाहती हैं। 31.66 प्रतिशत उत्तरदात्रियों का मानना है कि वो कार्योजन

में नहीं बनी रहना चाहती हैं। परन्तु 8.67 प्रतिशत उत्तरदात्रियों ने कहा कि यह विकल्प पर निर्भर है, शायद अलग भी होना पड़े या नहीं भी। 15 प्रतिशत उत्तरदात्रियों का कहना है कि आने वाला समय निश्चित नहीं होता है। इसलिए कुछ कह नहीं सकती हैं।

अतः अधिकांश 44.67 प्रतिशत उत्तरदात्रियों ने हाँ में उत्तर दिया है। न्यूनतम 8.67 प्रतिशत उत्तरदात्रियो ने शायद कहा है।

भाषा हिन्दी और अंग्रेजी दोनों है; तब तनाव किसमें ज्यादा होता है?

कैलीया एनजी और स्वास्ति मीटर ने लिखा हैं कि "जैसा कि इस कार्य में अंग्रेजी भाषा आवश्यक होती है। लेकिन हिन्दी भाषा की भी आवश्यकता पड़ती है। यह व्यक्ति पर निर्भर करता है कि उसे सरलता किसमें होती है। परन्तु बोलनी तो दोनों ही भाषा पड़ती है। लगातार बोलना व एक ही भाषा बोलना या दोनों भाषाओं का प्रयोग करना तथा ऐसा रोज–रोज करना, यह कभी–कभी तनाव भी उत्पन्न करता है। समय रहते अगर ध्यान न दिया जाये तो धीरे–धीरे गम्भीर बीमारियों में बदल जाती है।"[12]

सारणी संख्या 15

क्रम	*आवृत्ति*	*प्रतिशत*
हिन्दी में	43	14.33
अंग्रेजी में	119	39.67
हिन्दी व अंग्रेजी के मिश्रण में	57	19.00
अन्य भाषाओं में	81	27.00
योग	300	100.00

प्रस्तुत सारणी संख्या–15 के अवलोकन से स्पष्ट होता है कि 14.33 प्रतिशत उत्तरदात्रियों का कहना है कि हिन्दी भाषा में शुद्धता हो तो तनाव होने लगता है, जबकि 39.67 प्रतिशत उत्तरदात्रियों का कहना है कि अंग्रेजी भाषा में तनाव होता है, क्योंकि विदेशों से आयी कॉल को समझना व उत्तर देना दोनों में बहुत सावधानी रखनी पड़ती है। 19 प्रतिशत उत्तरदात्रियों ने कहा है कि हिन्दी व अंग्रेजी के मिश्रण को ध्यान में रख कर उत्तर देने में तनाव होता है। परन्तु 27 प्रतिशत उत्तरदात्रियों का मानना है कि हिन्दी व अंग्रेजी से ज्यादा कठिनाई अन्य भाषा को समझने में होती है। उससे उनको ज्यादा तनाव होता है।

अतः अधिकांष 39.67 प्रतिशत उत्तरदात्रियों ने अंग्रेजी भाषा का तनाव माना है। न्यूनतम 19 प्रतिशत उत्तरदात्रियों ने हिन्दी व अंग्रेजी मिश्रित भाषा के प्रयोग में तनाव को बताया है।

उपभोक्ता अश्लील एवं आपत्तिजनक बातें भी करते हैं?

आलोक कुमार राय लिखतें हैं कि "यदि उपभोक्ता फोन लाइन पर हो तो साहस बढ़ जाता है; क्योंकि सामने न होने व प्रतिक्रिया न देखने की सम्भावना पूरी बनी रहती है। उपभोक्ता द्वितीयक स्रोत के आधार पर अश्लील एवं आपत्तिजनक बातें भी करते हैं।"[13] मनुष्य का व्यवहार लचीला होता है क्योंकि वह परिस्थितियों को अपने पक्ष में करने का क्षमता व साहस रखता है। अतः व्यवहारों में उतार–चढ़ाव का पाया जाना संभव है।

सारणी संख्या 16

क्रम	*आवृत्ति*	*प्रतिशत*
हाँ	108	34.00
नहीं	288	66.00
योग	300	100.00

प्रस्तुत सारणी संख्या–16 के अवलोकन से स्पष्ट होता है कि 34 प्रतिशत उत्तरदात्रियों ने माना है कि उपभोक्ता अश्लील एवं आपत्तिजनक बातें करते हैं। लेकिन 66 प्रतिशत उत्तरदात्रियों ने कहा कि ऐसा नहीं है।

उपभोक्ता द्वारा हँसी–मजाक व मित्रतापूर्ण ढंग से बात करने पर स्वयं का व्यवहार

दैनिक जागरण (समाचार पत्र) लिखता है–"उपभोक्ता शिकायत दर्ज करते समय थोड़ी हँसी–मजाक की भी बातें करते हैं। यदि अवसर मिले व उस पर प्रतिक्रिया साधारण हो। बातचीत में साधारण पहचान भी हो जाती है। बार–बार कॉल करने व शिकायत दर्ज करने पर बातचीत का सिलसिला कुछ अधिक हो जाता है। इससे यह भी निर्धारित होता है कि कॉल ग्रहण करने वाले का व्यवहार कैसा है?"[14]

सारणी संख्या 17

क्रम	आवृत्ति	प्रतिशत
प्रसन्नतापूर्ण ढंग से बात करती हैं	122	40.67
आप भी हँसी–मजाक करती हैं	25	8.33
उपभोक्ता के व्यवहार की उपेक्षा करती हैं	102	34.00
गुस्सा करती हैं, डाँट देती हैं	51	17.00
योग	300	100.00

प्रस्तुत सारणी संख्या–17 के अवलोकन से स्पष्ट होता है कि 40.67 प्रतिशत उत्तरदात्रियों का मानना है कि वे भी प्रसन्नतापूर्ण ढंग से बात करती हैं। 8.33 प्रतिशत उत्तरदात्रियों का मानना है कि थोड़ा–बहुत हँसी–मजाक वो भी उपभोक्ताओं से कर लेती हैं। 34 प्रतिशत उत्तरदात्रियों का मानना है कि वे उपभोक्ताओं के हँसी–मजाक की उपेक्षा कर केवल काम पर ध्यान रखती हैं। जबकि 17 प्रतिशत

उत्तरदात्रियों ने कहा कि उपभोक्ताओं के ऐसे व्यवहार पर उन्हें गुस्सा आता है और वे उन्हें डाँट देती हैं।

अतः अधिकांश 40.67 प्रतिशत उत्तरदात्रियों ने प्रसन्नतापूर्ण ढंग से बात करने को स्वीकार किया है। न्यूनतम 8.33 प्रतिशत उत्तरदात्रियों ने हँसी–मजाक की बात भी स्वीकार की है।

उग्र (गुस्सैल) स्वभाव के उपभोक्ताओं से बात करने पर अनुभव

पलल्वी श्रीवास्तव के अनुसार, "कभी–कभी उपभोक्ता किन्हीं कारणों से गुस्सा हो जाता है। यदि उस स्थिति में उपभोक्ता बात करता है तो उग्र रूप से बात करता है। उग्र उपभोक्ता सहज व साधारण प्रतिक्रिया पर भी गुस्सा प्रकट करता है। कॉल ग्रहण करने वाले टेली कॉलर्स भी असहजता महसूस करने लगते हैं और जल्द–से–जल्द बात खत्म करना चाहते हैं।"[15]

सारणी संख्या 18

क्रम	*आवृत्ति*	*प्रतिशत*
अवसाद होना	18	6.00
शान्तिपूर्ण ढंग से बात करना	246	82.00
सुपरवाईजर से शिकायत करना	24	8.00
घबड़ाहट होना	12	4.00
योग	300	100.00

प्रस्तुत सारणी संख्या–18 के अवलोकन से स्पष्ट होता है कि 6 प्रतिशत उत्तरदात्रियाँ यह मानती हैं कि उग्र स्वभाव के उपभोक्ताओं से बात करने पर अवसाद महसूस होता है। जबकि 82 प्रतिशत उत्तरदात्रियाँ

यह कहती हैं कि उग्र स्वभाव के उपभोक्ताओं से शान्तिपूर्ण ढंग से बात करती हैं, जिससे कि उपभोक्ताओं की समस्या को समझ कर निदान किया जा सके। आठ प्रतिशत उत्तरदात्रियाँ यह कहती हैं कि वह उनकी शिकायत सुपरवाईजर से करती हैं। चार प्रतिशत उत्तरदात्रियों का यह भी मानना है कि उपभोक्ता द्वारा ज्यादा गुस्सा प्रकट करने पर उन्हें घबड़ाहट भी होने लगती है।

अतः अधिकांश 82 प्रतिशत उत्तरदात्रियाँ ऐसी हैं, जो उग्र स्वभाव के ग्राहकों (उपभोक्ताओं) से शान्ति से बात करती हैं। न्यूनतम चार प्रतिशत उत्तरदात्रियाँ उग्र स्वभाव के ग्राहकों से बात करने पर घबड़ाहट महसूस करती हैं।

अधिकारी, पुरूष सहकर्मी की तुलना में आपसे अधिक श्रम (ओवर टाइम) लेते हैं?

यह कर्मचारी का कर्त्तव्य होता है कि वह कार्य के दौरान कार्यों को निष्ठा के साथ पूरा करे। परन्तु इसमें भी कुछ जगह लैंगिक भिन्नता का आधार प्रदर्शित होता है और कुछ जगह नहीं भी। कार्यों का निष्पादन कर्मी के स्वभाव पर निर्भर होता है। सरल स्वभाव के कर्मी साधारण आग्रह पर भी निश्चित कार्य से ज्यादा कर देते हैं। मनोविज्ञान के अनुसार, महिलाओं का स्वभाव सरल होता है, इसलिए साधारण आग्रह पर भी उनसे अधिक श्रम लेना सम्भव होता है। कुमुदा त्रिपाठी ने स्पष्ट किया हैं कि "कॉल सेन्टर का कार्य भी उपभोक्ताओं की शिकायत, आग्रह व प्रार्थना पर आधारित होता है। अतः सरल व्यवहार के प्रस्तुतिकरण के दृष्टिकोण से इस क्षेत्र में महिलाओं के लिए आपार संभावनाएँ व्याप्त हैं।"[16]

सारणी संख्या 19

क्रम	*आवृत्ति*	*प्रतिशत*
अक्सर	24	8.00
कभी–कभी	53	17.67
आवश्यकतानुसार	24	8.00
कभी नहीं	178	59.33
कह नहीं सकते	21	7.00
योग	300	100.00

प्रस्तुत सारणी संख्या–19 के अवलोकन से स्पष्ट होता है कि आठ प्रतिशत उत्तरदात्रियों का मानना है कि अक्सर उनसे अधिक श्रम लिया जाता है। 17.67 प्रतिशत उत्तरदात्रियों का कहना है कि कभी–कभी उनको अधिक श्रम (ओवर टाइम) करना पड़ता है। आठ प्रतिशत उत्तरदात्रियों का कहना है कि आवश्यकतानुसार ही उनको अधिक श्रम करना पड़ता है। 59.33 प्रतिशत उत्तरदात्रियों का मानना है कि पुरूष सहकर्मी की तुलना में उनसे अधिक श्रम कभी नहीं लिया जाता। सात प्रतिशत उत्तरदात्रियों ने इस विषय पर कुछ भी कहने से इंकार कर दिया है।

अतः अधिकांश 59.33 प्रतिशत उत्तरदात्रियों ने पुरूष सहकर्मियों की तुलना में अधिक श्रम से इनकार कर दिया है, परन्तु न्यूनतम सात प्रतिशत उत्तरदात्रियों ने कुछ भी कहने से इनकार कर दिया है।

अधिक श्रम या अतिरिक्त श्रम (ओवर टाईम) लेने पर वेतन वृद्धि पर प्रभाव

कोई भी कर्मी अधिक श्रम या अतिरिक्त श्रम (*Over Time*) सिर्फ दो कारणों से करता है। पहला, अधिकारी की इच्छा या दबाव होता है। दूसरा, कर्मचारी की आवश्यकताएँ उसके वेतन की तुलना में

अधिक होती हैं, जिसको पूरा करने के लिए उसे अधिक कार्य कर अधिक पूँजी जुटानी होती है। यदि अधिकारी की इच्छा से अधिक श्रम करना पड़ता है तो वेतन में वृद्धि होगी या नहीं, कहना कठिन होता है। अनील अग्रवाल के शब्दों में "कॉल सेंटर के कार्य प्रणाली में रात्रि अवधि कार्य एवं अधिक श्रम की सुविधा मिल जाती हैं।"[17]

सारणी संख्या–20

क्रम	*आवृत्ति*	*प्रतिशत*
थोड़ा–बहुत	68	22.67
आवश्यकतानुसार	36	12.00
बिल्कुल नहीं	93	31.00
कह नहीं सकते	103	34.33
योग	300	100.00

प्रस्तुत सारणी संख्या–20 के अवलोकन से स्पष्ट होता है कि 22.67 प्रतिशत उत्तरदात्रियों का कहना है कि थोड़ा–बहुत तो वेतन वृद्धि पर प्रभाव पड़ता ही है। 12 प्रतिशत उत्तरदात्रियों का मानना है कि आवश्यकतानुसार संस्था द्वारा अतिरिक्त श्रम (ओवर टाईम) पर वेतन वृद्धि कर दी जाती है। 31 प्रतिशत उत्तरदात्रियों का मानना है कि अधिकारी के आदेशानुसार अधिक श्रम निष्पादन पर भी वेतन वृद्धि बिल्कुल नहीं होती। 34.33 प्रतिशत उत्तरदात्रियों का कहना है कि उनको इस विषय पर कुछ भी कहना नहीं है।

अतः अधिकांश 34.33 प्रतिशत उत्तरदात्रियों ने इस विषय पर कुछ भी कहने से इनकार कर दिया है। परन्तु न्यूनतम 12 प्रतिशत उत्तरदात्रियों ने आवश्यकतानुसार अधिक श्रम पर वेतन वृद्धि की बात को स्वीकार किया है।

कार्य को नियमित समय पर पूरा करने के लिए नियंत्रण व निगरानी का स्तर अत्यन्त कठिन (कड़ा) होता है–

अनु पाण्डे और प्रीति सिंह के अनुसार, "टेली कॉलिंग व्यवसाय में कर्मचारियों के ऊपर सुपरवाईजर का नियंत्रण होना होता है। जिससे कार्य सही व सुचारु रूप से संचालित हो। नियंत्रण भी नियम का एक हिस्सा होता है। अर्थात् सही नियंत्रण समाज में हर तरफ होना चाहिए। श्रम एक ऐसा पहलू है; जिससे हर कर्मचारी थोड़ा–बहुत इधर–उधर करके समय निकालना चाहता है। थोड़ा आराम करना चाहता है या आराम से कार्य करना चाहता है। अतः ऐसा माना जाता है कि सही नियंत्रण में कार्य निश्चित समय में सावधानी के साथ पूरा हो जाता है।"[18]

सारणी संख्या 21

क्रम	*आवृत्ति*	*प्रतिशत*
सत्य है	47	15.67
असत्य है	103	34.33
आवश्यकतानुसार	69	23.00
कुछ कहा नहीं जा सकता	81	27.00
योग	300	100.00

प्रस्तुत सारणी संख्या–21 के अवलोकन से स्पष्ट होता है कि 15.67 प्रतिशत उत्तरदात्रियों का मानना है कि कार्यस्थल पर नियंत्रण व निगरानी का स्तर कड़ा होता है। 34.33 प्रतिशत उत्तरदात्रियों का मानना है कि कार्य पहले से निश्चित रहता है तो नियंत्रण की आवश्यकता ही नहीं होती है। 23 प्रतिशत उत्तरदात्रियों का मानना है कि कार्यों पर नियंत्रण आवश्यकतानुसार ही होता है, उससे ज्यादा नहीं। 27 प्रतिशत उत्तरदात्रियों ने इस पर कुछ भी कहने से इंकार कर दिया।

अतः अधिकांश 34.33 प्रतिशत उत्तरदात्रियों ने असत्य कहा है। न्यूनतम 15.67 प्रतिशत उत्तरदात्रियों ने इस पर सत्य कहा है।

कार्य को निश्चित समय पर पूरा करने के प्रति सुपरवाईजर के दबाव का प्रभाव–

विवियन हन्ट ने लिखा हैं, "प्रत्येक टेली कॉलिंग संस्था का कार्य एक निश्चित समय के लिए होता है। कार्य को निश्चित समय पर पूरा करना पड़ता है। कार्य निश्चित समय पर समाप्त हो, इसके लिए सुपरवाईजर का अवलोकन अनिवार्य होता है। सुपरवाईजर का कार्य है कि दबावपूर्ण या समझा–बुझा कर किसी भी तरह से कार्य को समय पर खत्म कराए। अतः सुपरवाईजर का दबाव बनाना तय होता है। इस दबाव पर कर्मचारियों की प्रतिक्रिया भी होती है।"[19] कुछ सहज स्वीकार कर लेते हैं और कुछ असहज भी महसूस करते हैं।

सारणी संख्या 22

क्रम	*आवृत्ति*	*प्रतिशत*
गुस्सा होना	45	15.00
चुपचाप कार्य करना	165	55.00
बहाने बनाकर कार्य के दौरान थोड़ा आराम करना	46	15.33
चापलूसी करके सुपरवाईजर को अपने पक्ष में रखना	44	14.67
योग	300	100.00

प्रस्तुत सारणी संख्या–**22** के अवलोकन से स्पष्ट होता है कि 15 प्रतिशत उत्तरदात्रियों का कहना है कि सुपरवाईजर के दबाव

पर उनको गुस्सा आता है। 55 प्रतिशत उत्तरदात्रियों ने स्वीकार किया है कि सुपरवाईजर के दबाव में भी वो चुपचाप कार्य करती हैं, जबकि 15.77 प्रतिशत उत्तरदात्रियों ने कहा है कि सुपरवाईजर से बहाने बनाकर थोड़ा आराम मिल जाता है और दबावपूर्ण व्यवहार से बच जाते हैं। 14.67 प्रतिशत उत्तरदात्रियों ने स्वीकार किया कि वो सुपरवाईजर को चापलूसी से अपने पक्ष में रखती हैं और दबाव से बच जाती हैं।

अतः अधिकांश 55 प्रतिशत उत्तरदात्रियों ने दबाव में भी चुपचाप कार्य पर बने रहने की बात को स्वीकार करती हैं तथा न्यूनतम 14.67 प्रतिशत उत्तरदात्रियाँ दबाव से बचे रहने के लिए चापलूसी की बात को भी स्वीकार करती हैं।

टेली कॉलिंग व्यवसाय में रात–दिन (24 x 7) का नियमित सामंजस्य नहीं होने के कारण अनुभव

फिलीप जेनिंग लिखते हैं कि–"कॉल सेंटर का व्यवसाय (कार्य) चौबीस घण्टों का होता है। कर्मचारी का कार्य शिफ्ट में (समय–सारिणी) बँटा रहता है। यदि रात की शिफ्ट अथवा अवधि होती है तो पूरी दिनचर्या बदलनी पड़ती है। अतः परेशानियों का अनुभव स्वाभाविक होता है।"[20] यह नियम सबके लिए होता है और उसका अनुपालन सबको करना पड़ता हैं।

सारणी संख्या 23

क्रम	*आवृत्ति*	*प्रतिशत*
थोड़ा तनाव	45	15
थोड़ी थकान	33	11
अत्यन्त तनाव व थकान	81	27
कभी–कभी तनाव व थकान	141	47
योग	300	100.00

प्रस्तुत सारणी संख्या–23 के अवलोकन से यह स्पष्ट होता है कि 15 प्रतिशत उत्तरदात्रियों का यह मानना है कि वो रात–दिन का नियमित सामंजस्य न होने के कारण थोड़ा तनाव महसूस करती हैं। 11 प्रतिशत उत्तरदात्रिया यह मानती हैं कि वो थोड़ी थकान ही महसूस करती हैं। 27 प्रतिशत उत्तरदात्रियों का मानना है कि उन्हें अत्यन्त तनाव व थकान का अनुभव होता है। 47 प्रतिशत उत्तरदात्रियाँ कभी–कभी तनाव व थकान अवश्य ही अनुभव करती हैं।

अतः अधिकांश 47 प्रतिशत उत्तरदात्रियों ने कभी–कभी तनाव व थकान महसूस करने को स्वीकार किया है। न्यूनतम 11 प्रतिशत उत्तरदात्रियों ने केवल थोड़ी थकान अनुभव करने की बात स्वीकार की है।

वास्तविक नाम के स्थान पर पश्चिमी ढंग वाले नाम को दोहरी भूमिका के साथ निभाना पड़ता है?

भास्कर लक्ष्य (पत्रिका) लिखता है कि "द्वितीयक स्रोत के अनुसार, कॉल सेंटर का वातावरण ऐसा होता है, जहाँ टेली कालर्स अपना नाम परिवर्तन कर पश्चिमी ढ़ंग से या कोई अन्य नाम रख कर काम करते हैं। जैसा कि इस व्यवसाय के लिए यह आवश्यक है।"[21]

जिससे व्यक्तिगत रूप से इनको किसी समस्या का सामना न करना पड़े। कॉल सेंटर के बाहर सामान्य जीवन व्यतित कर सकें।

सारणी संख्या 24

क्रम	*आवृत्ति*	*प्रतिशत*
सभी लोग ऐसा करते हैं	92	30.67
केवल कुछ लोग ही ऐसा करते हैं	79	26.33
आवश्यकतानुसार लोग ऐसा करते हैं	60	20.00
कुछ कहा नहीं जा सकता है	69	23.00
योग	300	100.00

प्रस्तुत सारणी संख्या–24 के अवलोकन से स्पष्ट होता है कि 30.67 प्रतिशत उत्तरदात्रियों का मानना है कि सभी लोग पश्चिमी अंदाज में नाम को परिवर्तित करते हैं। 26.33 प्रतिशत उत्तरदात्रियों का मानना है कि केवल कुछ लोग ही नाम परिवर्तित करते हैं। जबकि 20 प्रतिशत उत्तरदात्रियों का मानना है कि आवश्यकतानुसार लोग ऐसा करते हैं, परन्तु 23 प्रतिशत उत्तरदात्रियो का मत है कि इस पर कुछ नहीं कहा जा सकता है।

अतः अधिकांश 30.67 प्रतिशत उत्तरदात्रियों ने नाम परिवर्तन को स्वीकार किया है। न्यूनतम 20 प्रतिशत उत्तरदात्रियों ने माना कि केवल आवश्यकतानुसार ही ऐसा किया जाता है।

टेली कॉलिंग कार्य के दौरान मानसिक अवसाद (तनाव) का शिकार होना

मनुष्य सदैव एक–सा कार्य नहीं करना चाहता है। यदि वह सदैव एक ही कार्य प्रतिदिन करे तो कुछ समय बाद वह उस कार्य के

प्रति नीरस भाव रखने लगता है व तनाव का शिकार रहता है। कार्यों में परिवर्तन व्यक्ति को तनाव से दूर रखता है। क्रस्टिन नारमेन के अनुसार, "कॉल सेंटर जैसे कार्य–प्रणाली में एक ही जगह अधिक समय तक बैठे रह कर एक–सा ही कार्य करते रहने से कभी–कभी कर्ता कार्य के दौरान चिड़चिड़ापन अनुभव करता है और कभी–कभी उसे व्यक्त भी कर देता है।"[22]

सारणी संख्या 25

क्रम	*आवृत्ति*	*प्रतिशत*
सदैव	30	10.00
कभी–कभी	186	62.00
कभी नहीं	36	12.00
कुछ कह नहीं सकते	48	16.00
योग	300	100.00

प्रस्तुत सारणी संख्या–25 के अवलोकन से स्पष्ट होता है कि 10 प्रतिशत उत्तरदात्रियों का मानना है कि एक ही तरह का कार्य करने से सदैव ही तनाव बना रहता है। 62 प्रतिशत उत्तरदात्रियों का मानना है कि कभी–कभी तनाव अवश्य होता है। जबकि 12 प्रतिशत उत्तरदात्रियों ने माना कि तनाव कभी नहीं होता, बल्कि इससे अर्थात् प्रतिदिन एक ही कार्य करने से कार्य–कुशलता बढ़ती है। परन्तु 16 प्रतिशत उत्तरदात्रियों ने कुछ भी कहने से इनकार कर दिया है।

अतः अधिकांश 62 प्रतिशत उत्तरदात्रियों ने कभी–कभी तनाव होने की बात स्वीकार की है। न्यूनतम 10 प्रतिशत उत्तरदात्रियों ने सदैव तनाव में रहने की बात कही है।

यदि रात्रि अवधि (*Night Shift*) में नौकरी होती है तो आने–जाने में कठिनाई होती है?

रिना पटेल लिखती हैं कि, "रात्रि में घर के बाहर काम करना, वह भी महिलाओं के लिए हो तो अत्यन्त कठिन कार्य होता है, क्योंकि आने–जाने में बहुत मुश्किल होती है। महिलाओं को स्वयं भी महसूस होता है कि रात्रि अवधि कार्य (*Night Shift Work*) उनके लिए बहुत कठिन है। परन्तु जैसा कि कॉल सेंटर का नियम होता है तो सभी के लिए होता है। अतः सभी को नियमानुसार ही चलना पड़ता है।"[13]

सारणी संख्या 26

क्रम	*आवृत्ति*	*प्रतिशत*
हाँ	186	62.00
नहीं	114	38.00
योग	300	100.00

प्रस्तुत सारणी संख्या–26 के अवलोकन से स्पष्ट होता है कि अधिकांश 62 प्रतिशत उत्तरदात्रियाँ हैं, जिनको नाईट शिफ्ट में नौकरी में आने–जाने में कठिनाई अनुभव होती है। वहीं न्यूनतम 38 प्रतिशत उत्तरदात्रियाँ हैं, जिनको यह लगता है कि सुविधा अच्छी व संतोषजनक हो तो कोई कठिनाई नहीं होती है।

आने–जाने हेतु उपलब्ध परिवहन (*Cab*) की सुविधा कैसी है ?

भैरव दत्त कुकरेजा ने स्पष्ट किया हैं कि "कॉल सेंटर अपने कर्मचारियों को समय पर लाने व वापस छोड़ने के लिए कैब (*Cab*) की सुविधा रखते हैं, जो कि सही समय से नियमों का पालन करते हैं।"[24]

सारणी संख्या 27

क्रम	आवृत्ति	प्रतिशत
संतुष्ट	75	25.00
आंशिक सन्तुष्ट	81	27.00
असन्तुष्ट	120	40.00
कह नहीं सकते	24	8.00
योग	300	100.00

प्रस्तुत सारणी संख्या–27 के अवलोकन से स्पष्ट होता है कि 25 प्रतिशत उत्तरदात्रियाँ कॉल सेन्टर द्वारा उपलब्ध साधन, जो कि आने–जाने की सुविधा से सन्तुष्ट हैं। 27 प्रतिशत उत्तरदात्रियाँ आंशिक सन्तुष्ट हैं, क्योंकि उनको उसमें असमान्य अनुभव होता है। 40 प्रतिशत उत्तरदात्रियाँ इस सुविधा से असन्तुष्ट हैं। जबकि आठ प्रतिशत उत्तरदात्रियो ने कुछ भी कहने से इनकार कर दिया है।

अतः अधिकांश 40 प्रतिशत उत्तरदात्रिया हैं, जो असन्तुष्ट हैं। न्यूनतम आठ प्रतिशत उत्तरदात्रियों ने इस पर कुछ भी कहने से इनकार कर दिया है।

नियोक्ता टेली कॉलर्स को कार्यों पर रखने व हटाने के मामले में लचीला रूख (नियमहीनता) रखते हैं

जोसेफ मौली के अनुसार, "नियोक्ता कार्य अनुसार व कार्यकर्ता की क्षमतानुसार ही व्यवस्था को बनाये रखते हैं। किन्हीं कमियों के प्रकाश में आने के बाद वे कर्मचारी को हटा देते हैं। परन्तु बिना किसी कारण के ऐसा करना नियमहीनता कहलाता है। लेकिन नियोक्ता व्यवस्था को नियमित बनाये रखने के लिए ऐसा लचीला रूख बनाये रखते हैं।"[25]

सारणी संख्या 28

क्रम	*आवृत्ति*	*प्रतिशत*
हाँ	180	60.00
नहीं	120	40.00
योग	300	100.00

प्रस्तुत सारणी संख्या–28 के अवलोकन से स्पष्ट होता है कि अधिकांश 60 प्रतिशत उत्तरदात्रियों का मानना है कि नियोक्ता टेली कालर्स को कार्यों पर रखने व हटाने के मामले में लचीला रूख रखते हैं। परन्तु न्यूनतम 40 प्रतिशत उत्तरदात्रियों ने ऐसा नहीं माना है। उनका कहना है कि व्यवस्था नियमबद्ध ही चलती है।

यदि हाँ तो कृपया स्पष्ट करें–

सारणी संख्या 29

क्रम	*आवृत्ति*	*प्रतिशत*
सभी कार्यों में	32	17.78
केवल कुछ कार्यों में	40	22.22
कारण के अनुसार	61	33.89
कुछ कह नहीं सकते	47	26.11
योग	180	100.00

प्रस्तुत सारणी संख्या–29 के अवलोकन से स्पष्ट होता है कि 17.78 प्रतिशत उत्तरदात्रियों ने कहा कि सभी कार्यों में नियोक्ता कार्यों पर रखने व हटाने के मामले में लचीला रूख रखते हैं। **22.22** प्रतिशत उत्तरदात्रियों ने कहा कि केवल कुछ–कुछ कार्यों में ही ऐसा होता है।

जबकि 33.89 प्रतिशत उत्तरदात्रियों ने माना कि केवल कारण के अनुसार ही कर्मचारी हटाये और रखे जाते हैं। 26.11 प्रतिशत उत्तरदात्रियों ने कुछ भी कहने से इनकार कर दिया है।

अतः अधिकांश 33.89 प्रतिशत उत्तरदात्रियों ने कारण के अनुसार हटाये व रखे जाने को स्वीकार किया है। न्यूनतम 17.78 प्रतिशत उत्तरदात्रियों ने सभी कार्यों में हटाये व रखे जाने जैसा लचीला रूख अपनाये जाने की बात स्वीकार की है।

एक महिला होने के कारण कभी भेदभाव का शिकार होना पड़ा है?

खन्ना चारा वाली ने लिखा है कि "कार्य–आयोजित महिलाओं को हमेशा ही भेदभाव के शिकार का भय होता है। कुछ जगह ऐसा उनके साथ होता भी है और कुछ जगह नहीं भी होता है। लैंगिक भेदभाव निम्न मानसिक सोच व उचित वातावरण नहीं होने पर भी हो सकता है।"[26] यदि व्यवस्था में नियंत्रण के तत्त्व सुदृढ़ होते हैं तो वातावरण स्वच्छ व प्रत्येक के अनुकूल होता है।

सारणी संख्या 30

क्रम	*आवृत्ति*	*प्रतिशत*
सदैव	24	8.00
कभी–कभी	36	12.00
कभी नहीं	171	57.00
कुछ कह नहीं सकते	69	23.00
योग	300	100.00

प्रस्तुत सारणी संख्या–30 के अवलोकन से स्पष्ट होता है कि आठ प्रतिशत उत्तरदात्रियों का मानना है कि एक महिला होने के

कारण सदैव ही भेदभाव का शिकार होना पड़ता है। 12 प्रतिशत उत्तरदात्रियों का मानना है कि कभी–कभी उनको भेदभाव महसूस होता है, जबकि 57 प्रतिशत उत्तरदात्रियों ने माना कि उनको ऐसा कभी भी महसूस नहीं हुआ। परन्तु 23 प्रतिशत उत्तरदात्रियों ने इस पर कुछ भी कहने से इनकार कर दिया है।

अतः अधिकांश 57 प्रतिशत उत्तरदात्रियों ने यह स्वीकार किया कि भेदभाव कभी भी महसूस नहीं किया है। न्यूनतम आठ प्रतिशत उत्तरदात्रियो ने सदैव ही भेदभाव होने को स्वीकार किया।

यदि कार्यस्थल पर यौन–उत्पीड़न (*Sexual Abuse*) की कोई घटना हुई हो तो उसका स्वरूप था–

शेबा तेजानी के अनुसार, "महिलाओं को उत्पीड़न में भी कई तरह की गतिविधियाँ देखने को मिलती हैं। वाचिक और सांकेतिक, प्रत्यक्ष, हँसी–मजाक के रूप भी देखे जा सकते हैं। परन्तु शारीरिक उत्पीड़न की वजह यदि साधारण तौर पर है तो बातों से मुद्दा हल हो जाता है। परन्तु यदि वजह असाधारण हुई तो परिणाम कभी–कभी बहुत भयानक या खतरनाक हो जाता है।"[27]

सारणी संख्या 31

क्रम	*आवृत्ति*	*प्रतिशत*
सांकेतिक	96	32.00
मौखिक	72	24.00
शारीरिक	42	14.00
सांकेतिक, मौखिक, शारीरिक	90	30.00
योग	300	100.00

प्रस्तुत सारणी संख्या–31 के अवलोकन से स्पष्ट होता है कि 32 प्रतिशत उत्तरदात्रियो का कहना है कि कार्यस्थल पर यौन उत्पीड़न (*Sexual abuse*) का स्वरूप सांकेतिक होता है। साथ ही 24 प्रतिशत उत्तरदात्रियो का मानना है कि उत्पीड़न का स्वरूप वाचिक अर्थात् मौखिक रहा है। परन्तु 14 प्रतिशत उत्तरदात्रियो ने माना है कि शारीरिक उत्पीड़न भी होता है। इसके अलावा 30 प्रतिशत उत्तरदात्रियो का मानना है कि महिलाओं को शारीरिक, मानसिक, सांकेतिक एवं मौखिक उत्पीड़न का शिकार होना पड़ता है।

अतः अधिकांश 32 प्रतिशत उत्तरदात्रियों ने यौन–उत्पीड़न (*Sexual Abuse*) में सांकेतिक उत्पीड़न को स्वीकार किया। न्यूनतम 14 प्रतिशत उत्तरदात्रियों ने शारीरिक उत्पीड़न को भी स्वीकार किया है।

महिलाएँ उत्पीड़न की शिकायत उच्चाधिकारियों से करती हैं?

राहान्न जैन के शब्दों में, "उत्पीड़न का शिकार हुए कर्मचारी को पहली सलाह यह होती है कि वह अधिकारियों से शिकायत करे। लेकिन कर्मचारी का स्वभाव कैसा है? यह भी निर्भर करता है कि वह शिकायत करेगा या नहीं। कभी यह भी होता है कि शिकायत का विपरीत प्रभाव हो जाता है। शिकायत भी उत्पीड़न के स्वरूप व दशा पर आधारित होती है।"[28]

सारणी संख्या 32

क्रम	*आवृत्ति*	*प्रतिशत*
हाँ	138	46.00
नहीं	162	54.00
योग	300	100.00

प्रस्तुत सारणी संख्या–32 के अवलोकन से यह स्पष्ट होता है कि 54 प्रतिशत उत्तरदात्रियों ने शिकायत करने से इनकार किया है, जो कि अधिकतम है। जबकि 46 प्रतिशत न्यूनतम उत्तरदात्रियाँ यह मानती हैं कि वे उत्पीड़ित होने की दशा में उच्च अधिकारियों से शिकायत करती हैं।

यौन–उत्पीड़न (*Sexual abuse*) की दशा में आत्मरक्षार्थ क्या करती हैं–

यौन–उत्पीड़न (*Sexual abuse*) के कारण टेली कॉलर महिलाओं में सुरक्षा की बात सामने आती है। इस स्थिति में उन्हें स्वयं पर नियंत्रण रखते हुए इसके निराकरण के बारे में भी सोचना पड़ता है। यह उनकी सोच पर भी निर्भर करता है कि वक्त के अनुसार उन्हें क्या करना है और क्या नहीं करना है?

सारणी संख्या 33

क्रम	*आवृत्ति*	*प्रतिशत*
चुप रहती हैं	108	36.00
डाँट देती हैं	39	13.00
वहाँ से हट जाती हैं	72	24.00
शिकायत करती हैं	33	11.00
अन्य	48	16.00
योग	300	100.00

प्रस्तुत सारणी संख्या–33 के अवलोकन से स्पष्ट होता है कि 36 प्रतिशत उत्तरदात्रियों का मानना है कि यौन–उत्पीड़न की दशा (*Stage of Sexual Abuse*) में आत्मरक्षार्थ वे चुप रहती हैं। 13

प्रतिशत उत्तरदात्रियों का मानना है कि वे ऐसी स्थिति में डाँट–फटकार व गुस्से से काम चलाती हैं। 24 प्रतिशत उत्तरदात्रियों का कहना है कि वहाँ से हट जाती हैं। 11 प्रतिशत उत्तरदात्रियों ने कहा कि वे उत्पीड़न की शिकायत करती हैं। लेकिन 16 प्रतिशत उत्तरदात्रियों ने माना कि उत्पीड़न की स्थिति में समय व वातावरण के अनुसार निर्णय लेती हैं कि चुप रहना है, डाँट देना है, वहाँ से निकल जाना है या शिकायत करनी है, इत्यादि।

अतः अधिकांश 36 प्रतिशत उत्तरदात्रियाँ यौन–उत्पीड़न की दशा में चुप रहना ही उत्तम मानती हैं। न्यूनतम 11 प्रतिशत उत्तरदात्रियों ने शिकायत करने की बात स्वीकार की है।

1.आय और पारिवारिक खर्च में परिवार के परामर्श के मध्य काई स्क्वायर परीक्षण

सारणी संख्या 34

आय / सलाह –निर्णय	*10–14*	*15–19*	*20–24*	*25 से ऊपर*	*योग*
हाँ	54	41	52	21	168
	32.14	24.4	30.96	12.5	100
नहीं	25	34	19	08	86
	29.07	39.53	22.09	9.3	100
कह नहीं सकते	12	09	07	18	46
	26.09	19.57	15.22	39.12	100
योग	91	84	78	47	300

x^2=30.12> df=12.59; p>0.05.

आय और पारिवारिक खर्च में परिवार वालों से परामर्श करके निर्णय लेने के मध्य सार्थक सहसम्बंध हैं।

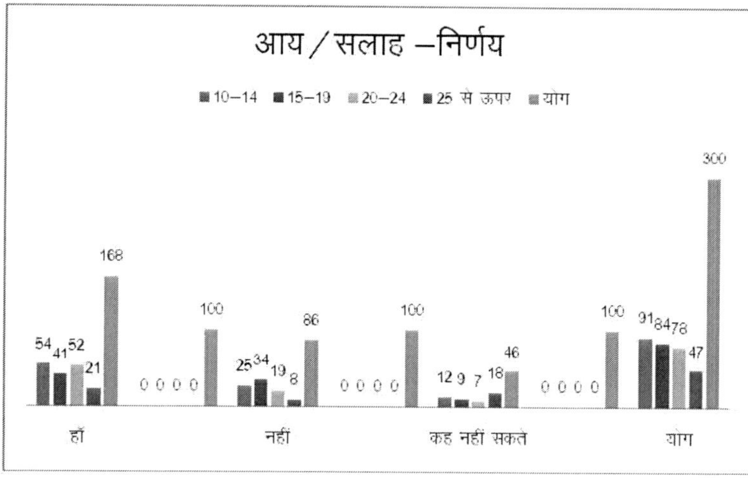

सारणी संख्या–34 से स्पष्ट होता है कि कार्यस्थल पर कार्य के दौरान मानसिक तनाव व कार्य–संतुष्टि के परिप्रेक्ष्य से परिलक्षित होता है कि सर्वाधिक 32.14 प्रतिशत उत्तरदात्रियाँ हैं जिनका आय 10–14 हजार के मध्य है, यह मानती हैं कि परिवारिक खर्च में परिवार वालों से परामर्श करके निर्णय लेती हैं। सर्वाधिक 39.53 प्रतिशत उत्तरदात्रियाँ, 15–19 हजार आय के मध्य हैं जो खर्च में पारिवारिक परामर्श नहीं लेती हैं। सर्वाधिक 39.12 प्रतिशत उत्तरदात्रियाँ हैं जो 25 हजार आय से ऊपर हैं, जिन्होंने कुछ भी कहने से इनकार कर दिया है। सर्वाधिक 30.96 प्रतिशत उत्तरदात्रियाँ 20–24 हजार आय समूह के मध्य हैं, जिन्होंने परामर्श लेना स्वीकार किया है। अतः ज्ञात काई स्ववायर परीक्षण से आय और पारिवारिक परामर्श के मध्य सार्थक सह–सम्बंध हैं।

2. आय और वेतन खर्च करने के अधिकार के मध्य काई स्क्वायर परीक्षण

सारणी संख्या 35

आय/सलाह	10–14	15–19	20–24	25 से ऊपर	योग
पूर्ण भाग	42	34	27	17	120
	35.0	28.33	22.5	14.17	100
आंशिक भाग	24	18	21	16	79
	30.38	22.78	26.58	20.26	100
बहुत कम भाग	17	22	15	14	68
	25.0	32.35	22.06	20.59	100
बिल्कुल नहीं	08	10	15	00	33
	24.24	30.31	45.45	00	100
योग	91	84	78	47	300

x2=6.5< df=16.91 ; p< 0.05.

आय और वेतन खर्च करने के अधिकार के मध्य सार्थक सहसम्बंध नहीं है।

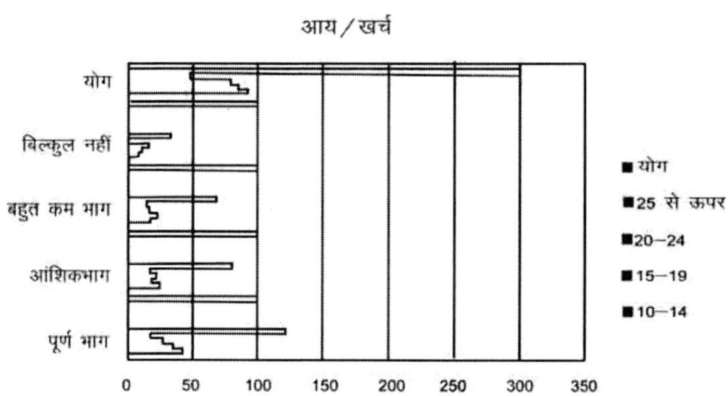

सारणी संख्या–35 से यह भी स्पष्ट होता है कि कार्यस्थल पर कार्य के दौरान मानसिक तनाव व कार्य–संतुष्टि के परिप्रेक्ष्य से परिलक्षित होता है कि सर्वाधिक 35 प्रतिशत उत्तरदात्रियाँ, जो 10–14 हजार आय के मध्य हैं, जो अपनी आपका पूर्ण वेतन खर्च कने का अधिकार रखती हैं। सर्वाधिक 30.38 प्रतिशत उत्तरदात्रियाँ 10–14 हजार आय के मध्य हैं जो अपनी आय से केवल आंशिक वेतन ही खर्च करने का अधिकार रखती हैं। सर्वाधिक 32.35 प्रतिशत उत्तरदात्रियाँ, 15–19 हजार आय के मध्य हैं, जो अपनी आय का बहुत कम भाग खर्च करने का अधिकार रखती हैं। सर्वाधिक 45.45 प्रतिशत उत्तरदात्रियाँ 20–24 हजार आय से ऊपर की हैं, जो अपनी आय को बिल्कुल खर्च नहीं करने का अधिकार रखती हैं।सर्वाधिक 20.59 प्रतिशत उत्तरदात्रियाँ 25 हजार आय के ऊपर हैं, ने कहा कि आय का बहुत ही कम भाग खर्च करने का अधिकार रखती हैं। अतः काई स्क्वायर परीक्षण से और और आय का कितना भाग खर्च के मध्य, सार्थक सम्बंध नहीं है।

3. आय और परिवार की आपत्ति के मध्य काई स्क्वायर परीक्षण

सारणी संख्या–36

आय / सलाह	*10–14*	*15–19*	*20–24*	*25 से ऊपर*	*योग*
सदैव	24	33	41	18	116
	20.69	28.45	35.34	15.52	100
कभी–कभी	56	45	31	26	158
	35.44	28.45	35.34	15.52	100
कभी नहीं	11	06	06	03	26
	42.3	23.08	23.08	11.54	100
योग	91	84	78	47	300

$x^2=13.2>df=12.59; p>0.05.$

आय और अन्य पुरूषों के साथ चर्चा करने उनके साथ कार्यालय के कार्य के लिए समय देने इत्यादि पर परिवार वालो की आपत्ति के मध्य सार्थक सहसम्बंध है।

आय/परिवार की आपत्ति

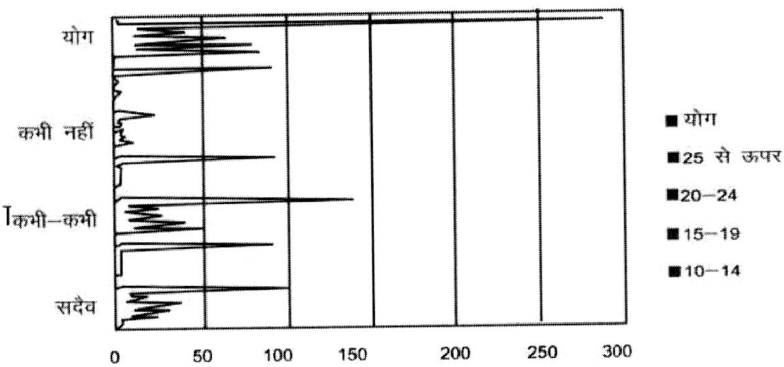

सारणी संख्या–36 से यह भी स्पष्ट होता है कि कार्य के दौरान मानसिक तनाव और कार्य–संतुष्टि के परिप्रेक्ष्य से यह परिलक्षित होता है कि सर्वाधिक 35.34 प्रतिशत 20–24 हजार आय के मध्य हैं, जिनका मानना है कि अन्य पुरूष से चर्चा, ऑफिस के कार्य पर समय देने इत्यादि पर परिवार वालों को सर्दव आपत्ति होती है। सर्वाधिक 35.44 प्रतिशत उत्तरदात्रियाँ 10–14 हजार आय के मध्य है जिनका मानना है, परिवार वाले कभी–कभी आपत्ति करते हैं। सर्वाधिक 42.31 प्रतिषत उत्तरदात्रियाँ 10–14 हजार आय के मध्य हैं, जिनका मानना है कि परिवार वाले कोई आपत्ति नहीं करते हैं। अतः काई स्क्वायर परीक्षण से ज्ञात होता है कि, आय और अन्य पुरूषों से चर्चा, ऑफिस के कार्य के लिए समय देने इत्यादि पर सार्थक सहसम्बंध है।

4. आय और व्यवसाय का चुनाव करने की स्वतंत्रता के मध्य काई स्क्वायर परीक्षण

सारणी संख्या–37

आय / सलाह	*10–14*	*15–19*	*20–24*	*25 से ऊपर*	*योग*
हाँ	58	66	61	31	216
	26.85	30.56	28.24	14.35	100
नहीं	15	08	04	06	33
	45.45	24.24	12.12	18.19	100
कह नहीं सकते	18	10	13	10	51
	35.29	19.61	25.49	19.61	100
योग	91	84	78	47	300

$x^2=9.47> df=12.59 ; p>0.05.$

आय और व्यवसाय का चुनाव करने की स्वतंत्रता के मध्य सार्थक सहसम्बंध नहीं है।

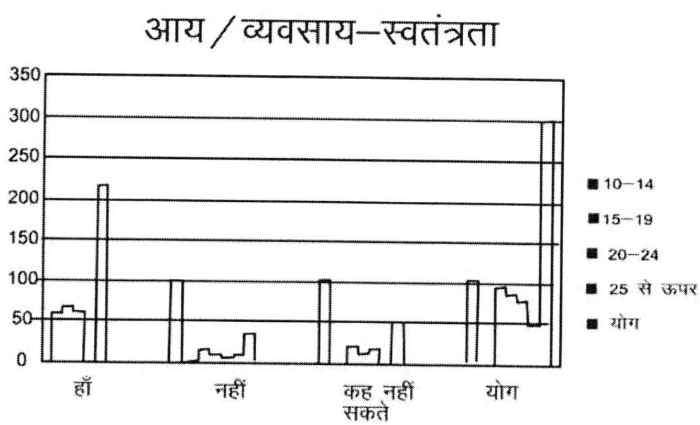

सारणी संख्या–37 से यह भी स्पष्ट होता है कि कार्य के दौरान मानसिक तनाव और कार्य–संतुष्टि के परिप्रेक्ष्य से परिलक्षित होता है कि सर्वाधिक 30.56 प्रतिशत उत्तरदात्रियाँ 15–19 हजार आय के मध्य हैं, जो व्यवसाय का चुनाव करने में स्वतंत्र हैं। सर्वाधिक 45.45 प्रतिशत उत्तरदात्रियाँ 10–14 हजार आय के मध्य हैं, का कहना है कि वे व्यवसाय के चुनाव में स्वतंत्र नहीं हैं। सर्वाधिक 35.29 प्रतिशत उत्तरदात्रियाँ 10–14 हजार आय के मध्य हैं, ने कुछ भी कहने से इनकार कर दिया है। सर्वाधिक 28.24 प्रतिशत उत्तदात्रियाँ 20–24 हजार आय के मध्य है, ने स्वीकार किया है कि व्यवसाय चुनाव में स्वतंत्र हैं। सर्वाधिक 19.61 प्रतिशत उत्तरदात्रियाँ 25 हजार आय से ऊपर है, ने कुछ भी कहने से इनकार कर दिया हैं। अतः काई स्क्वायर परीक्षण से ज्ञात होता है कि आय व व्यवसाय चुनाव के मध्य सार्थ सह सम्बंध नहीं है।

5. आय और नौकरी से संतुष्टि के मध्य काई स्क्वायर परीक्षण–

सारणी संख्या 38

आय / सलाह	*10–14*	*15–19*	*20–24*	*25 से ऊपर*	*योग*
हाँ	38	44	37	32	151
	25.17	29.14	24.5	21.19	100
नहीं	31	22	15	04	72
	43.06	30.56	20.83	5.55	100
कह नहीं सकते	22	18	26	11	77
	28.57	23.38	33.77	14.28	100
योग	91	84	78	47	300

$x^2=9.47> df=12.59 ; p>0.05.$

आय और नौकरी से संतुष्टि के मध्य सार्थक सहसम्बंध है।

आय / नौकरी से संतुष्ट

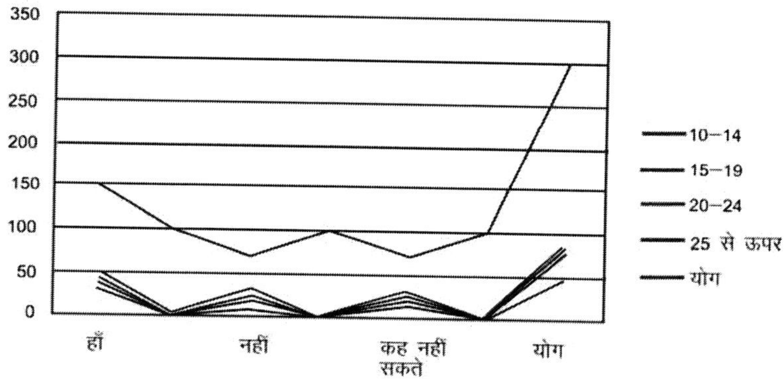

सारणी संख्या–38 से यह भी स्पष्ट होता है कि कार्य के दौरान मानसिक तनाव और कार्य–संतुष्टि से परिलक्षित होता है कि सर्वाधिक 21.19 प्रतिशत उत्तरदात्रियाँ 25 हजार आय के ऊपर हैं जो अपनी नौकरी से संतुष्ट हैं। सर्वाधिक 43.06 प्रतिशत उत्तरात्रियाँ 10–14 हजार आय के मध्य है, जो नौकरी से संतुष्ट नहीं हैं। सर्वाधिक 33.77 प्रतिशत उत्तरदात्रियाँ 20–24 हजार आय के मध्य हैं, जिन्होंने कुछ भी कहने से इनकार कर दिया है। सर्वाधिक 30.56 प्रतिशत उत्तरदात्रियाँ 15–19 हजार आय के मध्य हैं, कहती हैं कि वे अपनी नौकरी से संतुष्ट नहीं हैं। अतः कोई स्क्वायर परीक्षण से ज्ञात होता है कि आय और नौकरी से संतुष्टि के मध्य सार्थक सहसम्बंध है।

6. आय और पद से जुड़ी भुमिका के मध्य काई स्क्वायर परीक्षण

सारणी संख्या–39

आय / सलाह	*10–14*	*15–19*	*20–24*	*25 से ऊपर*	*योग*
हाँ	46	43	49	25	163
	28.22	26.38	30.06	15.34	100
नहीं	33	37	24	22	116
	28.45	31.9	20.69	18.97	100
कह नहीं सकते	12	04	05	00	21
	57.14	19.05	23.81	00	100
योग	91	84	78	47	300

$x^2=9.47> df=12.59\ ; p>0.05.$

आय और पद से जुड़ी भुमिकाओ का स्वयं की प्रकृति से मेल के मध्य सार्थक सहसम्बंध है।

आय / भूमिका–मेल

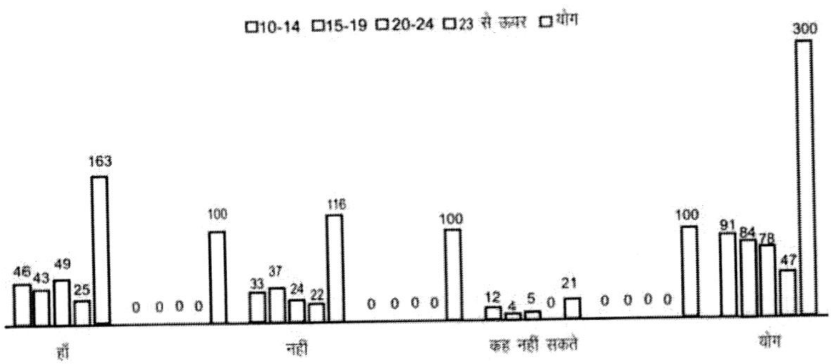

सारणी संख्या–39 से यह भी स्पष्ट होता है कि कार्य के दौरान मानसिक तनाव और कार्य–संतुष्टि के परिप्रेक्ष्य से यह परिलक्षित होता है कि सर्वाधिक 30.66 प्रतिशत उत्तरदात्रियाँ 20–24 हजार आय के मध्य हैं, जिनका मानना है कि पद से जुड़ी भूमिकायें स्वयं की प्रकृति से मेल खाती हैं। सर्वाधिक 31.90 प्रतिशत उत्तरदात्रियाँ 15–19 हजार आय के मध्य हैं जिन्होंने नहीं में उत्तर दिया। सर्वाधिक 57.14 प्रतिशत उत्तरदात्रियाँ 10.14 हजार आय के मध्य हैं जिन्होंने इस कुछ भी कहने से इनकार कर दिया हैं। सर्वाधिक 18.97 प्रतिशत उत्तरदात्रियाँ 25 हजार आय के ऊपर है, मानती है कि पद से जुड़ी भूमिका स्वयं की प्रकृति से सामंजस्य नही रखती हैं। अतः काई स्क्वाययर परीक्षण से ज्ञात होता है कि आय और पद से जुड़ी भूमिकाओं व स्वयं के प्रकृति के मध्य सार्थक सहसम्बन्ध हैं।

1. आय और सहयोगियो से सहयोग लेने के मध्य काई स्क्वायर परीक्षण

सारणी संख्या–40

आय / सलाह	*10–14*	*15–19*	*20–24*	*25 से ऊपर*	*योग*
अक्सर	03	08	28	09	48
	6.25	16.67	58.33	18.75	100
कभी–कभी	41	38	24	11	114
	35.96	33.34	21.05	9.65	100
आवश्यकतानुसार	43	33	26	24	126
	34.13	26.19	20.63	19.05	100
कभी नहीं	04	05	00	03	12
	33.33	41.67	00	25	100
योग	91	84	78	47	300

$x^2 = 9.47 > df = 12.59$; $p > 0.05$.

आय और कार्यो के निष्पादन में सहयोगियो से सहयोग लेने के मध्य सार्थक सहसम्बंध है।

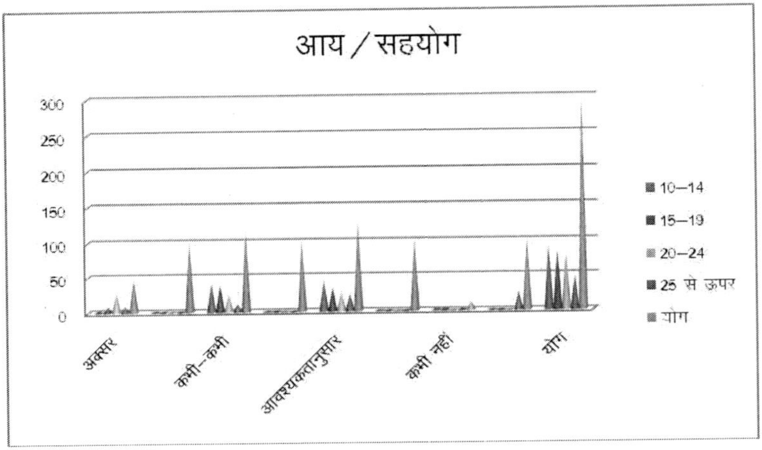

सारणी संख्या–40 से यह भी स्पष्ट होता है कि कार्य के दौरान मानसिक तनाव और कार्य–संतुष्टि के परिप्रेक्ष्य से यह परिलक्षित होता है कि सर्वाधिक 58.33 प्रतिशत उत्तरदात्रियाँ 20–24 हजार आय के मध्य हैं, जो कार्यों के निष्पादन में सहयोगियों से अक्सर सहयोग लेती हैं। सर्वाधिक 35.96 प्रतिशत उत्तरदात्रियाँ 10–14 हजार आय के मध्य हैं, जो कभी–कभी सहयोग लेती हैं। सर्वाधिक 34.13 प्रतिशत उत्तरदात्रियाँ 10–14 हजार आय के मध्य हैं, जो केवल आवश्यकतानुसार सहयोग लेना स्वीकार करती है। सर्वाधिक 41.67 प्रतिशत उत्तरदात्रियाँ 15–19 हजार आय के मध्य है जिन्होने सहयोगियों से कभी भी सहायता लेना स्वीकार नही किया है। सर्वाधिक 25 प्रतिशत उत्तरदात्रियाँ 25 हजार आय के ऊपर है, जो सहयोगियों से कभी सहयोग नहीं लेती है। अतः काई स्क्वायर परीक्षण से ज्ञात होता है कि आय और कार्यों में सहयोगियों से सहयोग के मध्य सार्थक सहसम्बंध है।

8. आय और उच्च अधिकारियों के प्रति स्वयं के व्यवहार के मध्य काई स्क्वायर परीक्षण

सारणी संख्या–41

आय / सलाह	*10–14*	*15–19*	*20–24*	*25 से ऊपर*	*योग*
अच्छा	32	48	45	19	164
	31.71	29.27	27.43	11.59	100
सामान्य	35	26	32	21	114
	30.70	22.81	28.07	18.42	100
खराब	04	10	01	07	22
	18.18	45.45	4.55	31.82	100
योग	91	84	78	47	300

$x^2 = 9.47 > df = 12.59$; $p > 0.05$.

आय और कार्यों के उच्च अधिकारियों से स्वयं के व्यवहार के मध्य सार्थक सहसम्बंध हैं।

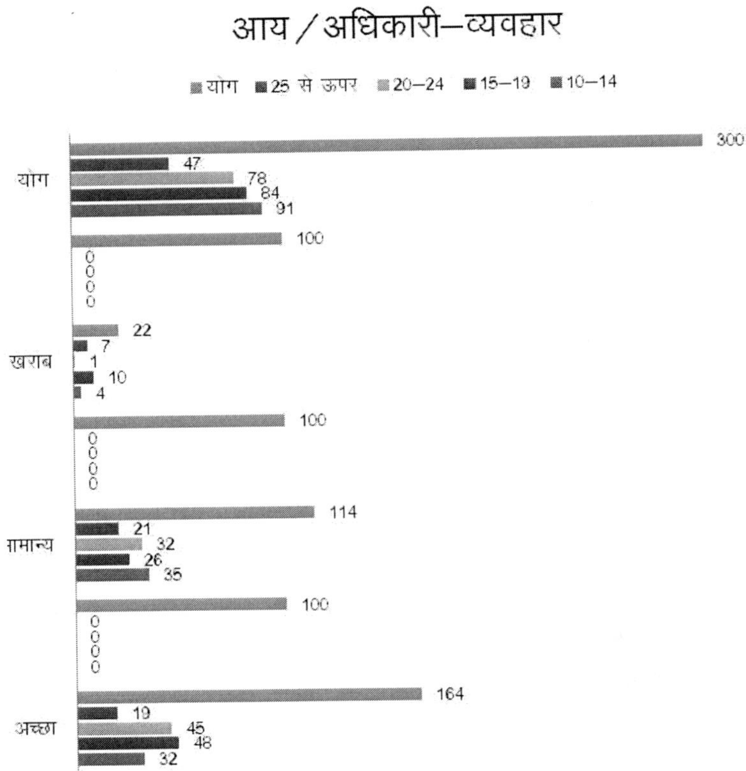

सारणी संख्या–41 से यह भी स्पष्ट होता है कि कार्य के दौरान मानसिक तनाव और कार्य–सन्तुष्टि के परिप्रेक्ष्य से यह परिलक्षित होता है कि सर्वाधिक 31.71 प्रतिशत उत्तरदात्रियाँ 10–14 हजार आय के मध्य हैं, के उच्च अधिकारियों से अच्छे व्यवहार हैं। सर्वाधिक 28. 07 प्रतिशत उत्तरदात्रियाँ, 20–24 हजार आय के मध्य हैं, जिनका व्यवहार सामान्य है। सर्वाधिक 45.45 प्रतिशत उत्तरदात्रियाँ 15–19

हजार आय के मध्य हैं, जिनके व्यवहार खराब हैं। सर्वाधिक 31.82 प्रतिशत उत्तरदात्रियाँ 25 हजार आय के ऊपर है, ने कहा कि उच्च अधिकारियों से उनके व्यवहार अच्छे नहीं हैं। अतः काई स्क्वायर परीक्षण से ज्ञात होता है कि आय और उच्च अधिकारियों से व्यवहार के मध्य सार्थक सह–सम्बंध है।

9.आय और सहयोगियों के प्रति अभिव्यक्त व्यवहार के के मध्य काई स्क्वायर परीक्षण

सारणी संख्या–42

आय / सलाह	*10–14*	*15–19*	*20–24*	*25 से ऊपर*	*योग*
अच्छा	43	54	58	35	190
	22.63	28.42	30.53	18.42	100
सामान्य	28	26	19	11	84
	33.33	30.95	22.62	13.1	100
खराब	20	04	01	01	26
	76.92	15.38	3.85	3.85	100
योग	91	84	78	47	300

$x^2=9.47> df=12.59 ; p>0.05.$

आय और सहयोगियो से स्वयं के व्यवहार के मध्य सार्थक सहसम्बंध है।

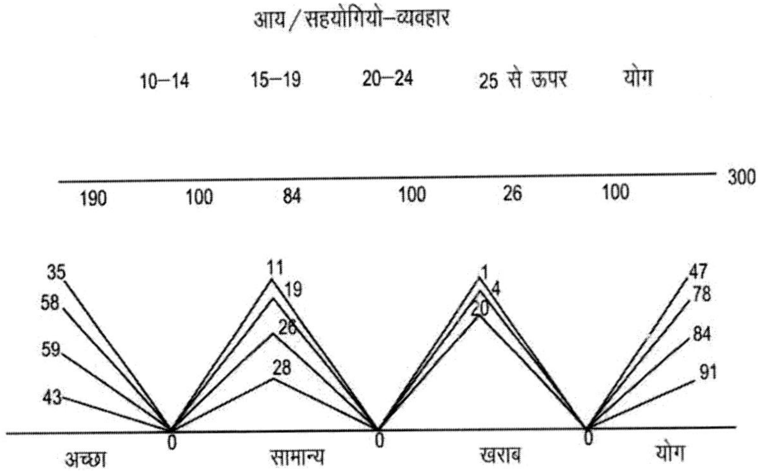

सारणी संख्या–42 से यह भी ज्ञात होता है कि कार्य के दौरान मानसिक तनाव और कार्य–संतुष्टि के परिप्रेक्ष्य से यह स्पष्ट होता है कि सर्वाधिक 30.53 प्रतिशत उत्तरदात्रियाँ 20–24 हजार आय की हैं जिनका मानना है कि सहयोगियों के साथ व्यवहारात्मक सम्बन्ध अच्छे हैं। सर्वाधिक 30.95 प्रतिशत उत्तरदात्रियाँ 15–19 हजार आय के मध्य हैं, का मानना है कि व्यवहारात्मक सम्बन्ध सामान्य है। सर्वाधिक 76.92 प्रतिशत उत्तरदात्रियाँ 10–14 हजर आय के मध्य हैं, ने इस पर कुछ भी कहने से इनकार कर दिया है। सर्वाधिक 18.42 प्रतिशत उत्तरदात्रियाँ 25 हजार आय के ऊपर हैं, ने माना कि सहयोगियों से अच्छे व्यवहार हैं। अतः काई स्क्वायर परीक्षण से ज्ञात होता है कि आय और सहयोगियों के बीच सम्बंध सार्थक है।

10. आय और योग्यता व क्षमता के अनुसार वेतन पाने के मध्य काई स्क्वायर परीक्षण

सारणी संख्या 43

आय / क्षमता व योग्यता–वेतन	*10–14*	*15–19*	*20–24*	*25 से ऊपर*	*योग*
हाँ	58	51	36	33	178
	32.58	28.65	20.22	18.54	100
नहीं	04	15	26	03	48
	8.33	31.25	54.17	6.25	100
शायद	24	16	12	08	60
	40.0	26.67	20.0	13.33	100
कह नहीं सकते	05	02	04	03	14
	35.71	14.29	28.57	21.43	100
योग	91	84	78	47	300

$x^2 = 9.47 > df = 12.59$; $p > 0.05$.

आय और योग्यता व क्षमता के अनुसार वेतन पाने के मध्य सार्थक सहसम्बंध है।

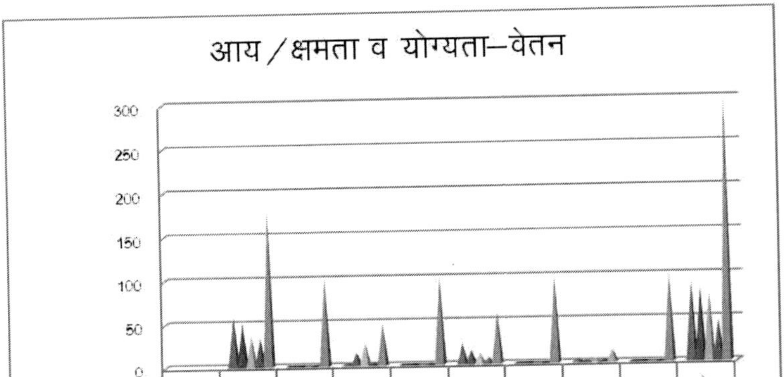

	वेतन	हाँ		नहीं		शायद		कह नहीं सकते		योग
10–14		58	0	4	0	24	0	5	0	91
15–19		51	0	15	0	16	0	2	0	84
20–24		36	0	26	0	12	0	4	0	78
25 से ऊपर		33	0	3	0	8	0	3	0	47
योग		178	100	48	100	60	100	14	100	300

सारणी संख्या–43 से यह भी स्पष्ट होता है कि कार्य के दौरान मानसिक तनाव और कार्य–सन्तुष्टि के परिप्रेक्ष्य से यह परिलक्षित होता है कि सर्वाधिक 32.58 प्रतिशत उत्तरदात्रियाँ 10–14 हजार आय के मध्य हैं, ने माना है कि योग्यता व क्षमता के अनुरूप वेतन कम मिलता है। सर्वाधिक 31.25 प्रतिशत उत्तरदात्रियाँ 15–19 हजार आय के मध्य हैं, का मानना है कि ऐसा नहीं है। सर्वाधिक 40 प्रतिशत उत्तरदात्रियों ने शायद में उत्तर दिया, जो कि 10–14 हजार आय के मध्य हैं। सर्वाधिक 28.57 प्रतिशत उत्तरदात्रियाँ 20–24 हजार आय के मध्य हैं और सर्वाधिक 21.43 प्रतिशत उत्तदात्रियाँ 25 हजार आय से ऊपर हैं, जिन्होंने कुछ भी कहने से इनकार कर दिया है। अतः काई स्क्वायर परीक्षण से ज्ञात होता है कि आय और क्षमता व योग्यता के अनुरूप कम वेतन मिलने के मध्य सार्थक सहसम्बंध है।

1. आय और उच्च पदों पर नियुक्ति अवरुद्ध होने के मध्य काई स्क्वायर परीक्षण

सारणी संख्या–44

आय/नियुक्ति–अवरुद्ध	*10–14*	*15–19*	*20–24*	*25 से ऊपर*	*योग*
हाँ	45	21	18	09	93
	48.39	22.58	19.35	9.68	100
नहीं	28	38	53	22	141
	19.86	26.95	37.59	15.6	100
शायद	12	14	03	16	45
	26.67	31.1	6.67	35.56	100
कह नहीं सकते	06	11	04	00	21
	28.57	52.38	19.05	00	100
योग	91	84	78	47	300

$x^2=9.47> df=12.59$; $p>0.05$.

आय और उच्च पदों पर नियुक्ति अवरुद्ध होने के मध्य सार्थक सहसम्बंध है।

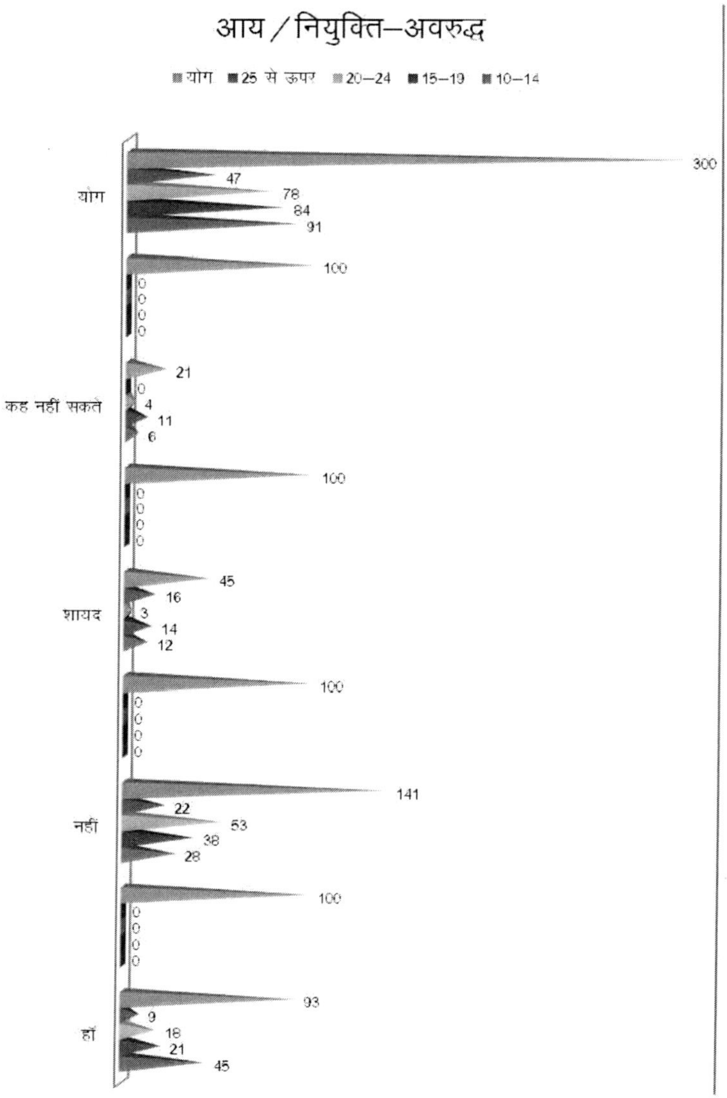
आय / नियुक्ति–अवरुद्ध
योग
25 से ऊपर
20–24
15–19
10–14
योग
300
47
78
84
91
100
0
0
0
0
कह नहीं सकते
21
0
4
11
6
100
0
0
0
0
शायद
45
16
3
14
12
100
0
0
0
0
नहीं
141
22
53
38
28
100
0
0
0
0
हाँ
93
9
18
21
45

सारणी संख्या–44 से स्पष्ट होता है कि कार्य के दौरान मानसिक तनाव और कार्य–संतुष्टि के परिप्रेक्ष्य से परिलक्षित होता है कि सर्वाधिक 48. 39 प्रतिशत उत्तरदात्रियाँ 10–14 हजार आय के मध्य हैं, जिनका माना है कि स्त्रियों को पुरूषों के समान अवसर मिलने पर भी उच्च पदों पर इनकी नियुक्तियाँ अवरूद्ध की जाती हैं। सर्वाधिक 3.59 प्रतिशत उत्तरदात्रियाँ 20–24 हजार आय के मध्य हैं, जिन्होंने ऐसा मानने से इंकार कर दिया है। सर्वाधिक 35.56 प्रतिशत उत्तरदात्रियाँ 25 हजार आय से ऊपर हैं, ने शायद में उत्तर दिया है। सर्वाधिक 52.38 प्रतिशत उत्तरदात्रियाँ 15–19 हजार आय के मध्य हैं, जिन्होंने कुछ भी कहने से इंकार कर दिया है। अतः काई स्क्वायर परीक्षण से ज्ञात होता है कि आय और स्त्रियों को पुरूषों की अपेक्षा पदोन्नति अवरुद्ध के मध्य सार्थक सहसम्बंध है।

12. आय और लैंगिक तुलनात्मक दण्ड के मध्य काई स्क्वायर परीक्षण–

सारणी संख्या–45

आय / दण्ड	*10–14*	*15–19*	*20–24*	*25 से ऊपर*	*योग*
हाँ	27	14	11	08	60
	45.0	23.33	18.34	13.33	100
नहीं	54	58	44	38	194
	27.83	29.9	22.68	19.59	100
शायद	08	05	09	00	22
	36.36	22.17	58.33	4.17	100
कह नहीं सकते	02	07	14	01	24
	8.33	29.17	58.33	4.17	100
योग	91	84	78	47	300

$x^2=9.47> df=12.59$; $p>0.05$.

आय और लैंगिक तुलनात्मक दण्ड के मध्य सार्थक सहसम्बंध हैं।

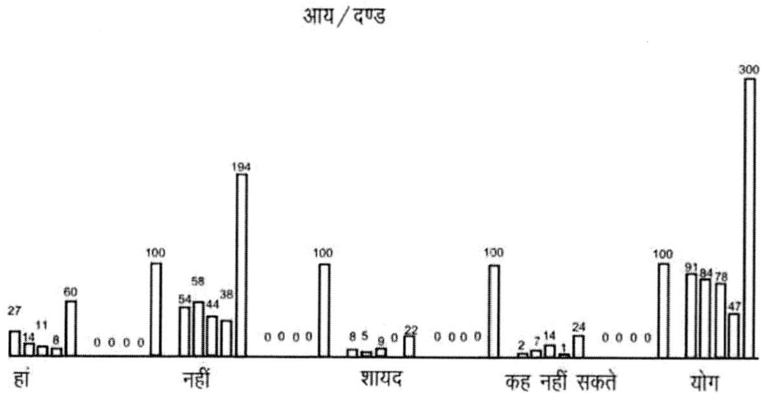

सारणी संख्या 45 से यह भी ज्ञात होता है कि कार्य के दौरान मानसिक तनाव और कार्य संतुष्टि के परिप्रेक्ष्य से यह स्पष्ट होता है कि सर्वाधिक 34 प्रतिशत उत्तरदात्रियाँ 10–14 हजार आय के मध्य हैं, जिन्होंने पुरूषों की तुलना में स्त्रियों को अधिक दण्ड मिलता है के प्रश्न पर सहमती जताया है। सर्वाधिक 29.90 प्रतिशत उत्तरदात्रियाँ 15–19 हजार आय के मध्य हैं, जिन्होंने नहीं कहा है। सर्वाधिक 40–91 प्रतिशत उत्तरदात्रियाँ 20–24 हजार आय के मध्य हैं, जिन्होंने शायद में उत्तर दिया है। सर्वाधिक 58.33 प्रतिशत उत्तरदात्रियाँ 20–24 हजार आय के मध्य हैं, ने कुछ भी कहने से इनकार कर दिया है तथा शायद में भी उत्तर दिया हैं। सर्वाधिक 19.59 प्रतिशत उत्तरदात्रियाँ 25 हजार से ऊपर हैं, का मानना है कि ऐसा नही होता हैं। अतः काई स्क्वायर परीक्षण से ज्ञात होता है कि आय और पुरूषों की तुलना में महिलाओं को अधिक दण्ड मिलता है मध्य सार्थक सहसम्बंध हैं।

13. आय और अतिरिक्त श्रम लेने के मध्य काई स्क्वायर परीक्षण

सारणी संख्या 46

आय / अतिरिक्त (अधिक श्रम) श्रम	*10–14*	*15–19*	*20–24*	*25 से ऊपर*	*योग*
अक्सर	09	07	05	03	24
	37.5	29.17	20.83	12.5	100
कभी–कभी	20	13	08	12	53
	37.74	24.53	15.09	22.64	100
आवश्यकतानुसार	11	07	03	03	24
	45.83	29.17	12.5	12.5	100
कभी नहीं	47	49	56	26	178
	26.4	27.53	31.46	14.61	100
कह नहीं सकते	04	08	06	03	21
	19.05	38.1	28.56	14.29	100
योग	91	84	78	47	300

$x^2=9.47> df=12.59 ; p>0.05.$

आय और पुरूष सहकर्मियों की तुलना में महिलाओं से अतिरिक्त श्रम लेने के मध्य सार्थक सहसम्बंध नहीं है।

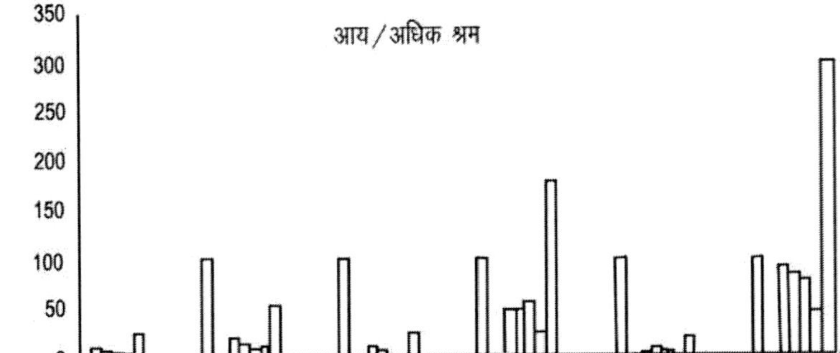

	अक्सर		कभी–कभी		आवश्यकतानुसार		कभी नहीं		कह नहीं सकते		योग
10–14	9	0	20	0	11	0	47	0	4	0	91
15–19	7	0	13	0	7	0	49	0	8	0	84
20–24	5	0	8	0	3	0	56	0	6	0	78
25 से ऊपर	3	0	12	0	3	0	26	0	3	0	47
योग	24	100	53	100	24	100	178	100	21	100	300

सारणी संख्या– 46 से यह भी स्पष्ट होता है कि कार्य के दौरान मानसिक तनाव और कार्य–सन्तुष्टि के परिप्रेक्ष्य से यह परिलक्षित होता है कि सर्वाधिक 37.50 प्रतिशत उत्तरदात्रियाँ 10–14 हजार आय के मध्य हैं, जिन्होंने अधिकारियों द्वारा पुरूषों की तुलना में महिलाओं से अधिक श्रम (ओवर टाइम) लेने की बात स्वीकार किया है कि अक्सर ऐसा होता है। सर्वाधिक 37.74 प्रतिशत उत्तरदात्रियाँ 10–14 हजार आय के मध्य हैं, जिन्होंने कभी–कभी ऐसा होना स्वीकार किया है। सर्वाधिक 45.83 प्रतिशत उत्तरदात्रियाँ 10–15 हजार आय के मध्य हैं, जिन्होंने आवश्यकतानुसार अधिक श्रम लेने की बात स्वीकार किया। सर्वाधिक 31.46 प्रतिशत उत्तरदात्रियाँ 20–24 हजार आय के मध्य हैं, जिन्होंने कहा कि ऐसा कभी नहीं होता है। सर्वाधिक 38.10 प्रतिशत उत्तरदात्रियाँ 15–19 हजार आय के मध्य हैं जिन्होंने कुछ भी कहने से इनकार कर दिया। सर्वाधिक 22.64 प्रतिशत उत्तरदात्रियाँ 25 हजार आय के ऊपर हैं, उन्होंने कभी–कभी अतिरिक्त श्रम लेने की

बात स्वीकार किया हैं। अतः काई स्क्वायर परीक्षण से ज्ञात होता है कि आय और अधिक श्रम लेने के मध्य सार्थक सहसम्बंध नहीं हैं।

14. आय और अतिरिक्त (अधिक श्रम) श्रम लेने से वेतन वृद्धि के मध्य काई स्क्वायर परीक्षण

सारणी संख्या 47

आय / वेतन वृद्धि	*10–14*	*15–19*	*20–24*	*25 से ऊपर*	*योग*
थोड़ा बहुत	24	19	13	12	68
	35.29	27.94	19.12	17.65	100
आवश्यकतानुसार	13	09	06	08	36
	36.11	25.0	16.67	22.22	100
बिल्कुल नहीं	31	28	14	20	93
	33.33	30.11	15.05	21.51	100
कह नहीं सकते	23	28	45	07	103
	22.33	27.18	43.69	6.8	100
योग	91	84	78	47	300

$x^2=9.47 > df=12.59 ; p>0.05.$

आय और अतिरिक्त श्रम (अधिक श्रम) लेने से वेतन वद्धि पर प्रभाव के मध्य सार्थक सहसम्बंध है।

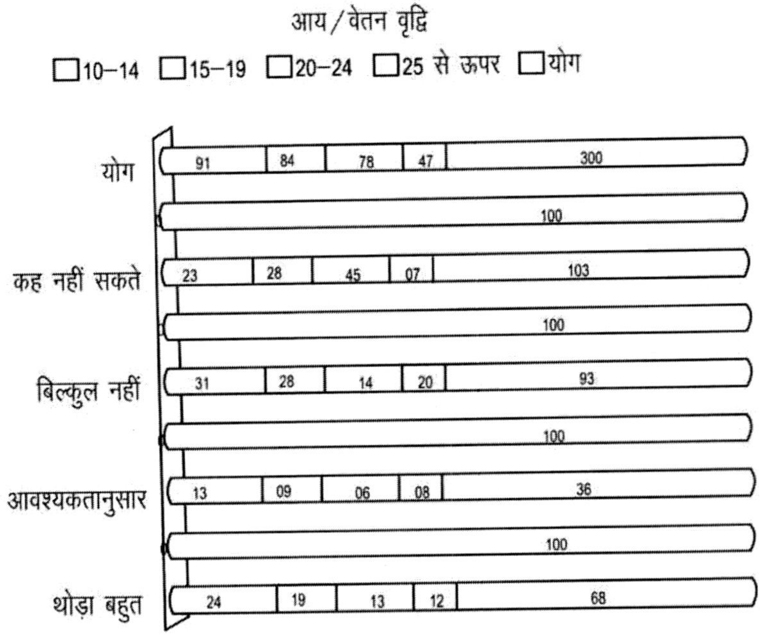

सारणी संख्या–47 से यह भी स्पष्ट होता है कि कार्य के दौरान मानसिक तनाव और कार्य–संतुष्टि के परिप्रेक्ष्य से परिलक्षित होता है कि सर्वाधिक 35.29 प्रतिशत उत्तरदात्रियाँ 10–14 हजार आय के मध्य हैं, जिन्होंने माना है कि, अतिरिक्त श्रम (अधिक श्रम) लेने पर थोड़ा–बहुत वेतन वद्धि पर प्रभाव पड़ता है। सर्वाधिक 36.11 प्रतिशत उत्तरदात्रियाँ 10–14 हजार आय के मध्य हैं जिनका मानना है कि संख्या द्वारा आवश्यकतानुसार अधिक श्रम पर वेतन वद्धि की जाती हैं। सर्वाधिक 30.11 प्रतिशत उत्तरदात्रियाँ 15–19 हजार आय के मध्य हैं, जिन्होंने कहा कि अधिक श्रम (*Over Time*) पर वेतन वद्धि बिल्कुल नहीं होती है। सर्वाधिक 43.69 प्रतिशत उत्तरदात्रियाँ 20–24

हजार आय के मध्य हैं, जिन्होंने इस पर कुछ भी कहने से इनकार कर दिया। सर्वाधिक **22.22** प्रतिशत उत्तदात्रियाँ **25** हजार आय के ऊपर हैं, कहती हैं कि अतिरिक्त श्रम में भी आवश्यकतानुसार ही वेतन वृद्धि होती है। अतः काई स्क्वायर परीक्षण से ज्ञात होता है कि आय और अधिक श्रम या अतिरिक्त श्रम पर वेतन वृद्धि के मध्य सार्थक सहसम्बंध है।

15. आय और कार्यो पर निगरानी व नियंत्रण के मध्य काई स्क्वायर परीक्षण

सारणी संख्या 48

आय/निगरानी व नियंत्रण	*10–14*	*15–19*	*20–24*	*25 से ऊपर*	*योग*
सत्य	18	11	13	05	47
	38.30	23.4	27.66	10.64	100
असत्य	27	29	30	17	103
	26.21	28.16	29.13	16.5	100
आवश्यकतानुसार	22	21	17	09	69
	31.88	30.42	24.64	13.04	100
कह नहीं सकते	24	23	18	16	81
	29.63	28.4	22.22	19.75	100
योग	91	84	78	47	300

$x^2 = 9.47 > df = 12.59$; $p > 0.05$.

आय और कार्यो पर निगरानी व नियंत्रण के मध्य सार्थक सहसम्बंध नहीं है।

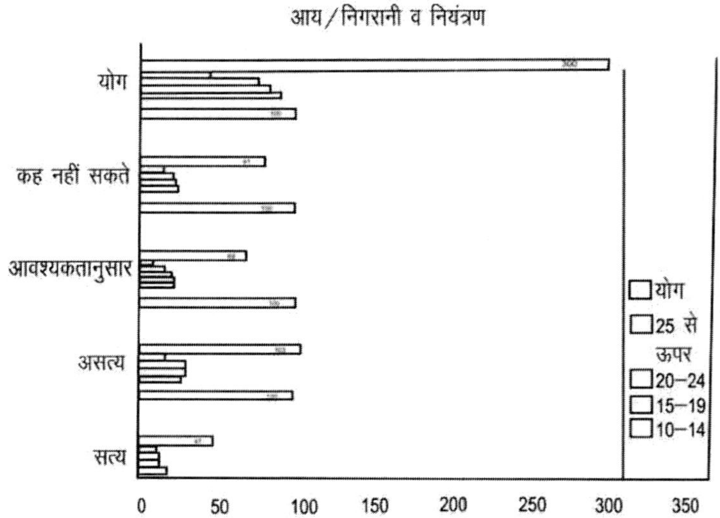

सारणी संख्या–48 से स्पष्ट होता है कि कार्य के दौरान मानसिक तनाव और कार्य संतुष्टि के परिप्रेक्ष्य से परिलक्षित होता है कि सर्वाधिक 38.30 प्रतिशत उत्तरदात्रियाँ 10–14 हजार आय के मध्य हैं, जिन्होंने कहा कि यह सत्य है कि कार्य को नियमित समय पर पूरा करने के लिए नियंत्रण व निगरानी का स्तर अत्यन्त कठिन (कड़ा) होता है। सर्वाधिक 29.13 प्रतिशत उत्तरदात्रियाँ 20–24 हजार आय के मध्य हैं जिन्होंने इसे असत्य कहा है। सर्वाधिक 31.88 प्रतिशत उत्तरदात्रिया 10–14 हजार आय के मध्य है जिन्होंने कहाँ आवश्यकतानुसार ऐसा होता है। सर्वाधिक 30.42 प्रतिशत उत्तदात्रियाँ 15–19 हजार आय के मध्य हैं, का मानना हैं कि आवश्यकतानुसार निगरानी व नियंत्रण होती है। सर्वाधिक 19.75 प्रतिशत उत्तरदात्रियाँ 25 हजार आय के ऊपर हैं, जिन्होंने कुछ भी कहने से इनकार किया हैं। अतः काई स्क्वायर परीक्षण से ज्ञात होता है कि आय और निगरानी व नियंत्रण के मध्य सार्थक सम्बंध है।

16. आय और दोहरी भूमिका के मध्य काई स्क्वायर परीक्षण–

सारणी संख्या 49

आय / दोहरी भूमिका	*10–14*	*15–19*	*20–24*	*25 से ऊपर*	*योग*
सभी ऐसा करते है	35	31	22	04	92
	38.04	33.7	23.91	4.35	100
केवल कुछ ऐसा करते है	24	22	19	14	79
	30.38	27.85	24.05	17.72	100
आवश्यकतानुसार ऐसा करते है	19	13	10	18	60
	31.67	21.67	16.66	30.0	100
कुछ कह नही सकते	13	18	27	11	69
	18.84	26.09	39.13	15.94	100
योग	91	84	78	47	300

$x^2=9.47> df=12.59\ ;\ p>0.05.$

आय और दोहरी भूमिका (वास्तविक नाम के साथ पश्चिमी स्वरूप वाले नाम रखकर दोहरी भूमिका निभाना) के मध्य सार्थक सह–सम्बंध है।

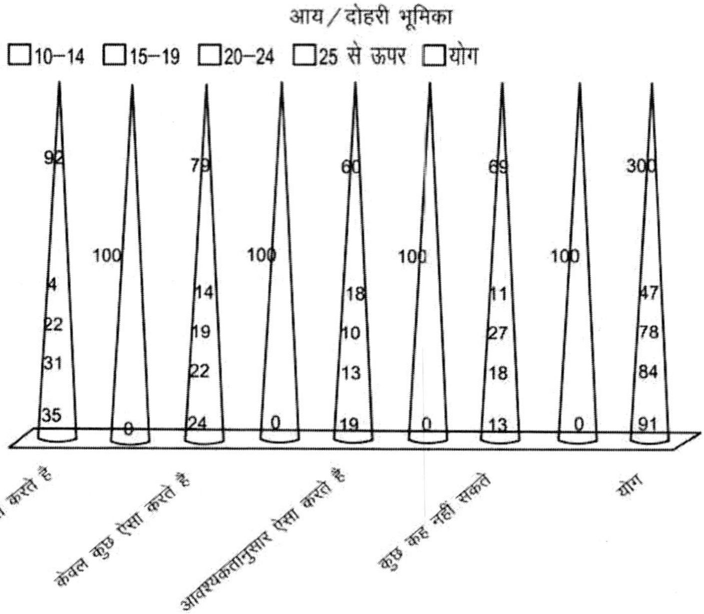

सारणी संख्या–49 से स्पष्ट होता है कि कार्य के दौरान मानसिक तनाव और कार्य संतुष्टि के परिप्रेक्ष्य से परिलक्षित होता है कि सर्वाधिक 38.04 प्रतिशत उत्तरदात्रियाँ 10–14 हजार आय के मध्य हैं, जिनका कहना है कि वास्तविक नाम के स्थान पर पश्चिमी अन्दाज वाले नाम को रखना व दोहरी भूमिका को निभाना, ऐसा सभी करते हैं। सर्वाधिक 30.38 प्रतिशत उत्तरदात्रियाँ 10–14 आय के मध्य हैं जिन्होंने कहा कि केवल कुछ लोग ही ऐसा करते हैं। सर्वाधिक 33.70 प्रतिशत उत्तदात्रियाँ 15–19 हजार आय के मध्य हैं, ने माना कि सभी ऐसा करते हैं। सर्वाधिक 30 प्रतिशत उत्तरदात्रियाँ 25 हजार आय के ऊपर है, जिनका मानना है कि ऐसा आवश्यकतानुसार

लोग करते हैं, अनिवार्य नहीं है। सर्वाधिक 39.13 प्रतिशत उत्तरदात्रियाँ 20–24 हजार आय के मध्य है, जिन्होंने कुछ भी कहने से इनकार कर दिया है। अतः काई स्क्वायर परीक्षण से ज्ञात होता है कि आय और वास्तविक नाम के स्थान पर पश्चिमी स्वरूप के नाम जैसी दोहरी भूमिका के मध्य सार्थक सहसम्बंध है।

17. आय और मानसिक अवसाद के मध्य काई स्क्वायर परीक्षण–

सारणी संख्या 50

आय / मानसिक अवसाद	*10–14*	*15–19*	*20–24*	*25 से ऊपर*	*योग*
सदैव	12	07	08	03	30
	40.0	23.33	26.67	10.0	100
कभी–कभी	61	55	43	27	186
	32.8	29.57	23.11	14.52	100
कभी नहीं	15	11	04	06	36
	41.67	30.55	11.11	16.67	100
कह नहीं सकते	03	11	23	11	48
	6.25	22.92	47.91	22.92	100
योग	91	84	78	47	300

$x^2 = 9.47 > df = 12.59 ; p > 0.05.$

आय और कार्य के दौरान मानसिक अवसाद (तनाव) के मध्य सार्थक सहसम्बंध है।

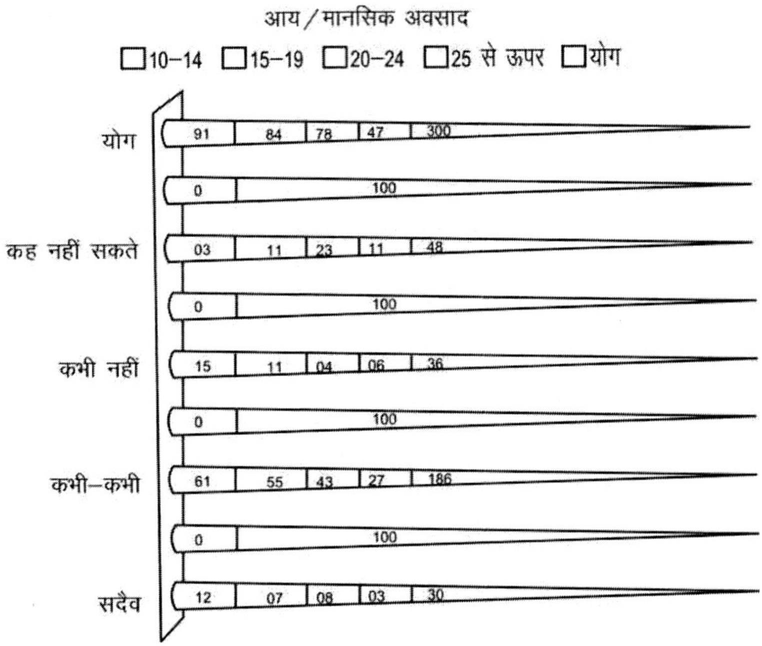

सारणी संख्या–50 से यह भी स्पष्ट होता है कि कार्य के दौरान मानसिक तनाव और कार्य–संतुष्टि के परिप्रेक्ष्य से यह परिलक्षित होता है सर्वाधिक 40 प्रतिशत उत्तरदात्रियाँ 10–14 हजार आय के मध्य हैं, जिनका मानना है सदैव ही टेली कॉलिंग कार्य के दौरान मानसिक अवसाद (तनाव) महसूस करती हैं। सर्वाधिक 30.55 प्रतिशत उत्तरदात्रियाँ 15–19 हजार आय के मध्य है, जिनका मानना है कि कभी नहीं मानसिक तनाव अनुभव होता है। सर्वाधिक 41.67 प्रतिशत उत्तरदात्रियाँ 10–14 हजार आय के मध्य हैं जिनका मानना है कि मानसिक तनाव कभी महसूस नहीं होता हैं। सर्वाधिक 47.91 प्रतिशत उत्तरदात्रियाँ

20–24 हजार आय के मध्य हैं, जिन्होंने कुछ भी कहने से इनकार कर दिया है। सर्वाधिक 22.92 प्रतिशत उत्तरदात्रियाँ 25 हजार आय से ऊपर हैं, ने भी कुछ भी कहने से इनकार किया हैं। अतः काई स्क्वायर परीक्षण से ज्ञात होता है कि आय और टेली कालिंग कार्य के दौरान मानसिक अवसाद (तनाव) के मध्य सार्थक सहसम्बंध है।

18. आय और रात्रि अवधि (*Night Shift*) कार्य के कठिनाईयों के मध्य काई स्क्वायर परीक्षण

सारणी संख्या–51

आय / रात्रि अवधि कार्य	10–14	15–19	20–24	25 से ऊपर	योग
हाँ	68	54	47	17	186
	36.56	29.03	25.27	9.14	100
नहीं	23	30	31	30	114
	20.18	26.32	27.18	26.32	100
योग	91	84	78	47	300

$x^2=9.47> df=12.59\ ;\ p>0.05.$

आय और रात्रि अवधि (*Night shift*) कार्य के कठिनाईयों के मध्य सार्थक सहसम्बंध है।

आय / रात्रि अवधि कार्य

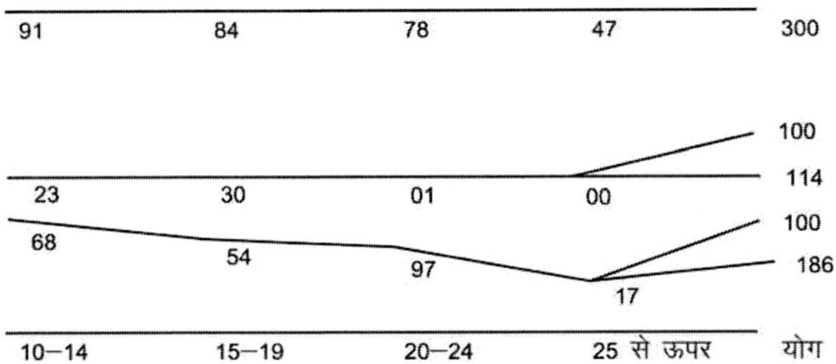

सारणी संख्या–51 यह भी ज्ञात होता है कि रात्रि अवधि कार्य के दौरान मानसिक तनाव और कार्य–सन्तुष्टि के परिप्रेक्ष्य से परिलक्षित होता है कि सर्वाधिक 36.56 प्रतिशत उत्तरदात्रियाँ 10–14 हजार आय के मध्य हैं जिनका मानना है कि यदि ऊपरी कार्य के लिए आने–जाने में कठिनाई होती है। सर्वाधिक 27.18 प्रतिशत उत्तरदात्रियाँ 20–24 हजार आय के मध्य हैं, जिन्होंने कहा कि कोई कठिनाई नहीं होती है। सर्वाधिक 29.03 प्रतिशत उत्तरदात्रियाँ 15–19 हजार आय के मध्य हैं, ने कहाँ कि रात्रि अवधि कार्य में कठिनाईयाँ होती हैं। सर्वाधिक 26.32 प्रतिशत उत्तदात्रियाँ 25 हजार आय से ऊपर है, ने माना है कि कठिनाई नहीं होती हैं। अतः काई स्क्वायर परीक्षण से ज्ञात होता है कि आय और रात्रि अवधि कार्य (नाइट शिफ्ट) में आने–जाने की कठिनाई के मध्य सार्थक सहसम्बंध है।

19. आय और नियोक्ता द्वारा नियुक्ति व बर्खास्त के मध्य काई स्क्वायर परीक्षण

सारणी संख्या 52

आय/नियुक्ति व हटाना	*10–14*	*15–19*	*20–24*	*25 से ऊपर*	*योग*
हाँ	59	55	34	32	180
	32.78	30.56	18.88	17.78	100
नहीं	32	29	44	15	120
	26.67	24.17	36.66	12.5	100
योग	91	84	78	47	300

$x^2 = 9.47 > df = 12.59$; $p > 0.05$.

आय और नियोक्ता द्वारा टेली कार्लस को रखने हटाने मामले में लचिला रुख रखने के मध्य सार्थक सहसम्बंध हैं।

सारणी संख्या–52 से यह भी ज्ञात होता है कि कार्य के दौरान मानसिक तनाव और कार्य–संतुष्टि के परिप्रेक्ष्य से परिलक्षित होता है कि सर्वाधिक 32.78 प्रतिशत उत्तरदात्रियाँ 10–14 हजार आय के मध्य हैं, जिनका मानना है कि नियोत्का टेली कालर्स को कार्यों पर रखने व हटाने के मामले में लचिला, रूख रखते हैं। सर्वाधिक 36.66 प्रतिशत उत्तरदात्रियाँ 20–24 हजार आय के मध्य हैं, जिनका मानना है कि ऐसा नहीं होता है। सर्वाधिक 30.56 प्रतिशत उत्तरदात्रियाँ 15–19 हजार आय के मध्य हैं, वे मानती हैं कि नियोक्ता द्वारा ऐसा किया जाता है। सर्वाधिक 17.78 प्रतिशत उत्तरदात्रियाँ 25 हजार आय से ऊपर हैं, उन्होंने स्वीकार किया कि नियोक्ता द्वारा ऐसा नहीं किया

जाता है। अतः काई स्क्वायर परीक्षण से ज्ञात होता है कि आय और नियोक्ता द्वारा रखने–हटाने जैसे लचीले रूख के मध्य सार्थक सहसम्बंध हैं।

20 आय और लैंगिक भेदभाव के मध्य काई स्क्वायर परीक्षण

सारणी संख्या–53

आय/भेदभाव	10–14	15–19	20–24	25 से ऊपर	योग
सदैव	08	05	09	02	24
	33.33	20.84	37.5	8.33	100
कभी–कभी	14	11	08	03	36
	38.89	30.56	22.22	8.33	100
कभी नहीं	46	50	48	27	171
	26.9	29.24	28.07	15.79	100
कह नहीं सकते	23	18	13	15	69
	33.33	26.09	18.84	21.74	100
योग	91	84	78	48	300

$x^2 = 9.47 > df = 12.59 ; p > 0.05.$

आय और महिला होने के कारण (लैंगिक) भेदभाव के मध्य सार्थक सहसम्बंध नहीं है।

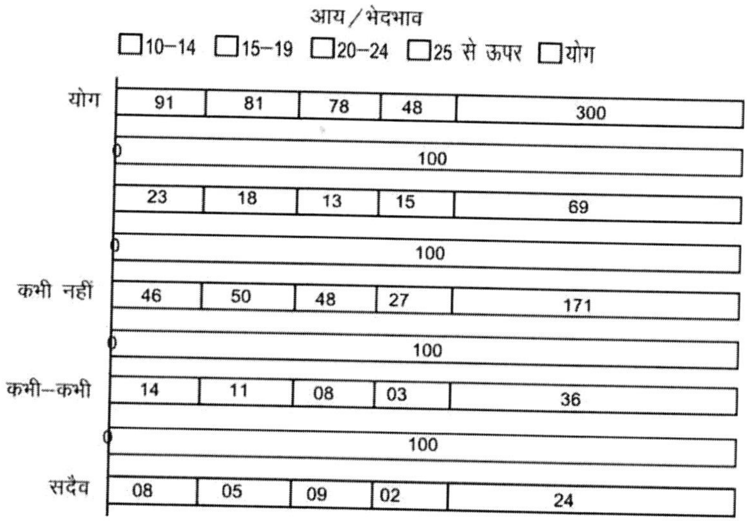

सारणी संख्या–53 से यह भी ज्ञात होता है कि कार्य के दौरान मानसिक तनाव और कार्य–संतुष्टि के परिप्रेक्ष्य से यह परिलक्षित होता है कि सर्वाधिक 37.50 प्रतिशत उत्तरदात्रियाँ 20–24 हजार आय के मध्य हैं, जिनका मानना है कि एक महिला होने के कारण सदैव भेदभाव का शिकार होना पड़ता है। सर्वाधिक 38.89 प्रतिशत उत्तरदात्रियाँ 10–14 हजार आय के मध्य है, जिनका मानना है कि कभी–कभी ऐसा महसुस होता है। सर्वाधिक 29.24 प्रतिशत उत्तरदात्रियाँ 15–19 हजार आय के मध्य हैं, जिनका मानना है कि ऐसा कभी महसूस नहीं होता है। सर्वाधिक 33.33 प्रतिशत उत्तरदात्रियाँ 10–14 हजार आय के मध्य ऐसी भी हैं, जिन्होंने इस पर कुछ भी कहने से इनकार कर दिया हैं। सर्वाधिक 30.56 प्रतिशत उत्तरदात्रियाँ 15–19 हजार के मध्य है, जिन्होंने लैंगिक भेदभाव को कभी–कभी अनुभव किया हैं। सर्वाधिक 21.74 प्रतिशत उत्तरदात्रियाँ 25 हजार आय से ऊपर हैं, उन्होंने लैंगिक भेदभाव पर कुछ भी कहने से इनकार कर दिया है। अतः काई

स्क्वायर परीक्षण से ज्ञात होता है कि आय और कार्योजन में महिला होने से लैंगिक भेदभाव के शिकार के मध्य सार्थक सहसम्बंध नहीं है।

संदर्भ ग्रंथ

1. सिंह वी.एन. और सिंह जनमेजय :"आधुनिकता एवं नारी सशक्तिकरण" *भारत में कामकाजी महिलाऐं*, रावत पब्लिकेशन, नई दिल्ली, 2010, पृ. 126.
2. लवानिया एम.एम.: *भारतीय महिलाओं का समाजशास्त्र*, रिसर्च पब्लिकेशन, जयपुर, 2011.
3. Hunt Vivienne : *Competent, Connected and Confident : Female Career Success in Call Centres*, University of Auckland, New Zealand, 2003.
4. Mirchandani Kiran : *Making American Transnational Call Centre Work in India*, University of Toronto, Canada. www.mngt. waikato.ac.nz/ejrot/cmsconference/ .../Mirchandani.pdf.
5. कुमार राकेश : *नारी विमर्श*, आधार प्रकाशन, पंचकुला (हरियाणा), 2011.
6. Raghavan R.K. : Securing Electronic Data, *Frontline*, Vol. 22, No. 14, July 15, 2005.
7. *गृहशोभा*, मासिक पत्रिका: लाइफ कॉल सेंटरों की, अंक: 388, सम्पादकीय व विज्ञापन कार्यालय, नई दिल्ली, 2009, पृ. 61.
8. Next : Call Centre, Careers & Education, April 15, 2008.
9. माहेश्वरी सरला : *नारी प्रश्न*, राधाकृष्ण प्रकाशन प्राइवेट लिमिटेड, नई दिल्ली, 1998, पृ. 97.
10. Narasaian M.L. : *Microcredit and Women*, Discovery Publication House Pvt. Ltd., New Delhi, 2008, p. 80

11. Pruthi Raj, Bela Rani Sharma : *Social Movement and Women*, Anmol Publication, New Delhi, 1993, p. 248.
12. Cealia Ng., Swasti Mitter. : *Gender and Digited Economy*, Sage Publication, New Delhi, 2005, pp.152-157.
13. Rai Alok Kumar : *Customer Relationship Management: Concept and Cases*, PHI Learning Private Limited, New Delhi, 2008.
14. *दैनिक जागरण*—टेलीफोनिक टॉक से बनायें बेहतर रिलेशन्स, *नई राहे*, अक्टूबर 23, 2007.
15. Srivastava Pallavi : BPO's Young and Troubled, *Business Today*, Vol. 16, No. 14, Videocon Tower, Jhandewalan, Delhi, July 15, 2007.
16. Tripathy Kumuda: *A Study on the Workife of BPO Employees and the Various Human Resource Pratices in a BPO- A Case Study of Convergys*, ICFAI Business School, Pune, Aundh, June 21, 2006.
17. Agarwal Anil: *Night Shift for Women : Growth and Opportunity*, National Commission for Women (NCW), New Delhi, Dec. 23, 2007.
18. Singh Preeti and Pandey Anu : Women in Call Centres, *Economic & Political Weekly*, Industrial Estate, Ganpatrao Kadam Marg, Mumbai, India, Feb. 2005, p. 687.
19. Hunt Viviennne : *Compotent, Connected and Confident:Female Career Success in Call Center*? University of Auckland, New Zealand, 2003.
20. Jenning Philip (UNI General Secretary): *UNI Call Centre Charter*, Union Network Internation, Switzerland. www.union-network.org.
21. *भास्कर लक्ष्य—पत्रिका* : B.P.O. की दुनिया, वर्ष : 1, अंक : 7, दैनिक भास्कर, नई दिल्ली, अप्रैल, 2008, पृ0 27.

22. Norman Kerstin : *Call Center Work, Characteristics, Physical, Psychological, Exposure and Health Related Outcome*, Linkoping University, National Institute for Working Life, Sweden, 2005.
23. Patel Reena : *Working the night shift : Gender and the global economy, De, h. cy.* Geography the Environment, University of Fexas at Austin, 2006, p. 8.
24. Kukreja Bhairav Datt: *Women Participation and Innovation Activities in Indian Economy*, Singnature Book Internation, Delhi, 2011.
25. Joseph Molly : *Women Participation and Development Stratgies*, Kamishka Publisher Distributions, New Delhi, 1997, p. 19.
26. Wali Khanna Chara : *Law on Violence Aganist Women*, Serials Publications, New Delhi, 2009, pp. 319-322.
27. Tejani Sheba : "Sexual Harasment at Workplace", *Economic and Political Weekly*, Industrial Estate, Ganpatrao Kadam Marg, Mumbai, India, Oct. 9, 2004.
28. Rahanan Jain : *Women and Society*, Kala Publacations, Delhi, 2005, p. 86.

पंचम अध्याय

भूमिका – द्वन्द्वः तनाव एवं समायोजन

- उत्तरदात्रियों की भूमिकाएँ व उत्तरदायित्व
- भूमिका अन्तर्द्वन्द्व की समस्या
- भूमिका–तनाव का समायोजन
- कार्योजन के अतिरिक्त अन्य कार्यों में रूचि

पंचम अध्याय

भूमिका – द्वन्द्व : तनाव एवं समायोजन

हरिकृष्ण रावत के अनुसार, "दो या दो से अधिक ऐसी भूमिकाओं के बीच असंगत अथवा विरोधाभास की स्थिति, जिनके संबन्ध में एक व्यक्ति से किसी विचाराधीन स्थिति में सम्पादन किये जाने की आशा की जाती है, 'भूमिका–संघर्ष' कहलाती है। इसमें एक भूमिका के सम्पादन द्वारा दूसरी भूमिका में व्यवधान अथवा विरोध की स्थिति उत्पन्न होती है। भूमिका संघर्ष तब उत्पन्न होता है जब व्यक्ति विभिन्न प्रस्थितियों के धारण के कारण अपने जीवन में विरोधी अथवा असंगत भूमिका प्रत्याशाओं का सामना करते हैं। वास्तव में, एक व्यक्ति की बहु–भूमिकाओं के कारण भूमिका–संघर्ष पैदा होता है।

किसी व्यक्ति द्वारा ही पद–प्रस्थिति के साथ जुड़े दायित्वों की आवश्यकताओं को पूरा करने में अनुभव की गई कठिनाईयों अथवा दबावों की स्थिति को 'भूमिका–तनाव' कहते हैं। इस प्रकार के तनाव दूसरों के भिन्न हितों और इरादों के कारण उत्पन्न होते हैं। जब किसी भूमिका–पूंज में सभी भूमिका द्वारा सभी मांगों की पूर्ति करने का कोई साधन नहीं होता, तब भूमिकाओं के सम्पादन में इस प्रकार के तनावों के उत्पन्न होने की सम्भावना रहती है।"[1]

संगीता के शब्दों में– "भूमिका–संघर्ष व तनाव की समस्याओं के

होते हुए भी कॉल सेंटर जैसे व्यवसाय में 40 प्रतिशत कर्मचारी महिलाएँ हैं। इनके अलावा बहुत–सी महिलाएँ शीर्ष स्तर पर कार्यरत हैं और बड़ी–बड़ी कंपनियों का सफल संचालन कर रही हैं। निजी और सार्वजनिक दोनों प्रकार की संस्थाओं के कामकाज को सुचारु बनाकर महिलाओं ने इस धारणा को गलत साबित कर दिया कि वे केवल अधीन रह सकती है और स्वतंत्र रूप से कुछ अच्छा नहीं कर सकती हैं।"[2]

पद से जुड़ी भूमिकाएँ एवं उत्तरदायित्व हैं

व्यक्ति जहाँ कार्य करता है, वहाँ उस कार्य व परिस्थितियों के अनुसार उसे कुछ भूमिकाएँ व उत्तरदायित्व प्राप्त हो जाते हैं, जिनको उसे निष्ठा के साथ निभाना पड़ता है। कुछ इसमें सफल होते हैं और कुछ असफल हो जाते हैं। सफल व असफल होना व्यक्ति की क्षमता व कार्य–दशा के कारकों पर निर्भर होता है। परन्तु फिर भी व्यक्ति उसे पूरी निष्ठा के साथ सफल बनाने का प्रयास करता है।

सारणी संख्या–1

क्रम	*आवृत्ति*	*प्रतिशत*
सामान्य	78	26.00
अनुकूल	84	28.00
संघर्षमय	75	25.00
विरोधी	63	21.00
योग	300	100.00

प्रस्तुत सारणी संख्या–1 के अवलोकन से स्पष्ट होता है कि 26 प्रतिशत उत्तरदात्रियों के लिए प्राप्त भूमिका व उत्तरदायित्व सामान्य

हैं। 28 प्रतिशत उत्तरदात्रियों का मानना है कि पद से जुड़ी भूमिकाएँ व उत्तरदायित्व उनके अनुकूल हैं। 25 प्रतिशत उत्तरदात्रियों का कहना है कि पद से जुड़ी भूमिकाएँ व उत्तरदायित्व संघर्षमय हैं, जबकि 21 प्रतिशत उत्तरदात्रियों का मानना है कि प्राप्त भूमिकाएँ व उत्तरदायित्व उनके व्यक्तित्व के अनुसार विरोधी हैं, परन्तु अन्य विकल्प न होने से वे इसमें संलग्न हैं।

अतः अधिकांश 28 प्रतिशत उत्तरदात्रियों ने पद से जुड़ी भूमिकाएँ व जिम्मेदारियों को अनुकूल माना है। न्यूनतम 21 प्रतिशत उत्तरदात्रियों ने भूमिकाओं और उत्तरदायित्व को स्वयं की प्रकृति का विरोधी बताया है।

भूमिका–अन्तर्द्वन्द्व की समस्या का समाधान

भूमिका–अन्तर्द्वन्द्व एक ऐसी समस्या है, जिसे कर्ता को कार्यों के साथ पूरा करना पड़ता है। कभी–कभी वह तनाव का अनुभव करता है, परन्तु अर्थोपार्जन के लिए इसको सहन करना पड़ता है। कर्ता सदैव इसके समाधान के लिए प्रयास करता रहता है। आर.एल. रैना और ए.के. तिवारी के अनुसार, "कॉल सेंटर में कार्यरत टेली कालर्स को भी तनाव का सामना करना पड़ता है।"[3]

सारणी संख्या–2

क्रम	*आवृत्ति*	*प्रतिशत*
हाँ	207	69.00
नहीं	93	31.00
योग	300	100.00

प्रस्तुत सारणी संख्या–2 के अवलोकन से स्पष्ट होता है कि सबसे अधिक 69 प्रतिशत उत्तरदात्रियों का मानना है कि उनकी

भूमिका–अन्तर्द्वन्द्व की समस्या का समाधान हुआ है। परन्तु सबसे कम 31 प्रतिशत उत्तरदात्रियों का मानना है कि समस्या का समाधान नहीं हुआ है।

यदि हुआ है तो इसका कारण बताएँ–

सारणी संख्या–3

क्रम	*आवृत्ति*	*प्रतिशत*
नौकरी बदल कर	44	21.26
छुट्टी लेकर	60	28.98
दिनचर्या बदल कर	103	49.76
योग	207	100.00

उपरोक्त सारणी संख्या–3 के अवलोकन से स्पष्ट होता है कि 21.26 प्रतिशत उत्तरदात्रियों का कहना है कि भूमिका–अन्तर्द्वन्द्व की समस्या का हल नौकरी बदल कर किया जा सकता है, जबकि 28.98 प्रतिशत उत्तरदात्रियों का मानना है कि भूमिका–अन्तर्द्वन्द्व की समस्या के तनाव को मिटाने के लिए छुट्टी लेना एक सही विकल्प है। परन्तु 49.76 प्रतिशत उत्तरदात्रियों ने माना है कि दिनचर्या बदल कर समस्या का हल किया जा सकता है।

अतः अधिकांश 49.76 प्रतिशत उत्तरदात्रियाँ दिनचर्या बदलने पर बल देती हैं, जबकि न्यूनतम 21.26 प्रतिशत उत्तरदात्रियाँ नौकरी बदलने की बात स्वीकार करती हैं।

भूमिका–तनाव के साथ समायोजन–

रिचा दर्शन ने स्पष्ट लिखा है कि "भूमिका– तनाव के साथ किस प्रकार समायोजन करना है, यह समायोजनकर्ता के स्वभाव व कार्य

की दशा पर आधारित होता है। कुछ कर्ता तो समायोजन में सफल हो जाते हैं जबकि कुछ कर्ता असफल रहते हुए परेशान रहते हैं। कर्मचारी जब अपने साथ के अन्य कर्मचारियों को सामान्य अवस्था में पाता है तो वह हर बारीकी को समझने की चेष्टा करता है। इसमें वह अन्य सहयोगियों की सहायता भी लेता है।"[4]

सारणी संख्या 4

क्रम	*आवृत्ति*	*प्रतिशत*
अपनी योग्यता एवं क्षमता के आधार पर	186	62.00
अपने स्वभाव के आधार पर	78	26.00
चापलूसी के आधार पर	24	8.00
अन्य तकनीक के आधार पर	12	4.00
योग	300	100.00

सारणी संख्या–5

क्रम	*आवृत्ति*	*प्रतिशत*
अच्छे मनोवैज्ञानिकों से मिलते हैं	45	15.00
साधारण दर्द–निवारक दवा लेते हैं	78	26.00
केवल आराम करते हैं	69	23.00
अन्य कार्यों में ध्यान लगाते हैं	108	36.00
योग	300	100.00

प्रस्तुत सारणी संख्या–5 के अवलोकन से स्पष्ट होता है कि 15 प्रतिशत उत्तरदात्रियों ने कहा कि ज्यादा तनाव अनुभव होने पर वे अच्छे मनोवैज्ञानिकों से मिलती हैं, सलाह लेती हैं। 26 प्रतिशत उत्तरदात्रियाँ केवल साधारण दर्द–निवारक दवा लेती हैं। 23 प्रतिशत

उत्तरदात्रियों ने माना कि समयाभाव के कारण थोड़ा–सा आराम ही कर ज्यादा तनाव में समायोजन की कोशिश करती हैं, परन्तु अन्य कार्यों में ध्यान लगाकर या ध्यान बँटाकर ज्यादा तनाव में समायोजन करने वाली 36 प्रतिशत उत्तरदात्रियाँ हैं।

अतः अधिकांश 36 प्रतिशत उत्तरदात्रियाँ ज्यादा तनाव में भी समायोजन के लिए अन्य कार्य में ध्यान लगाना स्वीकार करती हैं। न्यूनतम 15 प्रतिशत उत्तरदात्रियों ने मनोवैज्ञानिकों से सलाह लेने को स्वीकार किया है।

टेली कॉलर महिलाएँ: अन्य कार्यों में रुचि

मैकाईवर व पेज के अनुसार, "मनुष्य एक सामाजिक प्राणी होता है।"[5] वह केवल अर्थोपार्जन के कार्य में संलग्न होकर नहीं रह सकता है। वह मनोरंजन के लिए साधनों का भी प्रयोग करता है, जिससे अपने आपको प्रसन्नचित्त अवस्था में रख सके। एक ही व्यक्ति का लगाव एक या एक से अधिक मनोरंजन के साधनों से हो सकता है, जैसे–

आपस में गपशप करना	1
सांस्कृतिक कार्यक्रम में जाना	2
फिल्म देखना	3
रेडियो सुनना	4
नृत्य–संगीत में रुचि लेना	5
गायन में रुचि लेना	6
साधारण खेल में रुचि लेना	7

सारणी संख्या–6

क्रम	प्राप्तांक	आवृत्ति	प्रतिशत
A	1, 2 ,6	66	22
B	1, 2, 6, 7	30	10
C	1, 3, 4, 6	36	12
D	1, 4, 5, 6	42	14
E	4, 5, 6	48	16
F	3, 4, 6	45	15
G	1, 3, 6	33	11
योग		300	100

प्रस्तुत सारणी संख्या–6 के अवलोकन से स्पष्ट होता है कि 22 प्रतिशत उत्तरदात्रियों के मनोरंजन का साधन गपशप में रुचि लेना, सांस्कृतिक कार्यक्रमों में रुचि लेना एवं गायन में रुचि लेना है। 10 प्रतिशत उत्तरदात्रियों को मनोरंजन के साधन में गपशप करना, सांस्कृतिक कार्यक्रमों में, साथ ही साथ साधारण खेल (जैसे– कैरमबोर्ड, लूडो, टेनिस, वीडियो गेम इत्यादि) में रुचि है। 12 प्रतिशत उत्तरदात्रियों ने स्वीकार किया कि उन्हें गपशप करना, फिल्में देखना, रेडियो सुनना एवं गायन अच्छा लगता है। 14 प्रतिशत उत्तरदात्रियों ने माना कि उन्हें भी फिल्में देखना, रेडियो सुनना, नृत्य एवं गायन अच्छा लगता है। 16 प्रतिशत उत्तरदात्रियों ने कहा कि उन्हें तो रेडियो सुनना, नृत्य करना व गायन अच्छा लगता है। 15 प्रतिशत उत्तरदात्रियों ने माना कि उन्हें फिल्में देखना, रेडियो सुनना व गायन अच्छा लगता है। 11 प्रतिशत उत्तरदात्रियों ने कहा कि उनको गपशप करना, फिल्में देखना एवं गायन अच्छा लगता है।

अतः अधिकांश 22 प्रतिशत उत्तरदात्रियों ने स्वीकार किया कि

गपशप करना, सांस्कृतिक कार्यक्रमों में जाना एवं गायन अच्छा लगता है। न्यूनतम 10 प्रतिशत उत्तरदात्रियों ने गपशप करना, सांस्कृतिक कार्यक्रमों में जाना, गायन में, साथ ही साथ साधारण खेलों में रुचि रखने को स्वीकार किया है।

भूमिका–द्वन्द्व से तनाव एवं समायोजन–

1.आय और पद से जुड़ी भूमिका एवं उत्तरदायित्व के मध्य काई स्क्वायर परीक्षण

सारणी संख्या–7

आय/भूमिका व उत्तरदायित्व	*10–14*	*15–19*	*20–24*	*25 से ऊपर*	*योग*
सामान्य	32	18	25	13	78
	41.03	23.08	19.22	16.67	100
अनुकूल	34	20	14	16	84
	40.48	23.81	16.67	19.04	100
संघर्षमय	22	19	18	16	75
	29.33	25.34	24.00	21.33	100
विरोधी	3	27	31	02	63
	4.76	42.86	49.21	3.17	100
योग	91	84	78	47	300

$x^2 = 48.79 > df = 16.91;\ p > 0.05.$

आय और पद से जुड़ी भूमिका एवं उत्तरदायित्व के मध्य सार्थक सहसम्बंध है।

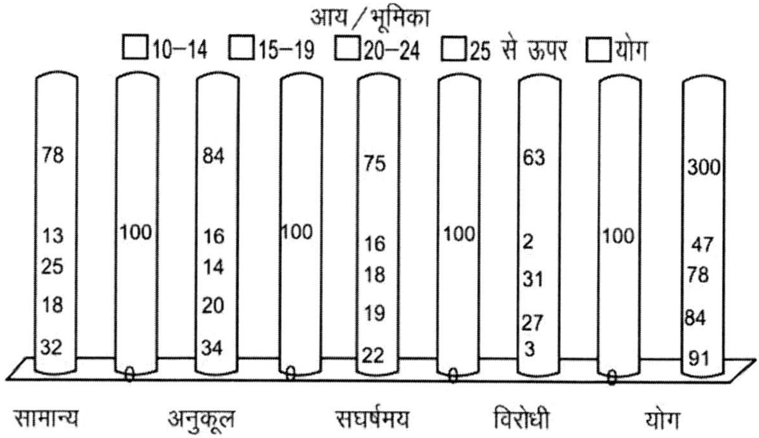

सारणी संख्या–7 से यह ज्ञात होता है कि आय और भूमिका–द्वन्द्व से तनाव व समायोजन के परिप्रेक्ष्य से यह परिलक्षित होता है कि सर्वाधिक 41.03 प्रतिशत उत्तरदात्रियाँ 10–14 हजार आय समूह की हैं जो मानती हैं कि पद से जुड़ी भूमिका एवं उत्तरदायित्व की प्रकृति उनके लिए सामान्य हैं। सर्वाधिक 42.86 प्रतिशत उत्तरदात्रियां 15–19 हजार आय समूह की हैं जो स्पष्ट करती है कि पद से जुड़ी भूमिका एवं उत्तरदायित्व की प्रकृति उनके लिए विरोधाभासी हैं। सर्वाधिक 49.21 प्रतिशत उत्तरदात्रियाँ 20–24 हजार आय के मध्य हैं, कहती है कि पद से जुड़ी भूमिका एवं उत्तरदायित्व की प्रकृति उनके लिए भी विरोधाभासी हैं। सर्वाधिक 21.33 प्रतिशत उत्तरदात्रियाँ 25 हजार आय से ऊपर हैं, यह व्यक्त करती हैं कि पद से जुड़ी भूमिका एवं उत्तरदायित्व की प्रकृति उनके लिए भी संघर्षमयी है। अतः काई स्क्वायर परीक्षण से ज्ञात होता है कि आय और पद से जुड़ी भूमिका एवं उत्तरदायित्व की प्रकृति के मध्य सार्थक सह सम्बंध है।

2. आय और भूमिका अन्तर्द्वन्द्व की समस्या के समाधान के मध्य काई स्क्वायर परीक्षण

सारणी संख्या 8

आय / भूमिका अंर्तद्वन्द्व	10–14	15–19	20–24	25 से ऊपर	योग
हाँ	76	57	41	33	207
	36.71	27.54	19.81	15.94	100
नहीं	15	27	37	14	93
	16.14	29.03	39.78	15.05	100
योग	91	84	78	47	300

$x^2 = 2.27 < df = 7.81 ; p < 0.05$

आय और भूमिका–अन्तर्द्वन्द्व की समस्या के समाधान के मध्य सार्थक सह–सम्बंध नहीं है।

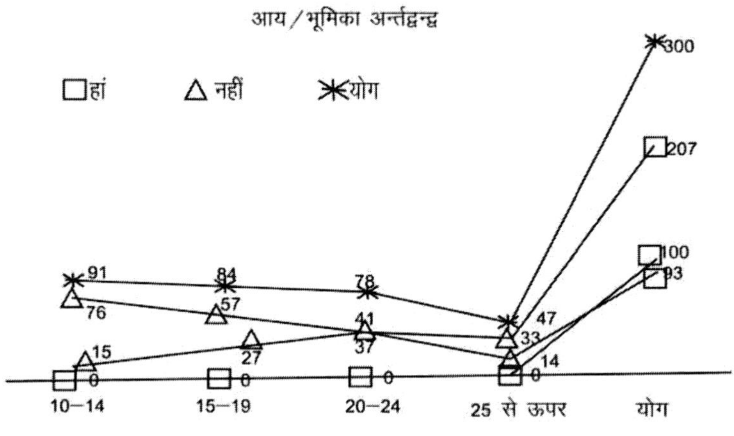

सारणी संख्या–8 से यह भी ज्ञात होता है कि आय और भूमिका–द्वन्द्व से तनाव व समायोजन के परिप्रेक्ष्य से यह परिलक्षित होता है कि सर्वाधिक 36.71 प्रतिशत उत्तरदात्रियाँ 10–14 आय समूह की हैं जो यह मानती है कि भूमिका, अन्तर्द्वन्द्व की समस्या का समाधान हुआ है। सर्वाधिक 29.03 प्रतिशत उत्तरदात्रियों का मानना है कि अन्तर्द्वन्द्व की समस्या का समाधान नहीं हुआ है जो कि 15–19 हजार आय समूह की हैं। सर्वाधिक 39.78 प्रतिशत उत्तरदात्रियाँ का भी मानना है कि अन्तर्द्वन्द्व की समस्या का समाधान नहीं हुआ है जो कि 20–24 हजार आय समूह की हैं। सर्वाधिक 15.94 प्रतिशत उत्तरदात्रियां 25 हजार आय समूह से ऊपर हैं का मानना है कि भूमिका–अन्तर्द्वन्द्व की समस्या का समाधान हुआ है। अतः काई स्क्वायर परीक्षण से ज्ञात होता है कि आय और भूमिका–अन्तर्द्वन्द्व की समस्या का समाधान के मध्य सार्थक सह–सम्बंध नहीं है।

3. आय और भूमिका–तनाव व समायोजन के मध्य काई स्क्वायर परीक्षण

सारणी संख्या–9

आय/भूमिका – तनाव व समायोजन	*10–14*	*15–19*	*20–24*	*25 से ऊपर*	*योग*
योग्यता व क्षमता के आधार पर	59	56	48	23	186
	31.72	30.11	25.81	12.36	100
स्वभाव के आधार पर	26	16	23	13	78
	33.33	20.51	29.49	16.67	100

चापलूसी के आधार पर	03	12	02	07	24
	12.50	50.00	8.33	29.17	100
अन्य तकनीक के आधार पर	03	00.00	05	04	12
	25.00	00.00	41.67	33.33	100
योग	91	84	78	47	300

$\chi^2 = 22.97 > df = 16.91; p > 0.05$

आय और भूमिका तनाव के साथ समायोजन के मध्य सार्थक सह–सम्बंध है।

आय/भूमिका तनाव के उपचार

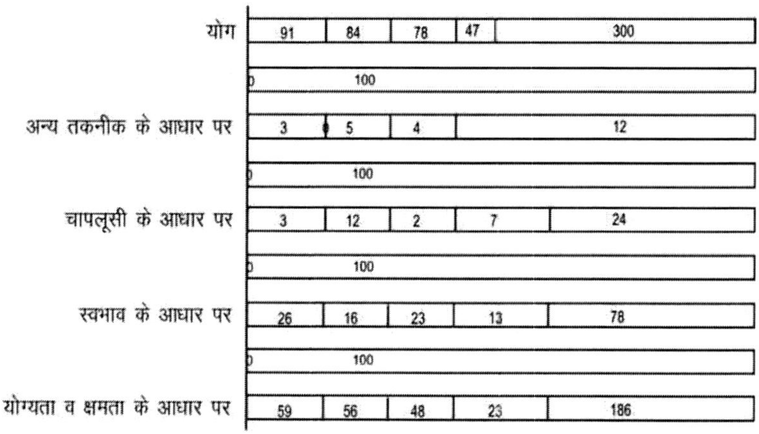

सारणी संख्या–9 से यह भी ज्ञात होता है कि आय और भूमिका–द्वन्द्व से तनाव व समायोजन के परिप्रेक्ष्य से यह परिलक्षित होता है कि सर्वाधिक 33.33 प्रतिशत उत्तरदात्रियाँ 10–14 हजार आय समूह की हैं, उनका कहना है कि भूमिका–तनाव के समायोजन वे अपने स्वभाव के आधार पर करती हैं। सर्वाधिक 50 प्रतिशत उत्तरदात्रियाँ 15–19 हजार आय समूह की हैं ने स्पष्ट किया है कि चापलूसी करके वे भूमिका तनाव में थोड़ा आराम करती हैं तो समायोजन हो जाता है। सर्वाधिक 41.67 प्रतिशत उत्तरदात्रियाँ 20–24 हजार आय समूह के हैं, ने बताया कि अन्य तकनीकी जैसे–साधारण दवा लेकर, थोड़ा हँस–बोल कर या मनपसन्द गाना सुन कर समायोजन करती हैं। सर्वाधिक 33.33 प्रतिशत उत्तरदात्रियां 25 हजार आय समूह से ऊपर की है ने भी व्यक्त किया कि अन्य तकनीक जैसे–साधारण दवा लेकर, थोड़ा हँस–बोल कर या मनपसन्द गाना सुन कर समायोजन करती हैं। अतः काई स्क्वायर परीक्षण से ज्ञात होता है कि आय और भूमिका–तनाव के साथ समायोजन के मध्य सार्थक सहसम्बंध है।

3.आय और भूमिका तनाव के उपचार के साधन के मध्य काई स्क्वायर परीक्षण–

सारणी संख्या–10

आय/भूमिका तनाव के उपचार	*10–14*	*15–19*	*20–24*	*25 से ऊपर*	*योग*
मनोवैज्ञानिकों से मिलना	13	15	09	08	45
	28.89	33.33	20.00	17.78	100
दर्द–निवारक दवा लेना	33	19	16	10	78

	42.31	24.36	20.51	12.82	100
आराम करना	09	17	25	18	69
	13.04	24.64	36.23	26.09	100
अन्य कार्यों में ध्यान लगाना	36	33	28	11	108
	33.33	30.56	25.93	10.18	100
योग	91	84	78	47	300

$\chi^2 = 20.96 < df = 16.91; p < 0.05$

आय और भूमिका–तनाव के निवारण के साधन के मध्य सार्थक सह–सम्बध है।

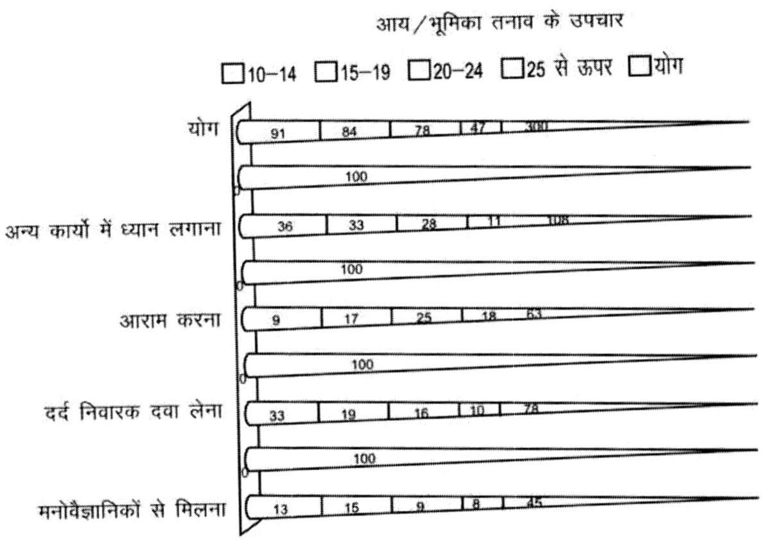

सारणी संख्या–10 से यह भी ज्ञात होता है कि आय और भूमिका– द्वन्द्व से तनाव व समायोजन की परिप्रेक्ष्य से यह परिलक्षित होता है सर्वाधिक 42.31 प्रतिशत उत्तरदात्रियाँ 10–14 हजार आय समूह की हैं जो यह स्पष्ट करती हैं कि यदि अधिक तनाव होता है तो दर्द निवारक दवा लेती हैं। सर्वाधिक 33.33 प्रतिशत उत्तरदात्रियां 15–19 हजार आय समूह की हैं जो यह कहती हैं कि यदि अधिक तनाव में है तो अच्छे मनोवैज्ञानिको से परामर्श लेती हैं। सर्वाधिक 36. 23 प्रतिशत उत्तरदात्रियाँ 20–24 हजार आय समूह की हैं जो यह व्यक्त करती है कि समयाभाव के कारण थोड़ा–सा आराम कर अधिक तनाव में समायोजन की कोशिश करती हैं। सर्वाधिक 26.09 प्रतिशत उत्तरदात्रियाँ 25 हजार आय समूह से ऊपर की हैं, वे भी व्यक्त करती है कि समयाभाव के कारण थोड़ा–सा आराम ही कर अधिक तनाव में समायोजन की कोशिश करती हैं। अतः काई स्क्वायर परीक्षण से ज्ञात होता है कि आय और भूमिका तनाव के समायोजनात्मक उपचार के मध्य सार्थक सह–सम्बंध है।

संदर्भ ग्रंथ

1. रावत हरिकृष्णः *उच्चतर समाजशास्त्र विश्वकोश*, रावत पब्लिकेशन्स, जयपुर, 2007, प. 403.
2. संगीता : ''कार्योजित महिलाओं की कामयाबी का झंडा'', *आन्वीक्षिकी*,– शोध पत्रिका, मनीषा प्रकाशन एवं शोध विवेक संस्था, वाराणसी, अंक : 1, जुलाई–अगस्त 2007, पृ. 28.
3. Raina R. L. and Tiwari A.K. : *Job Stress of Call Centre Employees;* S. G R. R. Institute of Technology and Science, ICFAI, IBS, Dehradun.
4. Darshan Richa : *Stress Management : Analysis of Some Aspect Related with Women Position in BPO; Lakshmi* Narain Collage of Technology Management Education and Research, CLNCT-MER, Indor.

5. *दैनिक जागरण*, "हैलो, के साथ आता है तनाव भी", 7 अक्टूबर, 2007.

6. MacIver and Page : *SOCIETY; Macmillan Co.*, New York, 1959.

षष्ठम् अध्याय

निष्कर्ष और सामान्यीकरण

षष्ठम् अध्याय
निष्कर्ष और सामान्यीकरण

"आज भी भारत के सभी कॉल सेंटर व बी.पी.ओ. कार्य–प्रणाली में लगभग एक तिहाई कार्योजित महिलाएँ सम्मिलित हैं। इस प्रकार, इसके साथ ही महिलाएँ इस उद्योग में मुख्य आर्थिक सहभागिता की भूमिका निभा रही हैं, अर्थात् उनके द्वारा सभी चुनौतियों का सामना किया जाता है, जो उनको दिया जाता है।" उक्त विचार निर्मल मिर्जा ने स्वयं अभिव्यक्त और सम्प्रेषित किया, उन महिलाओं के बारे में, जो कॉल सेंटर व बी.पी.ओ. उद्योग में कार्य कर रही हैं।

कॉल सेंटर में कार्य करने वाली महिलाओं की समस्याएँ, जैसे– छोटे पद पर रहने से अभिव्यक्ति में आत्मविश्वास की कमी, रात्रि कालीन कार्य (*Night Shift Work*) में आने–जाने की समस्या, कंपनी द्वारा प्रदान की गई परिवहन (कैब) सुविधा की सन्तुष्टि, कार्यस्थल वातावरण का प्रभाव, कार्य–प्रणाली से मानसिक तनाव व सन्तुष्टि इत्यादि पर प्रकाश डाला गया है।

प्रस्तुत शोध का विषय महिलाओं पर केंद्रित होने से केवल महिलाओं की समस्याओं और सामाजिक प्रभाव का अध्ययन किया गया है। समाज में परिवर्तन होता रहता है और उससे सभी सामाजिक वर्ग पर प्रभाव पड़ता है। महिलाओं द्वारा अर्थोपार्जन से उनके व्यक्तित्व

पर प्रभाव पड़ता है। परिवार में सुधार आता है। इसके विपरीत समाज में सम्पन्नता भी आती है।

समाज में स्त्रियों द्वारा अर्थोपार्जन के कार्य से सामाजिक संरचना पर प्रभाव पड़ता है, लेकिन स्त्रियाँ किस क्षेत्र में कार्यरत हैं व कार्य की दशा का प्रभाव कार्योजितों के मनोविज्ञान को किस प्रकार प्रभावित कर रहा है – इससे अध्ययन की वस्तुनिष्ठता का बोध होता है। इस परिप्रेक्ष्य में वस्तुनिष्ठ आधार पर निरीक्षण–परीक्षण से प्राप्त निष्कर्ष इस प्रकार हैं–

सामाजिक–आर्थिक परिप्रेक्ष्य

आयु का कार्योजित व्यक्ति के जीवन में बहुत महत्त्व होता है। इस अध्ययन में सर्वाधिक 26 प्रतिशत उत्तरदात्रियाँ टेली कॉलर्स हैं, जो 15–19 आयु समूह की हैं। इन उत्तरदात्रियों की औसत आयु 24.37 वर्ष है। पुरूषों को उत्तरदाता के रूप में नहीं चुना गया है, क्योंकि अध्ययन महिलाओं पर केंद्रित है। अतः केवल महिला उत्तरदात्रियों का चुनाव किया गया है। सर्वाधिक 49.67 प्रतिशत उत्तरदात्रियाँ हिन्दू समुदाय से हैं, जो कि हिन्दू समुदाय की बहुलता को स्पष्ट करता है। उत्तरदात्रियों की शैक्षिक स्थिति सुदृढ़ है। सर्वाधिक स्नातक स्तर की शिक्षित उत्तरदात्रियाँ 54.33 प्रतिशत हैं। कुछ रोजगार के लिए एक स्थान से दूसरे स्थान पर जाना पड़ता है। सर्वाधिक 30.67 प्रतिशत उत्तरदात्रियाँ महानगरों से सम्बन्धित हैं। सामान्यतः आय ही सम्पन्नता का प्रतीक मानी जाती है। सर्वाधिक 30.33 प्रतिशत उत्तरदात्रियाँ ऐसी हैं, जो 10–14 हजार आय प्रति मासिक के मध्य अर्जित करती हैं। मूल निवास और इस व्यवसाय के सम्बन्ध में सर्वाधिक 66 प्रतिशत उत्तरदात्रियाँ दिल्ली के बाहर से सम्बन्धित हैं। सर्वाधिक 34 प्रतिशत उत्तरदात्रियाँ ऐसी हैं, जो जन्म से ही दिल्ली की रहने वाली हैं, लेकिन बाहर से आकर निवास करने की अवधि के आधार पर सर्वाधिक 29 प्रतिशत उत्तरदात्रियाँ पायी गई हैं, जो लगभग दो वर्ष से दिल्ली में निवास कर रही हैं।

वातावरण का प्रभाव व्यक्ति पर सकारात्मक व नकारात्मक दोनों प्रकार से पड़ता है। सर्वाधिक 39 प्रतिशत उत्तरदात्रियाँ अपने आस–पास के वातावरण को अनुकूल मानती हैं। विशेषतः वे उत्तरदात्रियाँ, जो दिल्ली के बाहर से सम्बन्धित हैं, 66 प्रतिशत हैं। इन 66 प्रतिशत में से 41.41 प्रतिशत उत्तरदात्रियाँ अपने आस–पास के वातावरण को अनुकूल मानती हैं। अपरिचित स्थान पर जाने व रहने पर प्रारम्भ में कुछ समस्याओं का उत्पन्न होना स्वाभाविक है। सर्वाधिक 51.52 प्रतिशत उत्तरदात्रियाँ (66 प्रतिशत उत्तरदात्रियों में से) परस्पर सामंजस्य, आत्मविश्वास और सहयोगियों की सहायता पर अपनी सहमति अंकित करती हैं। इस प्रकार से ही अपरिचित स्थान की समस्याओं को हल किया जा सकता है। मित्र या सहकर्मी के प्रति लगाव ही उनको खास व पसंदीदा बनाती है। सर्वाधिक 31.33 प्रतिशत उत्तरदात्रियाँ सहकर्मी मित्रों के साथ शॉपिंग सेंटर जाना पसंद करती हैं। परन्तु एक से अधिक मनोरंजन के साधन, जैसे– सिनेमा, रेस्टूरेंट, शॉपिंग सेंटर व धार्मिक स्थल पर, 74 प्रतिशत उत्तरदात्रियाँ, सहकर्मी मित्रों के साथ जाना पसन्द करती हैं। विवाह का जीवन में महत्त्वपूर्ण स्थान होता है। यही वह संस्था है, जो व्यक्ति को दूसरे परिवार से एवं समाज से जोड़ती है। सर्वाधिक 42.67 प्रतिशत उत्तरदात्रियों ने कहा है कि विपरीत लिंग के सहकर्मी मित्रों के साथ रिश्ते (सम्बन्ध) विवाह तक नहीं पहुँचते हैं। व्यवसाय (कैरियर) में आने के बाद प्रत्येक व्यक्ति निजी जीवन में स्वतन्त्र निर्णय लेना चाहता है। सर्वाधिक 47 प्रतिशत उत्तरदात्रियों ने स्वयं निर्णय की स्वतन्त्रता को स्वीकार किया है। अर्जित आय का लाभ परिवार व स्वयं को होता है। सर्वाधिक 51.33 प्रतिशत उत्तरदात्रियों ने माना कि परिवार को अर्जित आय से लाभ होता है।

कार्यरत व्यक्ति पारिवारिक खर्च में हिस्सेदारी लेना चाहता है और परिवार भी चाहता है कि वह पारिवारिक खर्च में सहयोग करे। सर्वाधिक 56 प्रतिशत उत्तरदात्रियाँ मानती हैं कि पारिवारिक खर्च में

परिवार वाले उनसे परामर्श करके निर्णय लेते हैं। पारिवारिक सदस्यों के साथ निवास करने वाली महिलाएँ 34 प्रतिशत हैं। उनमें से सर्वाधिक 36.27 प्रतिशत उत्तरदात्रियों ने कहा है कि यदि घर पर पहुँचने में देर होती है तो परिवार वाले चिन्ता व्यक्त करते हैं और सहानुभूति जताते हैं। पारिवारिक जीवन में प्रत्यक्ष या अप्रत्यक्ष संघर्ष का व्याप्त होना अवश्यम्भावी है। सर्वाधिक 38.67 प्रतिशत उत्तरदात्रियों ने माना कि परिवार वाले अन्य पुरूषों के साथ परिचर्चा करने व कार्यालय इत्यादि के लिए समय देने इत्यादि पर सदैव आपत्ति व्यक्त करते हैं।

काई स्क्वायर परीक्षण उपरान्त

अधिकांश 39.13 प्रतिशत उत्तरदात्रियाँ 15–19 वर्ष आयु के मध्य हैं जो इण्टरमीडियट तक की शिक्षा प्राप्त हैं। अधिकांश 60 प्रतिशत उत्तरदात्रियाँ ईसाई हैं जो 15–19 वर्ष आयु के मध्य हैं। अधिकांश 39.7 प्रतिशत उत्तरदात्रियाँ नगर निवासी हैं जो 15–19 वर्ष आयु के मध्य हैं। अधिकांश 34–07 प्रतिशत उत्तरदात्रियाँ 15–19 वर्ष आयु के मध्य हैं जिनकी आय 25 हजार प्रति माह के ऊपर है। अधिकांश 34.31 प्रतिशत उत्तरदात्रियाँ दिल्ली की मूल निवासी हैं जो 15–19 वर्ष आयु समूह की हैं। अधिकांश 41.93 प्रतिशत उत्तरदात्रियाँ लगभग छः वर्ष से दिल्ली में निवास कर रही हैं जो कि 15–19 वर्ष आयु समूह की हैं। अधिकांश 36.84 प्रतिशत उत्तरदात्रियाँ इस समय जहाँ रहती हैं वहाँ का वातावरण सामान्य मानती हैं, वे 16–19 वर्ष आयु समूह की हैं। अधिकांश 40 प्रतिशत उत्तरदात्रियाँ सहकर्मी मित्रों के साथ रेस्टुरेन्ट जाना पसन्द करती हैं जो कि 15–19 वर्ष आयु समूह की हैं। अधिकांश 34.57 प्रतिशत उत्तरदात्रियों ने कहा कि सहकर्मियों व मित्रों के साथ रिश्ते विवाह तक नहीं पहुँचते हैं। अधिकांश 40 प्रतिशत उत्तरदात्रियों ने निजी जीवन में निर्णय की प्राथमिकता में दूसरों के विचार को सम्मिलित किया है जो 15–19 वर्ष आयु समूह के मध्य हैं।

अधिकांश 41.67 प्रतिशत उत्तरदात्रियाँ अर्जित आय से पारिवारिक जीवन में लाभ को स्पष्ट नहीं करती हैं।

अधिकांश 35.09 प्रतिशत उत्तरदात्रियाँ 20–24 वर्ष आयु समूह के मध्य हैं जो परास्नातक तक शिक्षित हैं। अधिकांश 41.66 प्रतिशत उत्तरदात्रियों ने अन्य पर अंकित किया जो कि 20–24 वर्ष आयु समूह की हैं। अधिकांश 27.17 प्रतिशत उत्तरदात्रियाँ 20–24 वर्ष आयु समूह की हैं जिन्होंने महानगर निवासी होना बताया। अधिकांश 32.05 प्रतिशत उत्तरदात्रियों की आय 20–24 हजार के मध्य है जो कि 20–24 वर्ष आयु समूह की हैं। अधिकांश 28.28 प्रतिशत उत्तरदात्रियाँ 20–24 वर्ष आयु समूह की हैं जो कि दिल्ली के बाहर की निवासी हैं। अधिकांश 32.18 प्रतिशत उत्तरदात्रियाँ 20–24 वर्ष आयु समूह के मध्य हैं जो कि दो साल से दिल्ली में निवास कर रही हैं।

अधिकांश 31.03 प्रतिशत उत्तरदात्रियाँ 20–24 वर्ष आयु समूह की हैं, जिनका मानना है कि इस समय जहाँ निवास कर रही हैं वहाँ का वातावरण प्रतिकूल है। अधिकांश 43.21 प्रतिशत उत्तरदात्रियाँ 20–24 वर्ष आयु समूह की हैं, जो सहकर्मी मित्रों के साथ धार्मिक स्थलों पर जाना पसंद करती हैं। अधिकांश 28.40 प्रतिशत उत्तरदात्रियाँ 20–24 वर्ष आयु समूह की हैं जिन्होंने सहकर्मी व मित्रों के साथ रिश्ते विवाह तक पहुँचते हैं पर कुछ भी कहने से इंकार कर दिया। अधिकांश 32.50 प्रतिशत उत्तरदात्रियों ने दूसरों के निर्णय को महत्त्व दिया है। अधिकांश 35.71 प्रतिशत उत्तरदात्रियों ने अर्जित आय से पारिवारिक जीवन में कम लाभ बताया है।

अधिकांश 35.96 प्रतिशत उत्तरदात्रियाँ 25–29 वर्ष आयु समूह की हैं जो परास्नातक तक शिक्षित हैं। अधिकांश 35.29 प्रतिशत उत्तरदात्रियाँ 25–29 वर्ष आयु समूह की हैं जो मुस्लिम समुदाय से सम्बन्धित हैं। अधिकांश 36.99 प्रतिशत उत्तरदात्रियाँ 25–29 वर्ष आयु समूह की हैं जिन्होंने कस्बों से सम्बन्धित निवासी होना बताया है।

अधिकांश 29.76 प्रतिशत उत्तरदात्रियाँ 25–29 वर्ष आयु समूह की है जिनकी आय 15–19 हजार प्रतिमाह है। अधिकांश 26.47 प्रतिशत उत्तरदात्रियाँ 25–29 वर्ष आयु समूह की हैं जो दिल्ली की निवासी हैं। अधिकांश 33.97 प्रतिशत उत्तरदात्रियाँ 25–29 वर्ष आयु समूह की हैं जो लगभग चार वर्ष से दिल्ली की निवासी हैं। अधिकांश 53.06 उत्तरदात्रियों ने आस–पास के वातावरण के विषय में कुछ भी कहने से इनकार कर दिया है जो 25–29 वर्ष आयु समूह की हैं। अधिकांश 29.63 प्रतिशत उत्तरदात्रियाँ 25–29 वर्ष आयु समूह की है, वे सहकर्मी मित्रों के साथ धार्मिक स्थल पर जाना पसन्द करती हैं। अधिकांश 38.89 प्रतिशत उत्तरदात्रियाँ 25–29 वर्ष आयु समूह की हैं जिनका मानना है कि सहकर्मी व मित्रों के साथ रिश्ते विवाह तक पहुँचते हैं। अधिकांश 31.21 प्रतिशत उत्तरदात्रियाँ 25–29 वर्ष आयु समूह की हैं जो मानती हैं कि निजी जीवन में निर्णय लेने का उन्हें स्वयं अधिकार प्राप्त है। अधिकांश 35.84 प्रतिशत उत्तरदात्रियाँ 25–29 वर्ष आयु समुह की हैं, जो स्वीकार करती हैं कि उनके द्वारा अर्जित आय से पारिवारिक जीवन में बहुत ज्यादा लाभ पहुँचता है।

अधिकांश 34.78 प्रतिशत उत्तरदात्रियाँ 30 वर्ष आयु के ऊपर की हैं जो इण्टरमीडियट उत्तीर्ण हैं परन्तु द्वितीय स्थान पर 26.99 प्रतिशत स्नातक स्तर की उत्तरदात्रियाँ हैं। अधिकांश 31.54 प्रतिशत उत्तरदात्रियाँ 30 वर्ष के ऊपर आयु समूह की हैं जो कि हिन्दू समुदाय से सम्बन्धित हैं। द्वितीय स्थान पर अधिकांश 37.78 प्रतिशत उत्तरदात्रियाँ महानगरों से सम्बन्धित हैं। जबकि अधिकांश 36.84 प्रतिशत उत्तरदात्रियाँ 30 वर्ष के ऊपर की आयु समूह से हैं जो गाँवों से सम्बन्धित हैं। अधिकांश 29.67 प्रतिशत उत्तरदात्रियाँ 30 वर्ष के ऊपर की आयु समूह की है जो कि 10–14 हजार प्रति माह का वेतन अर्जित करती हैं।

अधिकांश 54 प्रतिशत उत्तरदात्रियाँ 10–14 हजार आय के मध्य हैं जो पारिवारिक खर्च में परिवार वालों से परामर्श करके निर्णय लेती हैं। अधिकांश 35 प्रतिशत उत्तरात्रियाँ 10–14 हजार आय के मध्य हैं

जो पूर्ण वेतन को खर्च करने का अधिकार रखती हैं। अधिकांश 10–14 हजार आय के मध्य हैं। 35.44 प्रतिशत उत्तरदात्रियों ने स्पष्ट किया कि अन्य पुरूषों के साथ चर्चा करने, उनके साथ कार्यालय के कार्य के लिए समय देने इत्यादि पर परिवार को कभी–कभी आपत्ति होती है।

अधिकांश 39.53 प्रतिशत उत्तरदात्रियाँ 15–19 हजार आय के मध्य हैं, ने स्पष्ट किया कि पारिवारिक खर्च में सहयोग के लिए परिवार से अनुमति या परामर्श की आवश्यकता होती है। अधिकांश 32.35 प्रतिशत उत्तरदात्रियाँ 15–19 हजार आय प्रति माह के मध्य हैं, ने माना कि अर्जित वेतन का बहुत कम भाग वे खर्च करने का अधिकार रखती हैं। अधिकांश 28.48 प्रतिशत उत्तरदात्रियाँ 15–19 हजार आय के मध्य हैं, ने बताया कि अन्य पुरूषों के परिचर्चा व कार्यालय के कार्य इत्यादि के लिए समय देने पर परिवार वाले कभी–कभी आपत्ति जताते हैं।

अधिकांश 30.96 प्रतिशत उत्तरदात्रियाँ 20–24 हजार आय के मध्य हैं, ने माना कि पारिवारिक खर्च में परिवार वालों से परामर्श करके निर्णय लेती हैं। अधिकांश 45.45 प्रतिशत उत्तरदात्रियाँ 20–24 हजार आय के मध्य हैं, अर्जित आय को खर्च करने का बिल्कुल अधिकार नहीं रखती हैं। अधिकांश 35.34 प्रतिशत उत्तरदात्रियाँ 20–24 हजार आय के मध्य हैं, ने स्वीकार किया कि अन्य पुरूषों के साथ परिचर्चा, कार्यालय कार्य इत्यादि पर समय देने पर परिवार वाले सदैव आपत्ति जताते हैं।

अधिकांश 39.12 प्रतिशत उत्तरदात्रियाँ 25 हजार प्रति माह आय से ऊपर है, ने बताया कि पारिवारिक खर्च में परिवार वालों से कभी परामर्श करके निर्णय नहीं लेना पड़ता बल्कि उनकी भूमिका की सराहना की जाती है। अधिकांश 20.59 प्रतिशत उत्तरदात्रियाँ 25 हजार आय से ऊपर हैं, ने माना कि अर्जित आय के व्यय का बिल्कुल अधिकार नहीं रखती हैं। अधिकांश 16.46 प्रतिशत उत्तरदात्रियाँ 25

हजार आय से ऊपर हैं, ने अन्य पुरूषों के साथ बात या कार्यालय के कार्य इत्यादि के लिए समय देने पर परिवार द्वारा कभी–कभी आपत्ति होना स्वीकार किया है।

कार्यस्थल पर कार्य के दौरान मानसिक तनाव और कार्य–संतुष्टि

टेली कॉलर उत्तरदात्रियों द्वारा व्यक्त विचारों से कार्यस्थल की दशा व प्रभाव के साथ उससे उत्पन्न मानसिक तनाव के विषय में भी तथ्य प्राप्त होते हैं, जबकि उन तथ्यों पर प्रकाश से काय–संतुष्टि के स्तर का भी पता चलता है। सर्वप्रथम व्यवसाय का चुनाव ही निर्धारित करता है कि महिलाओं के अग्रसर होने की दिशा कैसी है? अधिकांश 72 प्रतिशत उत्तरदात्रियाँ व्यवसाय का चुनाव करने में स्वतन्त्र हैं, अर्थात् टेली–कालिंग व्यवसाय में टेली कॉलर महिलाओं का विश्वास अच्छा है। नौकरी से संतुष्टि के विषय में अधिकांश 50.33 प्रतिशत उत्तरदात्रियों ने सकारात्मक उत्तर दिया ह, जो कि नौकरी के प्रति महिलाओं की निष्ठा को व्यक्त करता है। अधिकांश 54.33 प्रतिशत उत्तरदात्रियों ने पद से जुड़ी भूमिकाओं को स्वयं की प्रकृति से सामंजस्य रखती हैं, पर सकारात्मक उत्तर नहीं दिया, जिससे पद के मूल्य का मूल्यांकन भी सही लगता है। अधिकांश 40 प्रतिशत उत्तरदात्रियों ने कहा कि वे पूर्ण वेतन व्यय का अधिकार रखती हैं, परन्तु 38.67 प्रतिशत उत्तरदात्रियों का कहना है कि पद से जुड़ी भूमिकाएँ स्वयं के लिए सही नहीं हैं। इन 38.67 प्रतिशत उत्तरदात्रियों में से अधिकांश 48.28 प्रतिशत उत्तरदात्रियों ने रात्रि अवधि कार्य (*Night Shift*) की बाध्यता बताई है। रात्रि अवधि कार्य से टेली कॉलर महिलाओं और टेली कॉलिंग व्यवसाय के मध्य सम्बन्धों में विचलन का भाव उत्प्रेरित होता है। कॉल सेंटर द्वारा उपलब्ध परिवहन (*Cab*) की सुविधा में 40 प्रतिशत उत्तरदात्रियों का विश्वास है। इस व्यवसाय में और भी सुधार की आवश्यकता है। अधिकांश 42 प्रतिशत उत्तरदात्रियाँ

ऐसी हैं, जो कार्यों के निष्पादन में सहयोगियों का सहयोग लेती हैं। इससे स्पष्ट होता है कि कार्यों की व्यस्तता में शारीरिक निकटता (*Psysical Proximity*) होते हुए भी सामाजिक अंतर्क्रिया की कमी है। अधिकांश 54.67 प्रतिशत उत्तरदात्रियों ने अधिकारियों के साथ स्वयं के व्यवहार को अच्छा बताया है। इससे प्रतीत होता है कि अधिकारियों व कार्योजित महिलाओं के मध्य व्यवहार सहयोगात्मक है। दूसरी ओर सहयोगियों के मध्य स्वयं के व्यवहार पर अधिकांश 63.33 प्रतिशत उत्तरदात्रियों ने अच्छा बताया है। सहयोगियों के साथ टेली कॉलर महिलाओं का व्यवहार सामान्यतः अच्छा ही है, जो कि कार्य–परिवेश के लिए उत्तम है। अधिकांश 59.33 प्रतिशत उत्तरदात्रियाँ यह मानती हैं कि क्षमता व योग्यता के अनुरूप कम वेतन मिलता है। जिससे इस व्यवसाय में योग्यता अनुरूप वेतन सुधार का महत्त्व स्पष्ट होता है। अधिकांश 47 प्रतिशत उत्तरदात्रियों ने स्वीकार किया कि ऐसा नहीं है कि स्त्रियों को पुरूषों के समान अवसर मिलने पर उच्च पदों में नियुक्ति अवरुद्ध की जाती है। स्त्रियों व पुरूषों को उच्च पदों में समान नियुक्ति प्रदान की जाती है। अधिकांश 60.67 प्रतिशत उत्तरदात्रियाँ यह मानती हैं कि पुरूषों की तुलना में महिलाओं को अधिक दण्ड नहीं मिलता है। स्पष्ट है कि कॉल सेंटर के वातावरण में लैंगिक विभेदता में दण्डात्मक कार्यवाही का स्वरूप बराबर है। अधिकांश 43.67 प्रतिशत उत्तरदात्रियों ने स्पष्ट किया कि पुरूष सहकर्मी महिला सहकर्मी को उपेक्षा के भाव से कभी नहीं देखते हैं। अधिकांश 62 प्रतिशत उत्तरदात्रियों ने माना कि कोई गलती होने पर केवल डाँट खानी पड़ती है। दण्ड का स्वरूप सरल होने से वातावरण में शान्ति विद्यमान रहती है। अधिकांश 44.67 प्रतिशत उत्तरदात्रियों ने वर्तमान कार्योजन में बने रहने पर अपनी सहमति प्रदान की है। अधिकांश 39.67 प्रतिशत उत्तरदात्रियों ने माना कि ज्यादा तनाव अंग्रेजी भाषा के कॉल (सूचना सम्प्रेषण) में होती है। अंग्रेजी के उच्चारण का तरीका भिन्न–भिन्न होता है जो तनाव का कारण बन जाता है। अधिकांश 66 प्रतिशत उत्तरदात्रियों ने कहा कि ऐसा नहीं

है कि उपभोक्ता फोन लाइन पर अश्लील एवं आपत्तिजनक बातें करते हैं, क्योंकि वे उपभोक्ताओं से बहुत कम समय तक ही बात करती हैं। अधिकांश 40.67 प्रतिशत उत्तरदात्रियों ने कहा कि उपभोक्ता द्वारा हँसी–मजाक व मित्रतापूर्ण ढंग से बात करने पर वो भी प्रसन्नतापूर्ण ढंग से बात करती हैं। उपभोक्ताओं की समस्या को समझने के लिए टेली कॉलर्स को व्यवहार नम्रतापूर्ण रखना पड़ता है। अधिकांश 82 प्रतिशत उत्तरदात्रियों ने माना कि उग्र स्वभाव के उपभोक्ताओं से भी उन्हें शान्तिपूर्ण ढंग से बात करनी पड़ती है। ऐसा इसलिए है कि ऐसी घटनाएँ हमेशा होती रहती हैं, जिससे अनुकूलन के लक्षण उनके स्वभाव में आत्मसात हो जाते हैं। अधिकांश 59.33 प्रतिशत उत्तरदात्रियों ने स्पष्ट किया कि अधिकारी, पुरूष सहकर्मी की तुलना में उनसे अधिक श्रम कभी नहीं लेते हैं। अधिकांश 34.33 प्रतिशत उत्तरदात्रियों ने अधिक श्रम या अतिरिक्त श्रम (*Over Time*) से वेतन वृद्धि के प्रश्न पर कुछ भी कहने से इनकार कर दिया है। अधिकांश 34.33 प्रतिशत उत्तरदात्रियों का मानना है कि कार्य को नियमित समय पर पूरा करने के लिए नियंत्रण व निगरानी का स्तर कड़ा नहीं होता है, क्योंकि कार्य की दशा पहले से निश्चित होती है। अधिकांश 55 प्रतिशत उत्तरदात्रियों ने स्वीकार किया कि कार्य को निश्चित समय पर पूरा करने के प्रति सुपरवाईजर के दबाव के प्रभाव में चुपचाप कार्य करती हैं। अधिकांश 47 प्रतिशत उत्तरदात्रियाँ कभी–कभी तनाव और थकान महसूस करती हैं, क्योंकि रात–दिन (24 x 7) का अनियमित सामंजस्य कॉल सेंटर में सदैव रहता है। इसलिए इस प्रक्रिया की उनको एक आदत–सी हो जाती है।

अधिकांश 30.67 प्रतिशत उत्तरदात्रियों ने वास्तविक नाम के साथ पश्चिमी स्वरूप वाले नाम को दोहरी भूमिका के साथ निभाना स्वीकार किया है। कॉल सेंटर के सभी टेली कॉलर्स के पक्ष में स्वीकार होना सिद्ध करता है कि ऐसा कार्य परिवेश के लिए आवश्यक है। एक ही तरह का कार्य या अधिक कार्य सदैव तनाव उत्पन्न करता है।

अधिकांश 62 प्रतिशत उत्तरदात्रियाँ यह मानती हैं कि टेली कॉलिंग कार्य के दौरान कभी–कभी मानसिक तनाव का शिकार होना पड़ता है।

अधिकांश 62 प्रतिशत उत्तरदात्रियाँ ऐसी हैं, जिनको रात्रि अवधि कार्य में आने–जाने में कठिनाईयों का सामना करना पड़ता है। अर्थात् प्रदान की गई सुविधा में सुधार की आवश्यकता है। इसलिए अधिकतम 40 प्रतिशत उत्तरदात्रियाँ कॉल सेंटर द्वारा प्रदत्त परिवहन से असंतुष्ट हैं। परिवहन केवल अल्प अवधि तक प्रतिक्षा करती हैं, अन्यथा छोड़ कर चली जाती है। अधिकांश 60 प्रतिशत उत्तरदात्रियों ने स्पष्ट किया कि नियोक्ता टेली–कॉलर्स को कार्यों पर रखने व हटाने के मामले में लचीला रूख (नियमहीनता) रखते हैं। कार्यों में उसे ही बनाये रखा जाता है, जो उपयुक्त हो। कोई भी संस्था या केंद्र कार्योजितों से चलता है। बेरोजगारी के दौर में यहाँ काफी भीड़ रहती है। अतः कॉल सेंटर कार्योजितों से किसी भी प्रकार का समझौता नहीं करता है। अतः इन 60 प्रतिशत उत्तरदात्रियों में से अधिकांश 33.89 प्रतिशत उत्तरदात्रियों ने कारण अनुसार नियुक्त किये जाने व पदमुक्त किया जाना स्वीकार किया। अधिकांश 57 प्रतिशत उत्तरदात्रियों ने एक महिला होने के कारण भेदभाव को अस्वीकार कर दिया। साथ में कार्य करना व सहयोग लेने से सामुदायिक भावना का उदय होता है। दूसरी ओर, छोटी–छोटी आवश्यकता हेतु संघर्ष के लिए साथ देने व सम्मिलित रूप से आवाज उठाने की प्रवृत्ति इनके बीच संघ के तत्वों का भी निर्माण करती है। यौन–उत्पीड़न (*Sexual Abuse*) के कई स्वरूप हो सकते हैं, जैसे– सांकेतिक, वाचिक, शारीरिक इत्यादि। महिलाएँ इन समस्याओं से सदैव ग्रसित रहती हैं। प्रत्येक कार्यस्थल पर इस प्रकार की समस्या प्रत्यक्ष या अप्रत्यक्ष रूप में अवश्य विद्यमान रहती है। अधिकांश 32 प्रतिशत उत्तरदात्रियों ने यौन–उत्पीड़न का स्वरूप सांकेतिक ही माना है। उत्पीड़न का स्तर यदि असहनीय हो जाता है तो शिकायत होना तय होता है। परन्तु फिर भी महिलाएँ

स्वभाव की कोमल व क्षमादायिनी होती हैं। अधिकांश 54 प्रतिशत उत्तरदात्रियों ने यौन–उत्पीड़न की दशा में अधिकारियों से शिकायत करने से इनकार कर दिया है। यौन–उत्पीड़न की दशा में सर्वप्रथम महिलाएँ आत्मरक्षार्थ चुप रहती हैं, डाँट देती हैं, वहाँ से हट जाती हैं, या शिकायत करती हैं। अधिकांश 36 प्रतिशत उत्तरदात्रियों ने कहा है कि इस तरह के व्यवहार पर वे चुप रहना ही अच्छा समझती हैं, क्योंकि शिकायत का कभी–कभी विपरीत प्रभाव देखने को मिलता है।

काई स्क्वायर परीक्षण उपरान्त

अधिकांश 45.45 प्रतिशत उत्तरदात्रियॉ 10–14 हजार आय के मध्य हैं, ने माना कि वे व्यवसाय का चुनाव करने में स्वतंत्र नहीं हैं लेकिन सबसे कम 26.85 प्रतिशत उत्तरदात्रियाँ व्यवसाय के चुनाव के लिए स्वतंत्र हैं। अधिकांश 43.06 प्रतिशत उत्तरदात्रियाँ जो 10–14 हजार आय के मध्य हैं, अपनी नौकरी से संतुष्ट नहीं हैं। अधिकांश 57.14 प्रतिशत उत्तरदात्रियाँ 10–14 हजार आय के मध्य हैं ने पद से जुड़ी भूमिकाओं पर कुछ भी कहने से इनकार कर दिया। अधिकांश 35.96 प्रतिशत उत्तरदात्रियाँ 10–14 हजार आय के मध्य हैं, ने स्वीकार किया कि कार्यों के निष्पादन में सहयोगियों की सहायता कभी–कभी लेती हैं। अधिकांश 31.71 प्रतिशत उत्तरदात्रियाँ 10–14 हजार आय के मध्य हैं, ने माना कि उच्च अधिकारियों से उनके अच्छे व्यवहार हैं। अधिकांश 76.92 प्रतिशत उत्तरदात्रियाँ 10–14 हजार आय के मध्य हैं, ने सहयोगियों के साथ व्यवहार अच्छा नहीं बताया है। अधिकांश 40 प्रतिशत उत्तरदात्रियाँ 10–14 हजार आय के मध्य हैं, ने माना कि शायद ही क्षमता व योग्यता के अनुरूप वेतन सही रूप से मिलता हैं। अधिकांश 48.39 प्रतिशत उत्तरदात्रियाँ 10–14 हजार आय के मध्य हैं, ने कहा कि महिला होने से उच्च पदों पर उनकी नियुक्ति अवरूद्ध की जाती है। अधिकांश 36.36 प्रतिशत उत्तरदात्रियाँ 10–14 हजार आय के मध्य हैं, ने माना कि पुरूषों की तुलना में महिलाओं को अधिक दण्ड मिलना निश्चित नहीं है, शायद ही ऐसा

होता हो। अधिकांश 45.83 प्रतिशत उत्तरदात्रियाँ 10–14 हजार आय के मध्य हैं, ने माना कि अधिकारी पुरूष सहकर्मी की तुलना में उनसे अधिक श्रम केवल आवश्यकतानुसार ही लेते हैं। अधिकांश 36.11 प्रतिशत उत्तरदात्रियों ने स्पष्ट किया कि अधिक श्रम से आवश्यकतानुसार ही वेतन वृद्धि का प्रभाव पड़ता है जो कि 10–14 हजार आय के मध्य हैं। अधिकांश 38.30 प्रतिशत उत्तरदात्रियाँ 10–14 हजार आय के मध्य हैं, ने कहा कि कार्य पर निगरानी एवं नियंत्रण का स्तर अत्यन्त कठिन होना सत्य है। अधिकांश 38.04 प्रतिशत उत्तरदात्रियाँ 10–14 हजार आय के मध्य हैं, ने स्पष्ट किया कि वास्तविक नाम के साथ पश्चिमी अन्दाज (स्वरूप) वाले नाम को दोहरी भूमिका के साथ निभाते हैं। अधिकांश 41.67 प्रतिशत उत्तरदात्रियाँ 10–14 हजार आय के मध्य हैं, मानती हैं कि कार्य के दौरान मानसिक तनाव कभी नहीं होता है। अधिकांश 36.56 प्रतिशत उत्तरदात्रियों ने माना कि रात्रि अवधि कार्य में कठिनाईयाँ होती हैं, जो 10–14 हजार आय के मध्य हैं। अधिकांश 32–78 प्रतिशत उत्तरदात्रियाँ 10–14 हजार आय के मध्य हैं, ने माना कि नियोक्ता टेली कॉलर्स को रखने व हटाने के मामले में लचीला रूख रखते हैं। अधिकांश 38.89 प्रतिशत उत्तरदात्रियों ने स्पष्ट किया कि महिला होने के कारण कभी–कभी भेदभाव का शिकार होना पड़ता है, जो कि 10–14 हजार आय के मध्य हैं।

अधिकांश 30.56 प्रतिशत उत्तरदात्रियाँ 15–19 हजार आय के मध्य हैं, का मानना है कि वे व्यवसाय का चुनाव करने में स्वतंत्र हैं। अधिकांश 30.56 प्रतिशत उत्तरदात्रियाँ 15–19 हजार आय के मध्य हैं, जो अपनी नौकरी से संतुष्ट नहीं हैं। अधिकांश 31.90 प्रतिशत उत्तरदात्रियाँ 15–19 हजार आय के मध्य हैं, ने स्पष्ट किया है कि पद से जुड़ी भूमिका उनकी प्रकृति से सामंजस्य नहीं रखती है। अधिकांश 33.33 प्रतिशत उत्तरदात्रियाँ 15–19 हजार आय के मध्य है, ने माना कि कार्यों के निष्पादन में कभी–कभी सहयोगियों से सहयोग लेना पड़ता है। अधिकांश 45.45 प्रतिशत उत्तरदात्रियाँ 15–19 हजार आय

के मध्य है, ने स्वीकार किया कि उच्च अधिकारियों से उनके व्यवहार अच्छे नहीं हैं। अधिकांश 30.95 प्रतिशत उत्तरदात्रियाँ 15–19 हजार आय के मध्य हैं, ने स्वीकार किया कि सहयोगियों के साथ उनके व्यवहार न अधिक अच्छे व न अधिक खराब हैं, बल्कि सामान्य–सा व्यवहार ही है। अधिकांश 31.25 प्रतिशत उत्तरदात्रियाँ 15–19 हजार आय के मध्य हैं, ने माना कि क्षमता व योग्यता के अनुरूप वेतन मिलता है। अधिकांश 52.38 प्रतिशत उत्तरदात्रियाँ 15–19 हजार आय के मध्य हैं, ने पुरुषों की तुलना में महिलाओं की उच्च पदों पर नियुक्ति की तुलना में महिलाओं की उच्च पदों पर नियुक्ति अवरूद्ध की जाती है पर कुछ भी कहने से इनकार कर दिया है। अधिकांश 29.90 प्रतिशत उत्तरदात्रियाँ 15–19 हजार आय के मध्य हैं, का मानना है कि स्त्री हो या पुरूष कुछ गलतीयों (त्रूटियों) पर दोनों को बराबर दण्ड मिलता है। अधिकांश 38.10 प्रतिशत उत्तरदात्रियाँ 15–19 हजार आय के मध्य हैं, ने अधिकारियों द्वारा पुरुष सहकर्मियों की तुलना में टेली कॉलर्स महिलाओं से अधिक श्रम लेने के प्रश्न पर कुछ भी कहने से इंकार कर दिया। अधिकांश 30.11 प्रतिशत उत्तरदात्रियाँ 15–19 हजार आय के मध्य हैं, ने कहा कि अधिक श्रम करने पर भी वेतन वृद्धि पर बिल्कुल प्रभाव नहीं पड़ता है। अधिकांश 30.42 प्रतिशत उत्तरदात्रियाँ 15–19 हजार आय के मध्य हैं, ने माना कि कार्यों पर निगरानी व नियंषण का स्तर आवश्यकता कठिन बनाये जाते हैं। अधिकांश 33.70 प्रतिशत उत्तरदात्रियाँ 15–19 हजार आय के मध्य हैं, ने स्वीकार किया किया कि वास्तविक नाम के स्थान पर पश्चिमी स्वरुप वाले नाम को रखकर दोहरी भूमिका के साथ निभाना पड़ता है। अतः सम्भवतः सभी ऐसा करते हैं। अधिकांश 30.56 प्रतिशत उत्तरदात्रियाँ 15–19 हजार आय के मध्य है, ने माना कि कार्य के दौरान मानसिक अवसाद (तनाव) कभी नहीं होता है। अधिकांश 29.03 प्रतिशत उत्तरदात्रियाँ 15–19 हजार आय के मध्य हैं, ने स्वीकार किया कि रात्रि अवधि कार्य के दौरान उन्हें कठिनाइयों का सामना करना पड़ता है। अधिकांश 30.56 प्रतिशत उत्तरदात्रियाँ 15–19 हजार आय के

मध्य है, ने बताया कि नियोक्ता टेली कालर्स को रखने व हटाने के मामले में लचिला रूख (नियमहीनता) बनाये रखते हैं। अधिकांश 30.56 प्रतिशत उत्तरदात्रियाँ 15–19 हजार आय के मध्य हैं, ने माना कि कार्योजन में महिला होने के कारण कभी–कभी भेदभाव का शिकार होना पड़ता है।

अधिकांश 28.24 प्रतिशत उत्तरदात्रियाँ 20–24 हजार आय के मध्य हैं, जिनका मानना है कि वे अपना व्यवसाय चुनने के लिए स्वतंत्र है। अधिकांश 33.77 प्रतिशत उत्तरदात्रियों 20–24 हजार आय के मध्य हैं, ने माना कि वे अपनी नौकरी से संतुष्टि के प्रश्न पर कुछ भी नहीं कहेंगी। अधिकांश 30.06 प्रतिशत उत्तरदात्रियाँ 20–24 हजार आय के मध्य हैं, ने स्वीकार किया कि पद से जुड़ी भूमिकाएँ उनकी प्रकृति के अनुरूप नही हैं। अधिकांश 58.33 प्रतिशत उत्तरदात्रियाँ 20–24 हजार आय के मध्य हैं, ने कहा कि कार्यों के निष्पादन में सहयोगियों से सहयोग लेती हैं। अधिकांश 27.07 प्रतिशत उत्तरदात्रियाँ 20–24 हजार आय के मध्य हैं, स्वीकार किया कि उच्च्य अधिकारियों के साथ सामान्य व्यवहार ही है। अधिकांश 30.53 प्रतिशत उत्तरदात्रियाँ 20–24 हजार आय के मध्य हैं, ने स्वीकार किया कि सहयोगियों के साथ अच्छे व्यवहार हैं। अधिकांश 54.17 प्रतिशत उत्तरदात्रियाँ 20–24 हजार आय के मध्य हैं, ने स्पष्ट किया कि उनको क्षमता व योग्यता के अनुरूप वेतन नहीं मिलता है। अधिकांश 37.59 प्रतिशत उत्तरदात्रियाँ 20–24 हजार आय के मध्य हैं, मानती हैं कि पुरूषों की तुलना में टेली कॉलर महिलाओं की उच्च पदों पर नियुक्ति अवरुद्ध नहीं की जाती है। अधिकांश 58.33 प्रतिशत उत्तरदात्रियाँ 20–24 हजार आय के मध्य हैं, ने पुरूषों की तुलना में महिला टेली कॉलर को अधिक दण्ड मिलता है, के प्रश्न पर कुछ भी कहने से इनकार किया है। अधिकांश 31.46 प्रतिशत उत्तरदात्रियां 20–24 हजार आय के मध्य है, ने स्पष्ट किया है कि अधिकारी पुरूष सहकर्मी की तुलना में टेली कॉलर महिलाओं से अधिक श्रम या अतिरिक्त श्रम (*Over Time*) नहीं लेते हैं।

अधिकांश 19.12 प्रतिशत उत्तरदात्रियाँ 20–24 हजार आय के मध्य हैं, ने माना कि अधिक श्रम या अतिरिक्त श्रम (*Over Time*) से वेतन वृद्धि पर प्रभाव पड़ता है। अधिकांश 29.13 प्रतिशत उत्तरदात्रियाँ 20–24 हजार आय के मध्य है, मानती है कि यह असत्य है कि कार्यों पर कठोर निगरानी और नियंत्रण होता है। अधिकांश 39.13 प्रतिशत उत्तरदात्रियाँ 20–24 हजार आय के मध्य है, ने कुछ भी कहने से इनकार किया कि टेली कॉलर महिलाओं को वास्तविक नाम के साथ पश्चिमी स्वरुप के नाम रख कर दोहरी भूमिका निभानी पड़ती है। अधिकांश 47.91 प्रतिशत उत्तरदात्रियां 20–24 हजार आय के मध्य हैं, ने माना है कि कार्य के दौरान मानसिक तनाव उत्पन्न होता है, पर कुछ नहीं कह सकती है। अधिकांश 27.19 प्रतिशत उत्तरदात्रियाँ 20–24 हजार आय के मध्य हैं, ने माना कि रात्रि अवधि कार्य (*NIGHT SHIFT*) में कठिनाइयां नहीं होती है। अधिकांश 36.66 प्रतिशत उत्तरदात्रियाँ 20–24 हजार आय के मध्य है, ने स्पष्ट किया कि नियोक्ता टेली–कॉलर्स को रखने व हटाने के मामले में लचीला रूख (नियमहीनता) नहीं रखते हैं। अधिकांश 37.50 प्रतिशत उत्तरदात्रियाँ 20–24 हजार आप के मध्य हैं, ने स्वीकार किया कि एक महिला होने के कारण उन्हें सदैव ही भेदभाव का शिकार होना पड़ता है।

अधिकांश 19.61 प्रतिशत उत्तरदात्रियाँ 25 हजार आय से ऊपर हैं, ने व्यवसाय के चुनाव की स्वतंत्रता पर कुछ भी कहने से इनकार कर दिया है। अधिकांश 21.19 प्रतिशत उत्तरदात्रियाँ 25 हजार आय से ऊपर है, ने माना कि वे इस नौकरी से संतुष्ट हैं। अधिकांश 18.97 प्रतिशत उत्तरदात्रियाँ 25 हजार आय से ऊपर हैं, ने स्पष्ट किया कि पद से जुड़ी भूमिकाएँ उनकी प्रकृति से सामंजस्य नहीं रखती हैं। अधिकांश 19.05 प्रतिशत उत्तरदात्रियाँ 25 हजार आय से ऊपर हैं, ने स्वीकार किया कि वे आवश्यकतानुसार कार्यों में सहयोगियों का सहयोग लेती हैं। अधिकांश 31.82 प्रतिशत उत्तरदात्रियाँ 25 हजार आय के ऊपर हैं, ने माना कि उच्च अधिकारियों के साथ उनके

व्यवहार खराब हैं। अधिकांश 18.42 प्रतिशत उत्तरदात्रियाँ 25 हजार आय के ऊपर है, ने स्वीकार किया है कि सहयोगियों के साथ अच्छे व्यवहार हैं। अधिकांश 21.43 प्रतिशत उत्तरदात्रियाँ 25 हजार आय के ऊपर हैं, मानती हैं कि क्षमता व योग्यता के अनुरूप वेतन मिलने पर कुछ भी कहना कठिन है। अधिकांश 35.56 प्रतिशत उत्तरदात्रियाँ 25 हजार आय के ऊपर हैं, मानती हैं कि शायद पुरूषों की तुलना में उच्च पदों पर उनकी नियुक्तियाँ अवरुद्ध की जाती हैं। अधिकांश 19.59 प्रतिशत उत्तरदात्रियाँ 25 हजार आय के ऊपर है, ने स्वीकार किया है कि पुरूषों की तुलना में महिलाओं को अधिक दण्ड नहीं मिलता है। अधिकांश 22.64 प्रतिशत उत्तरदात्रियाँ 25 हजार आय से ऊपर हैं, ने माना है कि अधिकारी पुरुष सहकर्मी की तुलना में उनसे कभी–कभी अधिक श्रम लेते हैं। अधिकांश 22.22 प्रतिशत उत्तरदात्रियाँ 25 हजार आय के मध्य हैं, ने माना कि अधिक श्रम (ओवर टाइम) करने पर वेतन वृद्धि पर आवश्यकतानुसार प्रभाव पड़ता है। अधिकांश 19.75 प्रतिशत उत्तरदात्रियाँ 25 हजार आय से ऊपर हैं, ने कार्यों पर निगरानी व नियंषण के कठोर स्तर के प्रश्न पर कुछ भी कहने से इंकार कर दिया। अधिकांश 30 प्रतिशत उत्तरदात्रियाँ 25 हजार आय के ऊपर हैं, स्वीकार करती है कि वास्तविक नाम के साथ पश्चिमी स्वरूप के नाम रख कर दोहरी भूमिका को निभाना, आवश्यकतानुसार लोग करते हैं। अधिकांश 22.92 प्रतिशत उत्तरदात्रियाँ 25 हजार आय से ऊपर हैं, ने कार्य के दौरान मानसिक अवसाद (तनाव) पर कुछ भी कहने से मना कर दिया है। अधिकांश 26.32 प्रतिशत उत्तरदात्रियाँ 25 हजार आय के ऊपर हैं, ने माना कि रात्रि अवधि कार्य (*Night Shift Work*) के दौरान कठिनाईयाँ नहीं होती हैं। अधिकांश 17.78 प्रतिशत उत्तरदात्रियाँ 25 हजार आय के ऊपर है, ने स्वीकार किया कि नियोक्ता टेली कालर्स को रखने व हटाने के मामले में लचीला रूख (नियमहीनता) रखते हैं। अधिकांश 21.74 प्रतिशत उत्तरदात्रियाँ 25 हजार आय के ऊपर हैं, ने महिला होने के कारण भेदभाव के प्रश्न पर कुछ भी कहने से इनकार कर दिया है।

भूमिका–द्वन्द्व से तनाव एवं उनका समायोजन

किसी भी कार्य क्षेत्र से जुड़े कार्योजित स्त्री–पुरूष को एक साथ कई परिस्थिति प्राप्त हो जाती है तो उसे भिन्न–भिन्न भूमिकाओं का भी निर्वाह करना पड़ता है। एक से अधिक भूमिकाओं के निर्वाहन में सदैव प्रत्यक्ष व अप्रत्यक्ष रूप से समस्याओं का सामना करना पड़ता है। प्रत्येक कार्योजित महिला भूमिका–द्वन्द्व की समस्या का समाधान अलग–अलग ढंग से करती हैं।

प्रस्तुत अध्याय में यही ज्ञात करने का प्रयास किया गया है कि कॉल सेंटर में भूमिका–द्वन्द्व से जनित तनाव के निवारण में टेली कॉलर महिलाओं द्वारा किन पहलुओं पर विचार केंद्रित किया गया है, और किन पहलुओं पर तटस्थता का पैमाना कम है? अधिकांश 28 प्रतिशत उत्तरदात्रियों ने कहा कि उनके पद से जुड़ी भूमिकाएँ व जिम्मेदारियाँ अनुकूल है। कार्य एक ही तरह होने व निरन्तर जुड़े रहने से कार्य–कुशलता बढ़ती है और वे उसकी अभ्यस्त हो जाती हैं। अधिकांश 69 प्रतिशत उत्तरदात्रियों ने माना कि उनकी भूमिका अंतर्द्वन्द्व की समस्या का समाधान हुआ है, कारण के पक्ष में प्राप्त तथ्य में नौकरी बदल कर, छुट्टी लेकर और दिनचर्या बदलने इत्यादि पर प्रकाश डाला गया है। अधिकांश 49 प्रतिशत उत्तरदात्रियों ने दिनचर्या बदल कर भूमिका–तनाव से राहत पर बल दिया है। प्रत्येक व्यक्ति की सोच व समझ अलग–अलग होती है। भूमिका द्वन्द्व से उत्पन्न तनाव में अधिकांश 62 प्रतिशत उत्तरदात्रियाँ अपनी योग्यता व क्षमता के आधार पर समायोजन करती हैं। परन्तु तनाव का भी भिन्न–भिन्न स्तर होता है। इसलिए उनके समायोजन के प्रकार भी भिन्न–भिन्न होते हैं, जैसे– कुछ लोग अच्छे मनोवैज्ञानिकों से मिलते हैं तो कुछ लोग साधारण दर्द निवारक दवाईयाँ लेते हैं, कुछ केवल आराम करते हैं, तो कुछ लोग ध्यान बँटाकर या अन्य कार्य में ध्यान लगाकर समायोजन का प्रयास करते हैं। प्राप्त अधिकांश 36 प्रतिशत उत्तरदात्रियों ने स्पष्ट किया कि अन्य कार्यों में ध्यान लगाकर भूमिका तनाव से समायोजन

का प्रयास करती हैं। व्यक्ति की रूचि एक से अधिक कार्यों में होती है जिससे कि उसका वक्त कट सके अर्थात् समय व्यतीत हो सके और उसका मनोरंजन हो सके। अतः कार्योजित महिलाएँ भी हर समय कार्य में व्यस्त नहीं रह सकती हैं। कार्य समापन के उपरान्त या रिक्त समय में उनके द्वारा मनोरंजन के कुछ साधन अपनाये जाते हैं जिससे स्वयं को प्रसन्न रखा जा सके। अधिकांश 22 प्रतिशत उत्तरदात्रियों ने आपस में गपशप करना, सांस्कृतिक कार्यक्रम जाना और गायन में रूचि लेने पर अपनी पसंद व सहमति व्यक्त किया है।

काई स्क्वायर परीक्षण उपरान्त

अधिकांश 41.03 प्रतिशत उत्तरदात्रियाँ 10–14 हजार आय के मध्य हैं, जो यह मानती हैं कि पद से जुड़ी भूमिकाएँ एवं उत्तरदायित्व सामान्य प्रभाव के हैं। अधिकांश 36.71 प्रतिशत उत्तरदात्रियाँ 10–14 हजार आय के मध्य हैं, जो यह सपष्ट करती हैं कि उनकी भूमिका–अन्तर्द्वन्द्व की समस्या का समाधान हुआ है। अधिकांश 35.33 प्रतिशत उत्तरदात्रियाँ 10–14 हजार आय के मध्य हैं, जो यह कहती हैं कि भूमिका तनाव के साथ समायोजन वे अपने स्वभाव के आधार पर करती हैं। अधिकांश 42.31 प्रतिशत उत्तरदात्रियाँ 10–14 हजार आय के मध्य हैं, ने कहा कि वे अधिक तनाव की स्थिति में साधारण दर्द निवारक दवा लेती हैं।

अधिकांश 42.86 प्रतिशत उत्तरदात्रियाँ 15–19 हजार आय के मध्य हैं, जो यह मानती हैं कि पद से जुड़ी भूमिकाएँ एवं उत्तरदायित्व उनके व्यक्तित्व के अनुसार विरोधी हैं। अधिकांश 29.03 प्रतिशत उत्तरदात्रियाँ 15–19 हजार आय के मध्य हैं, ने स्पष्ट किया है कि उनकी भूमिका–अन्तर्द्वन्द्व की समस्या का समाधान नहीं हुआ है। अधिकांश 50 प्रतिशत उत्तरदात्रियाँ 15–19 हजार आय के मध्य हैं, जो यह स्वीकार करती हैं कि भूमिका–तनाव के साथ समायोजन वे चापलूसी के आधार पर करती हैं। अधिकांश 33.33 प्रतिशत उत्तरदात्रियाँ

यह मानती हैं कि अधिक तनाव की स्थिति में अच्छे मनोवैज्ञानिकों से सलाह लेना पसन्द करती हैं।

अधिकांश 49.21 प्रतिशत उत्तरदात्रियाँ 20–24 हजार आय के मध्य हैं, जो यह मानती हैं कि पद से जुड़ी भूमिकाएँ एवं उत्तरदायित्व उनके व्यक्तित्व की विरोधी हैं। अधिकांश 39.78 प्रतिशत उत्तरदात्रियाँ 20–24 हजार आय के मध्य है, ने कहा है कि उनके भूमिका–अन्तर्द्वन्द्व के समस्या का समाधान नहीं हुआ है। अधिकांश 41.67 प्रतिशत उत्तरदात्रियाँ 20–24 हजार आय के मध्य हैं, वे यह मानती हैं कि भूमिका तनाव के साथ समायोजन वे अन्य तकनीक के आधार पर (जैसे–दवा लेकर, थोड़ा हँस–बोलकर, या मनपसन्द गाना सुनकर) करती है। अधिकांश 35.23 प्रतिशत उत्तरदात्रियाँ 20–24 हजार आय के मध्य हैं, ने व्यक्त किया है कि यदि अधिक तनाव होता है तो समय निकाल कर थोड़ा आराम कर लेती हैं, इससे राहत मिल जाती है।

अधिकांश 21.33 प्रतिशत उत्तरदात्रियाँ 25 हजार आय से ऊपर हैं, यह मानती हैं कि पद से जुड़ी भूमिकाएँ एवं उत्तरदायित्व उनके लिए संघर्षमय है। अधिकांश 15.94 प्रतिशत उत्तरदात्रियाँ 25 हजार आय के ऊपर हैं, ने स्पष्ट किया है कि भूमिका अन्तर्द्वन्द्व की समस्या का समाधान नहीं हुआ है। अधिकांश 33.33 प्रतिशत उत्तरदात्रियाँ 25 हजार आय से ऊपर हैं, ने कहा है कि भूमिका तनाव के साथ समायोजन वे अन्य तकनीक से (साधारण दवा लेकर, हँस–बोलकर या मन–पसन्द गाना सुनकर करती हैं। अधिकांश 26.09 प्रतिशत उत्तरदात्रियाँ 25 हजार आय के ऊपर हैं, ने स्पष्ट किया है कि यदि अधिक तनाव होता है तो वे थोड़ा समय निकाल कर आराम करती हैं। इससे थोड़ी राहत मिल जाती है।

अध्ययन में उपर्युक्त मौलिक बिन्दुएं जो समीक्षात्मक मूल्यांकन के माध्यम से अग्रसारित हुआ है, वे इस अध्ययन के सम्बन्ध मे प्रस्तावित प्रश्नों के रूप में प्रस्तुत की गयी हैं। शोध निष्कर्ष के

अनुसार, प्रारम्भिक सर्वेक्षण के आधार पर बनाए गये सात उद्देश्यों का मूल्याकंन क्रमशः निम्न प्रकार से है :

1. अध्ययन से इस उद्देश्य की सार्थकता सिद्ध होती है कि महिला टेली कॉलर्स वास्तविक नाम के अतिरिक्त पश्चिमी नाम को रख कर दोहरी भूमिका निभाती हैं। सारणी संख्या 24 (अध्याय चतुर्थ) से प्राप्त तथ्यों के विश्लेषण से स्पष्ट है कि सर्वाधिक 30.67 प्रतिशत उत्तरदात्रियों ने कहा कि सभी ऐसा करते हैं।

सारणी संख्या–49 (अध्याय चतुर्थ) में आय के आधार पर विश्लेषण करने से ज्ञात हुआ है कि सर्वाधिक 38.04 प्रतिशत उत्तरदात्रियां 10–14 हजार आय के मध्य हैं, जो यह स्वीकार करती हैं कि सभी ऐसा करते हैं। सर्वाधिक 33.7 प्रतिशत उत्तरदात्रियां 15–19 हजार आय के मध्य हैं, ने भी माना कि सभी ऐसा करते हैं। परन्तु सर्वाधिक 39.13 प्रतिशत उत्तरदात्रियाँ 20–24 हजार आय के मध्य हैं, ने स्पष्ट किया कि वे इस पर कुछ कह नही सकती हैं। सर्वाधिक 30 प्रतिशत उत्तरदात्रियां 25 हजार आय के ऊपर हैं, ने कहा कि आवश्यकतानुसार ही लोग ऐसा करते है। अतः काई स्क्वायर परीक्षण से ज्ञात होता है कि आय और दोहरी भूमिका के मध्य सार्थक सम्बन्ध है।

2. अध्ययन से इस उद्देश्य की सार्थकता सिद्ध होती है कि कॉल सेंटर की महिला कर्मचारी को अपने कार्य को नियत समय पर पूर्ण करना पड़ता है। अतः निरीक्षणकर्ता का दबावपूर्ण नियंत्रण एवं देख–रेख के स्तर का अध्ययन के अर्न्तगत सारणी संख्या–21 (अध्याय चतुर्थ) से प्राप्त तथ्यों के विश्लेषण से स्पष्ट है कि सर्वाधिक 34.33 प्रतिशत उत्तरदात्रियों का मानना है कि कार्य पहले से निश्चित रहता है तो नियंत्रण की आवश्यकता ही नहीं होती है। साथ ही साथ सारणी संख्या–22 (अध्याय चतुर्थ) से प्राप्त तथ्यों के विश्लेषण से स्पष्ट है कि सर्वाधिक 55 प्रतिशत उत्तरदात्रियों ने स्वीकार किया है

कि सुपरवाईजर के दबाव के प्रभाव में वे चुपचाप कार्य खत्म करती हैं। कोई विपरित प्रतिक्रिया व्यक्त नही करती हैं।

सारणी संख्या–48 (अध्याय चतुर्थ) में आय के आधार पर विश्लेषण करने से ज्ञात हुआ हुआ है कि सर्वाधिक 36.56 प्रतिशत उत्तरदात्रियाँ 10–14 हजार आय के मध्य हैं, जिन्होंने कहा कि यह सत्य है कि कार्य को नियमित समय पर पूरा करने के लिए नियंषण व निगरानी का स्तर अत्यन्त कठिन (कड़ा) होता है। सर्वाधिक 27.18 प्रतिशत उत्तरदात्रियाँ 20–24 हजार आय के मध्य हैं जिन्होंने इसे असत्य कहा है। सर्वाधिक 29.03 प्रतिशत उत्तरदात्रियाँ 15–19 हजार आय के मध्य है जिन्होंने कहां आवश्यकतानुसार ऐसा होता है। सर्वाधिक 19.75 प्रतिशत उत्तरदात्रियाँ 25 हजार आय से ऊपर हैं, जिन्होंने कुछ भी कहने से इनकार किया हैं। अतः काई स्क्वायर परीक्षण से ज्ञात होता है कि आय और निगरानी व नियंत्रण के मध्य सार्थक सम्बन्ध नही है।

3. अध्ययन से इस उद्देश्य की सार्थकता सिद्ध होती है कि महिला टेली कालर्स के सामाजिक जीवन (दैनिक–चक्र) पर टेली कॉलिंग व्यस्तता (24×7: रात और दिन) के प्रभावों के सामंजस्य का अध्ययन के अर्न्तगत सारणी संख्या–23 (अध्याय–चर्तुथ) से प्राप्त तथ्यों से स्पष्ट है कि सर्वाधिक 47 प्रतिशत उत्तरदात्रियाँ कभी–कभी तनाव व थकान अवश्य ही अनुभव करती हैं। सामाजिक जीवन (दैनिक–चक्र) पर टेली कॉलिंग व्यस्तता (24×7: रात और दिन) के प्रभावो से तनाव उत्पन्न होता है अतः सर्वाधिक 36 प्रतिशत उत्तरदात्रियाँ ज्यादा तनाव में समायोजन के लिए अन्य कार्य में ध्यान लगाना स्वीकार करती हैं।

सारणी संख्या–10 (अध्याय पंचम) में आय के आधार पर विश्लेषण करने से ज्ञात हुआ है कि सर्वाधिक 42.31 प्रतिशत उत्तरदात्रियाँ 10–14 हजार आय समूह की हैं जो यह स्पष्ट करती है कि यदि अधिक तनाव होता है तो दर्द निवारक दवा लेती हैं। सर्वाधिक 33.33

प्रतिशत उत्तरदात्रियाँ 15–19 हजार आय समूह की है जो यह कहती हैं कि यदि अधिक तनाव होता है अच्छे मनोवैज्ञानिको से परामर्श लेती हैं। सर्वाधिक 36.23 प्रतिशत उत्तरदात्रियां 20–24 हजार आय समूह की हैं जो यह व्यक्त करती हैं कि समयाभाव के कारण थोड़ा–सा आराम ही कर अधिक तनाव में समायोजन की कोशिश करती हैं। सर्वाधिक 26.09 प्रतिशत उत्तरदात्रियाँ 25 हजार आय समूह से ऊपर की हैं वे भी व्यक्त करती हैं कि समयाभाव के कारण थोड़ा–सा आराम ही कर अधिक तनाव में समायोजन की कोशिश करती हैं। अतः काई स्क्वायर परीक्षण से ज्ञात होता है कि आय और सामाजिक जीवन (दैनिक–चक्र) पर टेली–कॉलिंग व्यस्तता से उत्पन्न भूमिका–तनाव के समायोजनात्मक उपचार के मध्य सार्थक सह–सम्बन्ध है।

4. अध्ययन से इस उद्देश्य की सार्थकता सिद्ध होती है कि इस व्यवसाय में अधिकांश काम एक ही तरह का होने के कारण एवं नया कुछ करने की सम्भावना न होने के कारण, यह व्यवसाय संतोषप्रद स्थिति प्रदान कर पाता है या नहीं। इसको दो प्रश्नो के माध्यम से स्पष्ट किया गया हैं। जैसे– 1. क्या आप अपनी नौकरी से सन्तुष्ट हैं? तथा 2. क्या आपके पद से जुड़ी भूमिकाएँ आपकी प्रकृति से मेल खाती हैं? के अर्न्तगत सारणी संख्या–2 (अध्याय चतुर्थ) से प्राप्त तथ्यों से स्पष्ट है कि सर्वाधिक 50.33 प्रतिशत उत्तरदात्रियाँ इस नौकरी से संतुष्ट हैं, तथा सारणी संख्या–3 (अध्याय चतुर्थ) से प्राप्त तथ्यों से स्पष्ट है कि सर्वाधिक 54.33 प्रतिशत उत्तरदात्रियाँ यह मानती हैं कि यह नौकरी उनकी प्रकृति से मेल खाती है, इसलिए वे यह कार्य कर रही हैं।

सारणी संख्या–38 (अध्याय चतुर्थ) में आय के आधार पर विश्लेषण करने से ज्ञात हुआ है कि सर्वाधिक 29.14 प्रतिशत उत्तरदात्रियाँ 15–19 हजार आय के मध्य हैं जो अपनी नौकरी से संतुष्ट हैं। सर्वाधिक 43.06 प्रतिशत उत्तरदात्रियाँ 10–14 हजार आय के मध्य है, जो नौकरी से संतुष्ट नहीं हैं। सर्वाधिक 33.47 प्रतिशत उत्तरदात्रियाँ

20–24 हजार आय के मध्य हैं, जिन्होंने कुछ भी कहने से इनकार कर दिया है। सर्वाधिक 21.19 प्रतिशत उत्तरदात्रियाँ 25 हजार आय के ऊपर है, ने कहा कि वे भी अपनी नौकरी से संतुष्ट हैं। अतः कोई स्क्वायर परीक्षण से ज्ञात होता है कि आय और नौकरी से संतुष्टि के मध्य सार्थक सह सम्बंध हैं।

सारणी संख्या–39 (अध्याय चतुर्थ) में आय के आधार पर विश्लेषण करने से ज्ञात हुआ है कि सर्वाधिक 30.06 प्रतिशत उत्तरदात्रियाँ 20–24 हजार आय के मध्य हैं, जिनका मानना है कि पद से जुड़ी भूमिकाएँ स्वयं की प्रकृति से मेल खाती हैं। सर्वाधिक 31.90 प्रतिशत उत्तरदात्रियाँ 15–19 हजार आय के मध्य है जिन्होंने नहीं में उत्तर दिया। सर्वाधिक 18.97 प्रतिशत उत्तरदात्रियां 25 हजार आय के ऊपर है, ने माना कि पद से जुड़ी भूमिकाएँ स्वयं की प्रकृति से मेल नहीं खाती हैं। सर्वाधिक 57.14 प्रतिशत उत्तरदात्रियाँ 10–14 हजार आय के मध्य हैं जिन्होंने कुछ भी कहने से इनकार कर दिया हैं। अतः काई स्क्वाययर परीक्षण से ज्ञात होता है कि आय और पद से जुड़ी भूमिकाओं व स्वयं के प्रकृति के मध्य सार्थक सह सम्बंध है।

5. अध्ययन से इस उद्देश्य की सार्थकता सिद्ध होती है कि यदि कॉल सेंटर की नौकरी में पदोन्नति के अवसर कम होते हैं, तो इससे महिला टेली कॉलर्स का मनोबल और आत्मविश्वास के स्तर का लैंगिकता के सन्दर्भ में अध्ययन के अर्न्तगत सारणी संख्या–10 (अध्याय चतुर्थ) से प्राप्त तथ्यों से स्पष्ट है कि सर्वाधिक 47 प्रतिशत उत्तरदात्रियों को नहीं लगता है कि स्त्रियों को समान अवसर मिलने पर भी उच्च पदों पर उनकी नियुक्तियाँ अवरुद्ध की जाती हैं।

सारणी संख्या–44 (अध्याय चतुर्थ) में आय के आधार पर विश्लेषण करने से ज्ञात हुआ है कि सर्वाधिक 48.39 प्रतिशत उत्तरदात्रियाँ 10–14 हजार आय के मध्य है, जिनका मानना हैं कि स्त्रियों को पुरूषों के समान अवसर मिलने पर भी उच्च पदों पर इनकी नियुक्तियाँ

अवरूद्ध की जाती हैं। सर्वाधिक 37.59 प्रतिशत उत्तरदात्रियाँ 20–24 हजार आय के मध्य है, जिन्होंने ऐसा मानने से इनकार कर दिया है। सर्वाधिक 35.56 प्रतिशत उत्तरदात्रियाँ 25 हजार आय से ऊपर हैं, ने शायद में उत्तर दिया है। सर्वाधिक 52.38 प्रतिशत उत्तरदात्रियाँ 15–19 हजार आय के मध्य हैं, जिन्होंने कुछ भी कहने से इनकार कर दिया है। अतः काई स्क्वायर परीक्षण से ज्ञात होता है कि आय और स्त्रियों को पुरूषों की अपेक्षा पदोन्नति अवरुद्ध के मध्य सार्थक सह–सम्बंध हैं।

6. अध्ययन से इस उद्देश्य की सार्थकता सिद्ध होती है कि विदेशी एवं वाचिक दुर्व्यवहार प्रवृत्ति के ग्राहकों की अंतर्क्रिया द्वारा उत्पन्न टेली कॉलर महिलाओं के मानसिक तनाव के स्तर का अध्ययन के अर्न्तगत सारणी संख्या–18 (अध्याय चतुर्थ) से प्राप्त तथ्य से स्पष्ट है कि अधिकतम 82 प्रतिशत टेली कॉलर उत्तरदात्रियाँ उग्र स्वभाव के उपभोक्ताओं से शान्तिपूर्ण ढंग से बात करती हैं, जिससे कि उपभोक्ताओं की समस्या को समझकर उसका निदान किया जा सके।

सारणी संख्या–50 (अध्याय चतुर्थ) में आय के आधार पर विश्लेषण करने से ज्ञात हुआ है कि कार्य के दौरान मानसिक तनाव और कार्य संतुष्टि के परिप्रेक्ष्य से यह परिलक्षित होता है सर्वाधिक 40 प्रतिशत उत्तरदात्रियाँ 10–14 हजार आय के मध्य हैं, जिनका मानना है सदैव ही टेली कालिंग कार्य के दौरान मानसिक अवसाद (तनाव) महसुस करती हैं। सर्वाधिक 30.55 प्रतिशत उत्तरदात्रियाँ 15–19 हजार आय के मध्य हैं, जिनका मानना है कि कभी नहीं मानसिक तनाव अनुभव होता है। सर्वाधिक 41.67 प्रतिशत उत्तरदात्रियाँ 10–14 हजार आय के मध्य हैं जिनका मानना है कि मानसिक तनाव कभी महसुस नहीं होता हैं। सर्वाधिक 47.91 प्रतिशत उत्तरदात्रियाँ 20–24 हजार आय के मध्य हैं, जिन्होंने कुछ भी कहने से इनकार कर दिया है। सर्वाधिक 22.92 प्रतिशत उत्तरदात्रियाँ 25 हजार आय से ऊपर हैं, ने भी कुछ भी कहने से इनकार किया है। अतः काई स्क्वायर परीक्षण

से ज्ञात होता है कि आय और टेली कॉलिंग कार्य के दौरान मानसिक अवसाद (तनाव) के मध्य सार्थक सह–सम्बंध है।

7. अध्ययन से इस उद्देश्य की सार्थकता सिद्ध होती है कि महिला टेली कालर्स के रात्रि अवधि कार्य (*Night Shift Work*) के दौरान होने वाली कठिनाईयों का अध्ययन के अर्न्तगत सारणी संख्या –3 (अध्याय चतुर्थ) पद से जुड़ी भुमिकाएँ स्वयं की प्रकृति से मेल खाती हैं या नहीं से प्राप्त तथ्यों से स्पष्ट है कि निम्नतम 38.67 प्रतिशत उत्तरदात्रियों ने कहाँ कि प्रकृति से मेल नहीं खाती है, तथा कारण के रुप में सारणी संख्या–4 (अध्याय चतुर्थ) से (38.67 प्रतिशत=100 प्रतिशत) सर्वाधिक 48.28 प्रतिशत उत्तरदात्रियों ने रात्रि अवधि कार्य की परेशानियों को दर्शाया है, जो उनकी प्रकृति के विपरीत है। एक अन्य सारणी संख्या–26 (अध्याय चतुर्थ) से प्राप्त तथ्य में सर्वाधिक 62 प्रतिशत उत्तरदात्रियाँ हैं, जिनको नाईट शिफ्ट में नौकरी में आने–जाने में कठिनाई अनुभव होती है।

सारणी संख्या–51 (अध्याय चतुर्थ) में आय के आधार पर विश्लेषण करने से ज्ञात हुआ है कि सर्वाधिक 36.56 प्रतिशत उत्तरदात्रियाँ 10–14 हजार आय के मध्य हैं तथा सर्वाधिक 29.03 प्रतिशत उत्तरदात्रियाँ 15–19 हजार आय के मध्य हैं, जिनका मानना है कि यदि ऊपरी कार्य लिए आने–जाने में कठिनाई होती है। सर्वाधिक 27.19 प्रतिशत उत्तरदात्रियाँ 20–24 हजार आय के मध्य हैं तथा सर्वाधिक 26.32 प्रतिशत उत्तरदात्रियाँ 25 हजार आय के ऊपर है, जिन्होंने कहा कि कोई कठिनाई नहीं होती है। अतः काई स्क्वायर परीक्षण से ज्ञात होता है कि आय और नाइट शिफ्ट में आने–जाने की कठिनाई के मध्य सार्थक सह–सम्बंध हैं।

8. अध्ययन से इस उद्देश्य की सार्थकता सिद्ध होती है कि पुरूष सहकर्मियों के साथ सम्पर्क विवाह तक पहुँचता है या नहीं, साथ ही रिश्ते व कैरियर के मध्य सामन्जस्य स्थापित हो पाता है या नहीं, के

अंर्तगत सारणी संख्या–12 (अध्याय तृतीय) से प्राप्त तथ्यों से स्पष्ट है कि सर्वाधिक 42.67 प्रतिशत उत्तरदात्रियों का मानना है कि सहकर्मियों और मित्रों के साथ रिश्ते विवाह तक नहीं पहुँचते हैं।

सारणी संख्या 26 (अध्याय तृतीय) में आय के आधार पर विश्लेषण करने से ज्ञात हुआ है कि सर्वाधिक 47.22 प्रतिशत उत्तरदात्रियों ने सकारात्मक उत्तर दिया है जो कि 30 वर्ष आयु समूह से ऊपर हैं। 28.4 प्रतिशत उत्तरदात्रियों ने कुछ न कहने में उत्तर दिया है जो कि 20–24 वर्ष आयु समूह की है। 32.74 प्रतिशत उत्तरदात्रियों ने शायद में उत्तर दिया है जो कि 15–19 वर्ष की आयु समूह की हैं। 38.89 प्रतिशत उत्तरदात्रियों, 25–29 वर्ष आयु समूह की हैं, ने सकारात्मक उत्तर दिया है। अतः काई स्क्वायर परीक्षण से यह सम्बन्ध सार्थक पाया गया है।

सुझाव

उपर्युक्त स्थिति में सुधार हेतु कुछ महत्त्वपूर्ण सार्थक प्रयासों की आवश्यकता है ताकि समाज में महिलाओं के प्रगति का सपना साकार हो सके। इसके लिए टेली कॉलर महिलाओं के बेहतर भविष्य के लिए संस्था व सरकार द्वारा बेहतर प्रयास की आवश्यकता निम्न है–

(1) सर्वप्रथम समुदाय व परिवार के सदस्यों की मानसिकता में परिवर्तन आवश्यक है, क्योंकि मध्यमवर्गीय समुदाय व परिवार तथा निम्नवर्गीय परिवार व समुदाय में कुछ हद तक घर के बाहर महिलाओं के कार्योजित होने पर अंकुश रहता है, जो उनके व्यक्तित्व निर्माण में बाधक बनता है।

(2) लड़कियों व महिलाओं के उन्नति हेतु सरकार द्वारा कई योजनाओं का संचालन किया जा रहा है। प्रसुति की सुविधा के अलावा भी कार्योजित महिलाओं के लिए नीति व योजनाओं

का निर्माण किया जाना चाहिए। साथ ही, पूरी निष्ठा व ईमानदारी से लागू कर संचालित किया जाना चाहिए, जिससे महिलाओं के सन्दर्भ में उत्तम समाज निर्माण की चुनौती को साकार स्वरूप प्रदान किया जा सके।

(3) कॉल सेंटर प्रबंधन को चाहिए कि महिलाओं की सुविधा हेतु अलग से रेस्ट (आराम) रूम व टॉयलेट को उपलब्ध करायें।

(4) कॉल सेंटर प्रबंधन को चाहिए कि राशि अवधि कार्य (*Night Shift Work*) पर आने वाली महिलाओं को घर से निकलने से पहले का समय दर्ज कर लगातार ड्राइवर के सम्पर्क को बनाये रखें। इसके अलावा बिना किसी पूर्व सूचना के नये ड्राइवर को न भेजें।

(5) महिलाओं को चाहिए कि कार्य के प्रति निष्ठा रखते हुए स्वास्थ्य पर पूरा ध्यान दें। किन्हीं आशंकाओं के प्रकट होने पर अच्छे डॉक्टर व मनोवैज्ञानिक से परामर्श लें तथा साथ ही परामर्श का अनुपालन अच्छी तरह से करें।

(6) कार्योजित महिलाओं को चाहिए कि किसी भी नये जान–पहचान (स्त्री–पुरूष) को सामान्य ही बना रहने दें, खास न बनायें। लगभग कुछ उत्पन्न होने वाली भावी कठिनाईयाँ अपने आप ही दूर हो जायेगी।

(7) टेली कॉलर महिलाओं को कॉल ग्रहण करते समय उपभोक्ताओं द्वारा व्यक्त किसी विचार पर अधिक आक्रोशित, अधिक उत्तेजित या अधिक भावुक न होकर कॉल उच्च अधिकारियों को हस्तांतरित कर देनी चाहिए। इससे भूमिका–तनाव में राहत मिलेगी।

(8) यौन–उत्पीड़न की दशा में कार्योजित महिलाओं को तुरन्त शिकायत दर्ज करनी चाहिए। कार्योजित महिलाओं को यौन–उत्पीड़न की समस्या के समाधान की समुचित जानकारी रखनी चाहिए। दूसरों को भी उचित परामर्श प्रदान करना चाहिए।

(9) टेली कॉलर महिलाओं को आपसी सहयोग, सम्मान व ईमानदारी से कार्य का निष्पादन करना चाहिए। परिवार के परामर्श व सहयोग का ध्यान रखना चाहिए। कार्य के अलावा सामाजिक–सांस्कृतिक कार्यों में हिस्सेदारी लेकर मनोरंजनात्मक भूमिका अदा करनी चाहिए।

(10) कॉल सेंटर की नौकरी सरकारी नौकरी नहीं होती है। एक अच्छे भविष्य के लिए महिलाओं को कॉल सेन्टर में रहते हुए अन्य नौकरियों पर भी ध्यान केन्द्रित करना चाहिए, जिससे भविष्य व जीवन दोनों सुरक्षित हो सकें।

बेरोजगारी हमारे देश की एक ऐसी समस्या है जिस पर विजय पाना असम्भव–सा नजर आता है। ऐसे में कॉल सेंटरों में कम पढ़ाई करके अच्छे वेतन की नौकरी वरदान–सी नजर आती है। आज हमारे देश के युवाओं को सफल कैरियर का यह सबसे आसान रास्ता प्रतीत होता है, लेकिन चमक–दमक में सब कुछ इतना सुनहरा नही है, जितना हमें दिखाई देता है।

कॉल सेंटर एसोसिएशन ऑफ इंडिया और किंगर ने स्पष्ट किया है कि किसी भी दूसरे क्षेत्र की तरह ही कॉल सेंटर में भी अच्छाई और बुराई का मिश्रण है। इसे वास्तविक कैरियर न समझ सिर्फ नौकरी समझना बिल्कुल गलत है, क्योंकि इस संस्थान के अन्दर और बाहर भविष्य की भरपूर सम्भावनाएँ मौजूद हैं।

महिलाओं द्वारा इस व्यवसाय का चुनाव उनके परिवार व सामाजिक स्तर का परिचायक है। आज महिलाओं में परिवर्तन देखे जा सकते हैं। आज की महिलाओं का प्रारम्भिक रूझान नौकरीपरक होना है। उनको भी पता है कि बिना पैसा या सम्मान के समाज में कोई पहचान नहीं होती है। समाज का ऐसा कोई भी क्षेत्र नहीं है, जिसमें महिलाएं कार्योजित न हों। एक प्रकार से राष्ट्रीय आय के वृद्धि के स्रोत में महिलाओं का योगदान निरन्तर हो रहा है। बी.पी.ओ. व कॉल सेंटर में नौकरी की वजह आर्थिक सहयोग प्राप्त करना है व मजबूती से अपने पाँव पर खड़ी रहकर दूसरों को सहयोग देना है। इसके लिए महिलाओं ने इस रोजगार में आकर साहस का परिचय दिया है। इस व्यवसाय से समाज के बेरोजगारी को काफी हद तक सहुलियत मिली है। महिलाओं के नौकरीपरक होने से समाज में उनकी एक नई पहचान बनी है।

Bibliography

BIBLIOGRAPHY

In English

1. Agarwal Anil K. *Night Shift for Women: Growth and Opportunities*, National Commission for Women, New Dehli, Dec. 23, 2007.
2. Ahuja Ram, 2011 : *Social Problem in India*, Rawat Publication,s Jaipur.
3. Ahuja Ram, 2005: *Research Methods* Rawat Publications, Jaipur.
4. Basotia G.R. and Sharma K.K. 1999 "*Research Methodology*, Mangal Deep Publication, Jaipur.
5. Babu Venkatesha : "India Calling Still, A Survey of India's IT-enabled Services Industry"; *Business Today*, Vol. 15, No. 20, Videocon Tower, Jhandewalan, Delhi, Oct. 8, 2006.
6. Bands Anne, 2006: *Calling on Femininity? Gender, Call Centers, and Restructuring in the Rural American West;* Deptt. Of Geography, University of Washington, Seattle, WA, USA.
7. Belt Vicki and Rechardson Ranald, 2002: *Women Social Skill and Interactive Service Work in Telephone Call Centers; New Technology. Work and Employment*, Black Well Publishers Ltd., UK.

8. Bhagat Chetan, 2005: *One night @ the Call Center*, Rupa and Company, New Delhi.

9. Carter Perry and Butler Devid, 2008 : "Women's Work : The Home The Workplace and The Spaces Between" *The Industrial Geographer*, Vol. 5, Issue : 6, Deptt. Of Geography, The University of Tennessee. Knoxville.

10. Cealia Nga. and Swasti Mitter, 2005 : *Gender and Digited Economy*, Sage Publication, New Delhi.

11. Chavan Smith R. and Potdar Balkrushna, *A Critical Study on Work-life Balance of BPO Employees in India*, Sinhgad Institute of Management and Business School, Pune, March 28-30, 2011.

12. Darshan Richa : *Streets Management; Analysis of Some Aspects Related with Women Position in BPO,* Lakshmi Narain College of Technology Management Education and Research (LNCT-MER), Indore.

13. De Vans P.A., 2003: *Surveys in Social Research,* Rawat Publications, New Delhi.

14. Desai Ashank: *The Evolution of BPO in India;* PricewaterhouseCoopers Pvt. Ltd.

15. http//www.delhi.clickindrus.com/areas.

16. Hunt Vivienne, 2003: *Competent, Connected and Confident: Female Career Success in Call Centers ?* University of Auckland, New Zealand.

17. Jennings Philip (UNI General Secretary): *UNI Call Centre Charter;* Union Network International, Switzerland. www.union.network.org.

18. Joseph Molly, 1997: *Women Participation and Development Strategies*, Kamishka Publisher Distributions, New Delhi.

19. Keitel Robert and Ledesma, M.D.: *Night work Prohibition of Women Worker in Philippine.* Educational Leadership and Management, DLSU-Manila (Philippines).

20. Kothari C.R., 2000: *Research Methodology, Methods and Technique,* Wishwa Prakashan, New Delhi.

21. Kukreja Bhairav Datt, 2011: *Women Participation and Innovation Activities in Indian Economy*; Signature Book International, Delhi.

22. Kumar Ranjit, 2006: *Research Methodology*, Porling Kindersley (India) Pvt. Ltd.

23. Kumar. R. Krishna : "Image Makeover", *Frontline*, Vol. 25, No.: 7, April 1, 2008.

24. Laldas P.K., 2005: *Designs of Social Research*, Rawat Publications, Jaipur, .

25. Maclver and Page, 1959 : *Society*, Macmillan Co., New York.

26. Malik K.P. and Raval K.C., 2011: *Law and Social Transformation in India*, Allahabad Law Agency; Law Publishers, Faridabad (Haryana) .

27. Mirchandani Kiran : *Making American Transnational Call Center Work : India*; University of Toronto, Canada.

28. Moser C.A. and Lanlton G. : *Survey Methods in Social Investigation*, Heinemann Educational Books Ltd. Bungay Suyfolk. 1980.

29. Narasaian M.L. 2008: *Microcredit and Women*, Discovery Publication House Pvt. Ltd. New Delhi.

30. *New Delhi Area Guider* : http//www.india.hotel.net/newDelhi/ New Delhi India city guide.

31. Norman Kerstin, 2005 : *Call Centre Work Characteristics, Physical and Psycho-social Exposure*

and Health Related Outcomes; 2005 Linkoping University, National Institute for Working life, Sweden.

32. Parasar Anuradha, 2006 : *Impact of Internet on Society*, Aavishkar Publishers Distributors, Jaipur (Raj.).
33. Patel Reena, 2006 : *Working the Night Shift, Gender and the Global Economy*, Deptt. of Geogrophy and Environment, University of Texas, U.S.A.
34. Pruthi Raj and Bela Rani Sharma, 1993: *Social Movement and Women*, Anmol Publication, New Delhi.
35. Raghavan R.K., "New Facets of Crime", *Frontline*, May 9, 2008.
36. Raghavan R.K., "Securing Electronic Data," *Frontline*, Vol. 22, No. 14, July 15, 2005.
37. Rahanan Jain, 2005 :*Women and Society*, Kala Publications, Delhi.
38. Rai Alok Kumar, 2008 : *Customer Relationship Management : Concept and Cases*, Vol. 05, PHI Learning Private Limited, New Dehli .
39. Raina R.L. And Tiwari Abhay Kumar : "Job Stress of Call Centre Employees" S.G.R.R. Institute of Technology and Science, ICFAI, IBS, Dehradun; *International Conference on Technology and Business Management*, March 28-30, 2011.
40. Rajaraman R, 2005 : *Introduction to Information Technology*; Prentice Hall of India Private Limited, New Delhi.
41. Renavikar Madhavi D, 2003 : *Women and Religion*, Rawat Publication's, Jaipur, 2003.
42. Saadat Aitin, 2009 : *Compare Efficiency with Working and Non-Working Women*, Shykh Bahaiee University-Isfahan-Iran, Euro Journal Publishing, Inc.

43. Sahay Sushma, 1998 : *Women and Empowerment Approaches and Strategies,* Discovery Publication House, New Delhi.

44. Shafi Aneesa, 2002 : *Working Women in Kashimir*, PH Publishing Corporation New Delhi.

45. Sharma Ravi : "Murder Most Foul", *FrontLine*, Vol. 22, No. 27, Jan. 13, 2006

46. Singh Preet and Pandey Anu : *Women in Call Center*, E.P.W., Feb. 12, 2005.

47. Snyder Nikko : *Women in Call Centres : A Canadian Gender and Development Issue? Women in Development*; York University, Canada, December 12, 2001.

48. Sprigg Christine A., Smith, Phoebe R., and Jackson, Paul R., 2003 : *Psychosocial Risk Factors in Call Centres: A Evaluation of Work Design and Well Being*; Prepared by the University of Sheffield, Health and Safety Laboratory and Umist, for the Health and Safety Executive.

49. Srikanth P. and Ramamirtham L., 2008 : "Strategies to Deal with Attrition Rate in the Indian BPO Industry Using Maslow's Need Hierarchy Theory, *The Management Accountant*, February.

50. Srivastava Pallavi : "BPO's Young and Troubled", *Business Today*, Vol. 16, NO. 14, Videocon Tower, Jhandewalan, Delhi, July 15, 2007.

51. Srivastava, Pallavi : "The Great Indian BPO Family" *Business Today*, March 9, 2008.

52. Subramaniam L. Venkata : "Call Centre Of The Future"; *Information Technology*, Vol: 17, Issue: 4, Okhala Industrial Area, New Delhi, Feb, 2008. www.itmagy.com.

53. Taylor Phil and Bain Peter, 1996 : "An Assembly Line in the Head: Work and Employee Relations in the Call Centre"; *Industrial Relations Journal*, Blackwell Publishers Ltd., UK.

54. Tejani Sheba : "Sexual Harassment at the Workplace" *Economic and Political Weekly*, Oct. 9, 2004.

55. *The Week, Jobs and Careers,* "Outsourcing : Hiring will Remain Strong" Vol. 21, No. 12, Feb. 15, 2009. (Content Provided by TMI Network, Hyderabad). www.tmifirst.com/step.

56. Tiwari Sushil Mohan, 2011 : *Gender and Sexuality, Selling Sex in the Market*, Signature Book International, Delhi.

57. Tripathy Kumuda : *A study on the Work Life of BPO Employees and the Various Human Resource Practices in BPO: A Case Study of Convergys*, ICFAI Business School, Pune, Jun. 21, 2006.

58. Wali Khanna Chara, 2009 : *Law on Violence Against Women,* Serials Publications, New Delhi.

59. www.callcenter.net/call centers/live/resources document/ *Competent Connected Confident,* Hunt Rasmussen. Jan, 2009, pdf.

60. Yadav Madhukar, 2007 : *Winning @ Call Centre*, Wisdom Tree, New Delhi.

In Hindi-

61. *क्रॉनिकल इयर बुक, 2008* : क्रॉनिकल पब्लिकेशन (प्रा.) लि., नोएडा (उ.प्र.).

62. *क्रॉनिकल इयर बुक 2009* : क्रॉनिकल पब्लिकेशन (प्रा.)लि., नोएडा (उ.प्र.).

63. *क्रॉनिकल इयर बुक, 2010* : क्रॉनिकल पब्लिकेशन (प्रा.) लि., नोएडा (उ.प्र.).

64. कुमार अनिल : ''घर बैठी महिलाओं को रोजगार दे इंटरनेट,'' *कम्प्यूटर संचार सूचना,* वर्ष : 11, अंक : 08, इंडिया पब्लिकेशन, नई दिल्ली, नवम्बर 2007.

65. कुमार राकेश 2001 : *नारीवादी विमर्श,* आधार पब्लिकेशन, पंचकूला (हरियाणा).

66. कुमार राज, 2006 : *नारी शोषण समस्या एवं समाधान,* अर्जुन पब्लिकेशन हाउस, नई दिल्ली.

67. *कम्प्यूटर संचार सूचना,* वर्ष: 14, अंक: 08, इंडिया पब्लिकेशन, नई दिल्ली, नवम्बर 2010.

68. गृहशोभा : ''लाइफ काल सेंटरों की'', संपादकीय व विज्ञापन कार्यालय, दिल्ली प्रेस भवन, नई दिल्ली, अंक : 388, फरवरी (द्वितीय) 2009.

69. *जागरण वार्षिकी, 2011* : दैनिक जागरण प्रेस, सेक्टर–63, नोएडा.

70. *जागरण वार्षिकी, 2012* : दैनिक जागरण प्रेस, सेक्टर 63, नोएडा.

71. बावेल बसन्ती लाल, 2011 : *विधि एवं सामाजिक परिवर्तन,* सेन्ट्रल लॉ पब्लिकेशन, इलाहाबाद.

72. *भारत 2007,* प्रकाशन विभाग, सूचना और प्रसारण मंत्रालय, भारत सरकार, नई दिल्ली.

73. *भास्कर लक्ष्य* : ''नौकरियों का आसमा (टेलीकम्युनिकेशन)'', वर्ष: 1, अंक: 1, *दैनिक भास्कर,* नई दिल्ली, अक्टुबर, 2007.

74. *भास्कर लक्ष्य* : "BPO की दुनिया'' वर्ष : 1, अंक : 7, *दैनिक भास्कर,* नई दिल्ली, अप्रैल, 2008.

75. *भास्कर लक्ष्य* : ''बी. पी. ओ. में लेखक'' वर्ष : 2, अंक :1, *दैनिक भास्कर*, नई दिल्ली, अक्टुबर, 2008.

76. *भास्कर लक्ष्य*–पत्रिकाः ''रोजगार का बसन्त'' वर्ष : 2, अंक : 5, *दैनिक भास्कर*, नई दिल्ली, फरवरी 2009.

77. महाजन धर्मवीर और महाजन कमलेश, 2004 :*सामाजिक अनुसंधान का प्रणाली विज्ञान*, विवेक प्रकाशन, दिल्ली.

78. माहेश्वरी सरला, 1998 : *नारी प्रश्न*, राधाकष्ण प्रकाशन प्राइवेट लिमिटेड, नई दिल्ली.

79. मिश्र मधुकर, ''अंग्रेजों की बसाई दिल्ली के सौ साल'', *शुक्रवार–पत्रिका*, वर्ष : 4, अंक : 31, संपादकीय कार्यालय, गौतम बुद्ध नगर, नोएडा (उ.प्र.), 02 से 08 दिसम्बर, 2011.

80. मीरचन्दानी अनुजा : ''व्यथा–कथा कॉल सेन्टर के कर्मचारियों की'' *समाज कल्याण*–पत्रिका, नई दिल्ली, मार्च 2008.

81. मेहरोत्रा पूजाः ''बोझ नही है लड़किया?'', *शुक्रवार–पत्रिका*, वर्ष : 4, अंक : 10, संपादकीय कार्यालय, गौतम बुद्ध नगर, नोएडा (उ. प्र.), 08 से 14 जुलाई, 2011.

82. रावत हरिकृष्ण, 2007 :*उच्चतर समाजशास्त्र विश्वकोश*, रावत पब्लिकेशन, नई दिल्ली, 2007.

83. *राष्ट्र महिला–पत्र* (राष्ट्रीय महिला आयोग द्वारा प्रकाशित) : जनवरी 2006, वर्ष : 4, अंक 75, पृ. 1.

84. लवानिया एम. एम. : 2011, *भारतीय महिलाओं का समाजशास्त्र*, रिसर्च पब्लिकेशन, जयपुर.

85. सहाय सतीश : कॉल सेन्टरः कैरियर, योग्यता और जीवन शैली'' *कम्प्यूटर कैरियर दिशा*–पत्रिका, वर्ष : 1, अंक : 2, प्रकाशक–जागृति एन्कलेव, दिल्ली, अक्टुबर 2007.

86. सिन्हा पी. आर. एन. एवं इन्दुबाला, 2007 : *श्रम एवं समाज*

कल्याण, (भारती भवन पब्लिशर्स एण्ड डिस्ट्रीब्यूटर्स), नई दिल्ली.

87. सिंह वी. एन. और सिंह जनमेय, 2010 : *आधुनिकता एवं नारी सशक्तिकरण – भारत मे कामकाजी महिलाएँ*, रावत पब्लिकेशन, नई दिल्ली.

88. सिंह शिल्पी : "आधुनिक समाज मे नारियों की स्थिति" *आन्वीक्षिकी* – शोध–पत्रिका, अंकः 1, मनीषा प्रकाशन एवं शोध *विवके संस्था*, वाराणसी, (उ.प्र.), जुलाई–अगस्त, 2007.

89. श्रीवास्ताव सुषमा : "कैसे पायें परफेक्ट ऑनलाइन जॉब?" *मेरी सहेली*, वॉल्युम : 24, अंक : 6, रायल इन्डस्ट्रियल इस्टेट, मुम्बई, जुलाई 2011.

90. श्रीवास्त्व पल्लवी : "जीवन शैली, कॉल सेन्टर के कर्मचारी", *इंडिया टुडे*, वर्ष : 21, अंक : 39, लिविंग मीडिया इंडिया लि, नई दिल्ली, जुलाई 18, 2007.

91. श्रीवास्तव स्वामी प्रकाश : "कॉल सेन्टरों का भारतीय अर्थव्यवस्था में महत्त्व", *योजना*–शोध पत्रिका, अंकः 4, सम्पादकीय कार्यालय, योजना भवन, नयी दिल्ली, मई 2003.

92. *योजना*, वर्ष : 49, अंक : 7, संम्पादकीय कार्यालय, योजना भवन, संसद मार्ग, नई दिल्ली, नवम्बर 2007.

93. योजना : वर्ष : 51, अंक : 8, संम्पादकीय कार्यालय, योजना भवन, संसद मार्ग, नई दिल्ली, अक्टूबर 2007.

94. त्रिपाठी रमाशंकर, 2008 : *सामाजिक शोध एवं सांख्यिकीय तार्किकता*, विजय प्रकाशन मंदिर, वाराणसी.

सामाचार–पत्र

95. *दैनिक जागरण* : "हैलो' के साथ आता है तनाव भी" (अनुपम मिश्र : नई दिल्ली), 7 अक्टुबर, 2007, वाराणसी.

96. *दैनिक जागरण* : ''टेलीफोनिक टॉक से बनायें बेहतर रिलेशन'', *नई राहें*, मंगलवार, 23 अक्टूबर, 2007, वाराणसी.

97. *अमर उजाला* : ''जवाबदेही तय हो (कॉल सेन्टर के सन्दर्भ में)'', शुक्रवार, 22 फरवरी, 2008, वाराणसी.

98. i-Next : "Call Centre, Career & Education", 15 April, 2008, Varanasi.

99. *अमर उजाला* ''काम्पैकट : ——— ''*तो भारत नहीं रहेगा कॉल सेन्टरों का हब*'', सोमवार, 9 फरवरी, 2009, वाराणसी.

100. *दैनिक जागरण* : ''नाइट शिफ्ट में करें काम पर पोषक तत्वों का रखें ध्यान'' मंगलवार, 15 मई, 2012, वाराणसी.